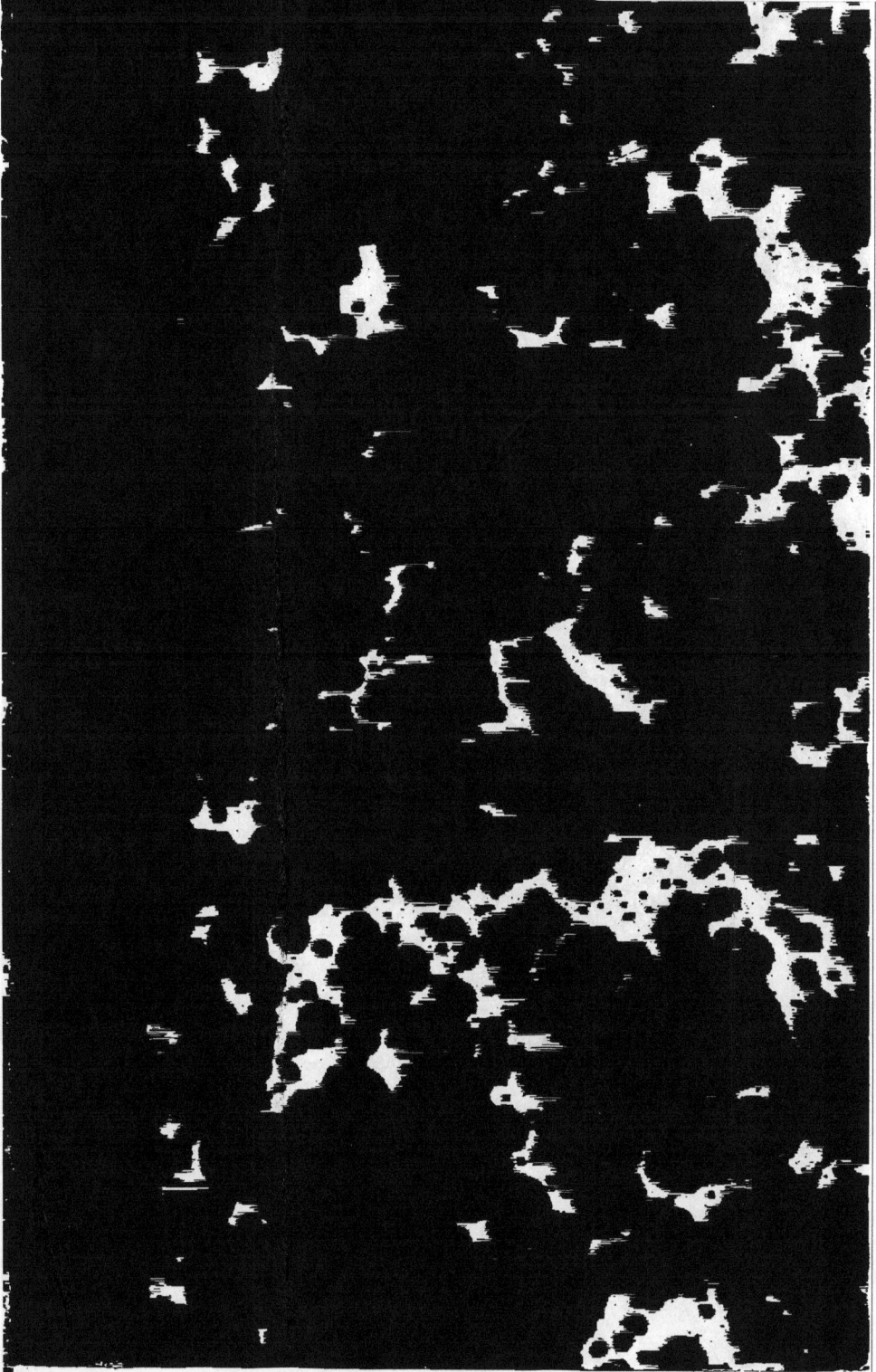

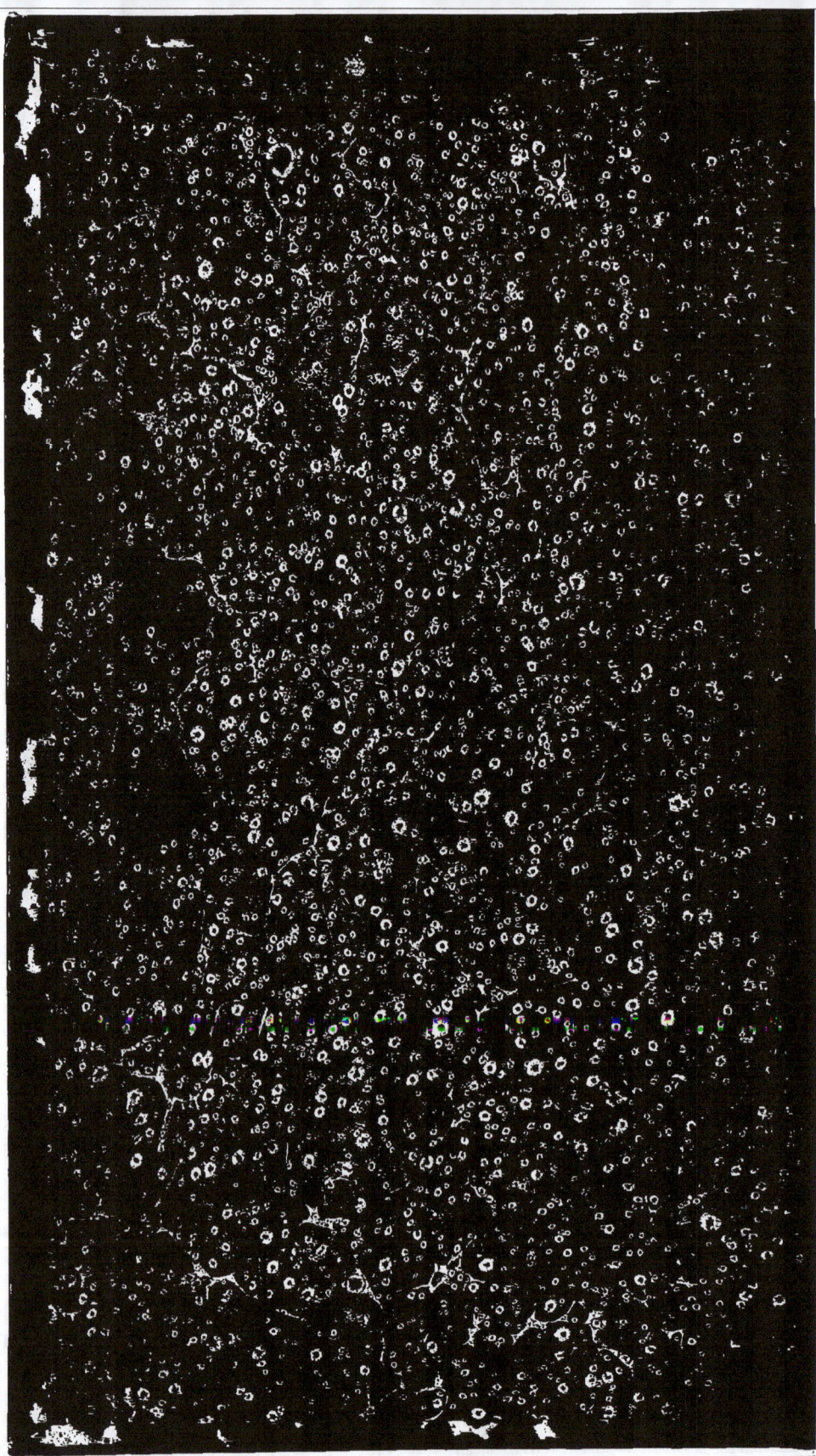

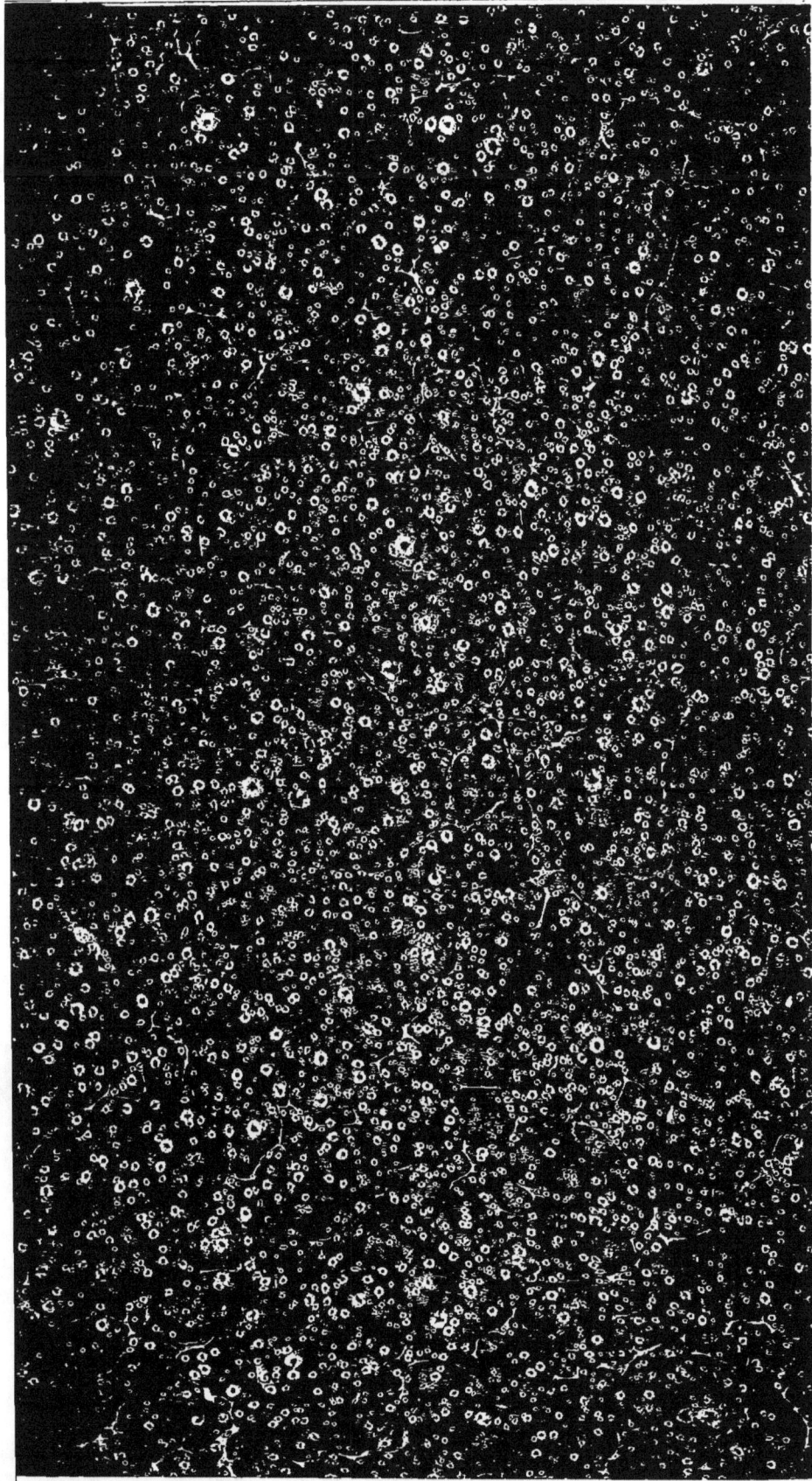

MANUEL

DU

JUGE D'INSTRUCTION.

VALENCE, IMPRIM. DE MARC AUREL FRÈRES.

MANUEL

DU

JUGE D'INSTRUCTION.

OUVRAGE ÉGALEMENT UTILE

A TOUS LES OFFICIERS DE POLICE JUDICIAIRE

ET NOTAMMENT A MM.

LES JUGES DE PAIX, MAIRES ET COMMISSAIRES DE POLICE;

PAR M. DELAMORTE-FELINES,

JUGE D'INSTRUCTION DE L'ARRONDISSEMENT DE DIE,
MEMBRE DU CONSEIL GÉNÉRAL DE LA DRÔME.

Judex debet inquirere veritatem ex officio suo : in
civilibus plenarie; in criminalibus plenissimè; in
iis probationes debent esse luce clariores.
(COD. DE EDEN. l. 2; DE JUD. l. 9; DE PROBAT. l. 25.)

VALENCE,
CHEZ MARC AUREL FRÈRES, IMPR.-LIBR., ÉDITEURS.

PARIS,
CHEZ ALEX.-GOBELET, LIBRAIRE,
Rue Soufflot, n. 4.

1836.

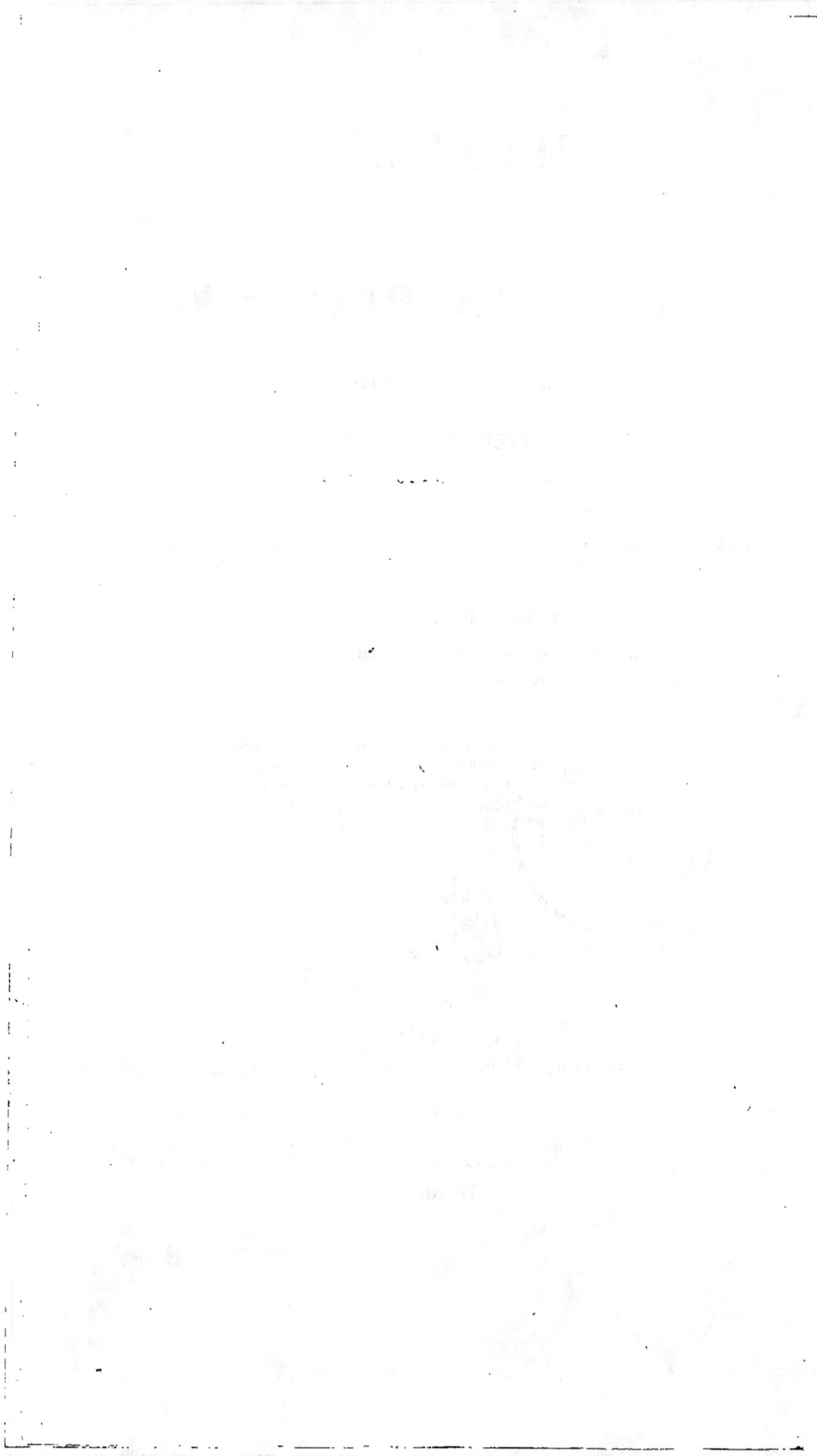

INTRODUCTION.

LES formes de procéder en matière criminelle sont les premières et les plus sûres
garanties contre l'arbitraire. Plus ces formes
deviennent nombreuses, plus elles sont multipliées, plus, selon l'immortel auteur de l'*Esprit
des Lois,* elles attestent la sollicitude du légis-
teur et le cas qu'il fait de la fortune, de l'honneur, de la liberté, de la vie des citoyens.

Ces dispositions protectrices deviendraient
néanmoins illusoires si les magistrats, et principalement ceux chargés de la police judiciaire,
ne s'en montraient pas les fidèles et scrupu-
leux observateurs; si, par leur négligence ou
par leur ignorance, la loi était mal exécutée.

De tous les officiers de police judiciaire, le

juge d'instruction est celui dont les fonctions
ont le plus d'importance et de gravité : chargé
de recueillir tous les documens propres à constater le délit, armé du pouvoir de frapper les
prévenus de mandats et de les placer, dans
certains cas, en état d'arrestation, l'action de
son ministère touche aux intérêts les plus chers
des hommes; il ne saurait donc se montrer
trop ami des formes et apporter dans l'accomplissement de sa haute mission trop de prudence, d'activité, de vigilance et de discernement.

La recherche des crimes exige quelquefois
des rigueurs : c'est la guerre que la justice hu-
maine fait à la malice, à la perversité; mais
cette guerre, quelque nécessaire qu'elle puisse
être, n'autorise jamais l'arbitraire, n'exclut
jamais la compassion pour l'égarement et le
malheur.

Appelés nous-mêmes aux fonctions de juge
d'instruction depuis dix années, nous publions
aujourd'hui, sous le titre de *Manuel du Juge
d'instruction,* les modestes résultats d'un travail que nous avions fait d'abord pour nous
seul.

Ce Manuel, dans lequel nous nous sommes
interdit les longues dissertations pour lui don-

ner le moins d'étendue possible, est un commentaire très-succinct des dispositions législatives qui règlent les attributions et les devoirs du juge d'instruction.

Nous ne nous sommes pas astreints, dans ce commentaire, à suivre rigoureusement l'ordre des articles du code d'instruction criminelle, et nous avons adopté de préférence celui qui nous était naturellement indiqué par la marche de l'instruction préliminaire elle-même.

Nous avons adopté aussi une division par chapitres qui nous a paru plus propre que le commentaire par articles à introduire de la méthode et de la clarté dans notre travail et surtout à éviter des répétitions.

En traitant séparément chaque partie de l'instruction, nous avons cherché à expliquer les textes, à les concilier entre eux, et nous avons essayé par des rapprochemens entre l'ancienne et la nouvelle législation de faire ressortir les points sur lesquels elles diffèrent, et de signaler les avantages que l'une peut avoir sur l'autre.

Quant aux opinions que nous avons émises, n'ayant jamais eu la prétention de considérer notre faible expérience comme un guide sûr, nous les avons constamment basées, en l'ab-

sence de textes précis, sur les principes généraux du droit, sur la jurisprudence de la
cour de cassation et sur la doctrine professée
par les meilleurs auteurs qui ont écrit sur la
matière. Quelquefois même nous avons em-
prunté le langage de ces auteurs.

Enfin, nous nous sommes abstenus de donner des formules, parce que, après avoir indiqué les formalités que chaque acte d'instruction et de poursuite doit renfermer et qui
sont nécessaires à sa validité, nous avons pensé
qu'il était plus convenable de laisser à chaque magistrat sa propre rédaction qui, le plus
souvent, exprime mieux sa pensée.

Nous avons hésité long-temps avant de livrer à la publicité le fruit de nos obscures
veilles; mais nous avons été déterminés par
la pensée que nous pourrions, peut-être,
éviter quelques recherches à nos collègues et
leur rendre plus facile l'exercice de leurs pé-
nibles fonctions. Si nous atteignons ce but,
le seul que nous nous sommes proposé, si
notre livre est quelquefois ouvert et consulté,
nous nous estimerons trop heureux d'avoir
fait une chose utile.

MANUEL

DU

JUGE D'INSTRUCTION.

CHAPITRE I.

OBSERVATIONS PRÉLIMINAIRES.

SOMMAIRE.

Nécessité d'un magistrat instructeur. — Institution des directeurs du jury. — Durée de leurs fonctions. — Création des juges d'instruction. — Durée de leurs fonctions. — Avantages que l'institution des juges d'instruction a sur celle des directeurs du jury. — Nombre des juges d'instruction dans chaque arrondissement. — Du rang que les juges d'instruction ont entre eux. — En cas d'empêchement, par qui le juge d'instruction peut être remplacé et dans quelle forme. — Les juges d'instruction n'ont point de vacances.

Les lois criminelles ayant pour but de protéger les personnes et les propriétés et de maintenir la paix publique, il était nécessaire qu'un magistrat fût spécialement chargé de rechercher et de réunir tous les élémens propres à constater les infractions à ces grands principes d'éternelle justice et·de morale, afin que la prompte et juste punition des coupables servît de salutaire enseignement aux mauvais citoyens qui seraient tentés de les imiter. Cette nécessité fut comprise par les législateurs de toutes les époques.

Dans l'ancienne législation un magistrat était spécialement chargé de l'instruction dans les premières procédures.

Le code de 1791 et successivement celui du 3 brumaire an IV, modifié plus tard par la loi du 7 pluviôse an IX, avaient confié l'instruction des procédures criminelles à un magistrat désigné sous le titre de directeur du jury.

La durée des fonctions du directeur du jury était de six mois, et les juges du tribunal étaient appelés, chacun à tour de rôle, à remplir cette importante mission.

Le décret du 30 mars 1808, article 51, réduisit à trois mois la durée des fonctions du directeur du jury, dans les tribunaux composés de trois juges seulement.

Le code d'instruction criminelle a créé dans chaque arrondissement communal un juge d'instruction. Ce juge remplit des fonctions analogues à celles du directeur du jury ; mais il est choisi parmi les membres du tribunal civil, et sa nomination est au choix du roi, qui lui donne, à cet effet, une commission spéciale. (Voy. l'art. 55 du c. d'inst. crim.)

Les juges d'instruction sont nommés pour trois ans : toutefois ils peuvent être continués plus longtemps. (Voy. art. 55 du c. d'inst. crim.) La continuation est tacite, c'est-à-dire qu'à l'expiration des trois années, le juge d'instruction en exercice continue ses fonctions, sans nouvelle commission, jusqu'à ce qu'il soit formellement révoqué.

Le code d'instruction criminelle, comme les codes qui l'avaient précédé, a déterminé la durée des fonctions du juge instructeur; mais, ainsi que nous venons de le voir, il a réservé au souverain la faculté de la prolonger, et a banni ce tour de rôle qui revenait tous les trois ou tous les six mois. Ces sages dispositions, fruit de l'expérience, en permettant aux justiciables d'espérer qu'ils profiteront un jour de connaissances acquises par un exercice long et non interrompu, ont fait disparaître les inconvéniens graves qui résultaient de la trop courte durée des fonctions du directeur du jury. On conçoit, en effet, que pendant sa magistrature passagère le directeur du jury ne pouvait, le plus souvent, terminer les procédures qu'il avait commencées, surtout lorsqu'elles étaient compliquées : forcé de les abandonner, il les livrait à demi instruites à son successeur qui, ignorant les faits, entièrement étranger à la marche de la procédure et au système de défense déjà adopté par le prévenu, devait nécessairement, avant de continuer les poursuites, faire une étude particulière des faits et des actes. Le changement de magistrat occasionnait quelquefois un changement dans la direction donnée à l'affaire dès son origine; de là résultaient inévitablement des lenteurs, des retards, des contradictions, également nuisibles à la découverte de la vérité et aux prévenus eux-mêmes.

Le nombre des juges d'instruction n'a pas été irrévocablement fixé à un par arrondissement communal, et le code d'instruction criminelle, article 56, permet d'en établir un second dans les arrondissemens où il peut être nécessaire: ce juge, dans ce cas, doit être membre du tribunal civil.

L'article 11 du décret du 18 août 1810, disposant en règle générale, a établi deux juges d'instruction près les tribunaux divisés en trois chambres.

Le nombre des juges d'instruction près le tribunal de la Seine, fixé d'abord à six par l'article 56 du code d'instruction criminelle et l'article 11 du décret du 18 août 1810, a été élevé à neuf, puis à dix (Voy. la loi du 31 juillet 1821); aujourd'hui il a été porté jusqu'à onze.

Dans les tribunaux près lesquels il existe plusieurs juges d'instruction, ces magistrats ne peuvent avoir entre eux d'autre rang que celui qui leur est attribué par la date de leur nomination comme juges civils. (Voy. l'art. 28 du déc. du 18 août 1810.)

En cas d'absence, de maladie, ou de tout autre empêchement légal, le juge d'instruction est remplacé par l'un des juges du tribunal désigné à cet effet par le tribunal lui-même. (Voy. art. 58 du c. d'inst. crim.)

Dans les arrondissemens où il existe plusieurs juges d'instruction, si l'un d'eux est empêché, c'est un autre juge au même titre qui doit le suppléer, et l'on ne doit recourir à un juge civil qu'autant que tous seraient empêchés.

Dans les tribunaux composés de trois membres, le président peut, à défaut d'autre juge, remplir les fonctions de juge d'instruction, et l'exercice de cette magistrature spéciale ne l'empêche pas de présider, alors même qu'il rend compte à la chambre du conseil des procédures qu'il a instruites. Il en est de même à l'égard du juge d'instruction lorsqu'en l'absence du président il se trouve le plus ancien des juges, puisqu'il siége suivant son rang d'ancienneté. (Voy. art. 55 du c. d'inst. crim.)

La loi n'appelant que les juges titulaires au remplacement du juge d'instruction, on ne peut désigner un suppléant que dans le cas d'une nécessité absolue. (Voy. art. 58 du c. d'inst. crim. et art. 51 du déc. du 30 mars 1808.)

Le décret du 22 mars 1813, article 9, avait introduit une exception en faveur des juges auditeurs, et ils pouvaient, lorsqu'ils avaient atteint l'âge de vingt-cinq ans accomplis, remplacer les juges d'instruction.

Dans aucun cas les fonctions de juge d'instruction ne peuvent être confiées à un avocat ou à un avoué. (Voy. M. Carnot, t. 1, p. 287.)

L'article 58 du code d'instruction criminelle n'indique pas la forme dans laquelle il doit être procédé au remplacement du juge d'instruction momentanément empêché; mais l'importance d'une semblable désignation exige qu'elle soit faite par une délibération prise en la chambre du conseil, à la majorité des voix, sur les conclusions du procureur du roi, et qu'il en soit dressé procès-verbal sur les registres des délibérations du tribunal. (Voy. M. Carnot, t. 1, p. 286.) Ce mode de procéder a le double avantage de constater d'une manière authentique et légale l'époque de la cessation des fonctions du magistrat titulaire, celle de l'entrée en exercice de son remplaçant, et par suite la régularité des actes de poursuite et d'instruction auxquels ce dernier peut se livrer.

Comme les fonctions du juge d'instruction sont de tous les jours, de tous les instans, ce magistrat n'a point de vacances et il ne peut s'absenter qu'après avoir demandé et obtenu un congé. (Voy. les art. 3o et 36 du déc. du 18 août 1810.)

CHAPITRE II.

NOTIONS GÉNÉRALES SUR LA NATURE DES FONCTIONS DU JUGE D'INSTRUCTION.

———◆———

Le juge d'instruction étant tout à la fois juge civil et officier de police judiciaire, ses fonctions sont de deux natures, et nous allons les examiner sous ce double rapport.

SECTION I.

DES FONCTIONS DU JUGE D'INSTRUCTION COMME JUGE CIVIL.

SOMMAIRE.

Le juge d'instruction conserve séance au jugement des affaires civiles. — Il doit remplir toutes les fonctions des juges civils lorsque le bien du service l'exige. — Il peut prendre part au jugement des affaires correctionnelles.

———

« Le juge d'instruction, porte l'article 55 du code » d'instruction criminelle, conservera séance au » jugement des affaires civiles suivant le rang de » sa réception. »

D'après les articles 11 et 12 du décret du 18 août 1810, dans les tribunaux composés de plusieurs chambres, il ne peut jamais y avoir plus d'un juge d'instruction dans la même chambre.

Il résulte de l'ensemble de ces dispositions que le juge d'instruction peut et doit même remplir toutes les fonctions des juges civils, lorsque le bien du service l'exige.

En l'absence du président du tribunal, le juge d'instruction préside lorsqu'il se trouve le juge le plus ancien. (Voy. l'art. 47 du déc. du 30 mars 1808.)

Les tribunaux civils étant appelés par l'article 179 du code d'instruction criminelle à remplir les fonctions de tribunaux correctionnels, le juge d'instruction peut-il siéger en cette matière et prendre part au jugement?...

Il serait plus convenable, sans doute, que le magistrat qui a procédé à l'instruction préliminaire et sur le rapport duquel le prévenu a été renvoyé devant le tribunal correctionnel, dût, par l'effet d'un empêchement dérivant de la nature même de ses fonctions, se trouver dispensé de participer au jugement d'une affaire dans laquelle il peut quelquefois avoir conçu, malgré lui, des préventions. Cependant, comme le code d'instruction criminelle, article 257, n'interdit au juge d'instruction que de concourir à la formation de la cour d'assises; que les exceptions, et surtout les incompatibilités et les exclusions doivent être formellement prononcées par la loi et ne peuvent jamais être suppléées; que les dispositions de l'article 55 ne peuvent être considerées comme exclusives, il faut conclure du silence que le législateur a gardé, relativement à la formation des tribunaux correctionnels, que le juge d'instruction peut légalement en faire partie. « Le » juge d'instruction, dit M. Legraverend, t. 1, p. » 173, peut aussi et doit même, à moins qu'il n'en » soit empêché, prendre part au jugement des af- » faires de police correctionnelle : la nature de ses » fonctions habituelles l'appelle plus particulière- » ment à connaître de ces affaires; et puisque la loi » interdit seulement au juge d'instruction de con- » courir à la formation des assises, l'exception ne » doit pas être étendue à un autre cas.... » Telle est aussi l'opinion de MM. Carnot, t. 1, p. 278 et suiv.; Merlin, *Questions de droit*, au mot *directeur du jury*.

Tous les auteurs ne sont cependant pas d'accord sur cette question, et M. Bourguignon, sur l'article 55 du code d'instruction criminelle, pense au contraire que le juge d'instruction ne peut participer au jugement des affaires correctionnelles : « On » voit, dit-il, par l'article 257, que le législateur n'a » pas voulu que le pouvoir d'instruire et celui de » juger fussent dans les mains du même magistrat; » et, par l'article 55, il est dit que le juge d'ins- » truction conservera séance *au jugement des affai-*

2

» *res civiles*, suivant le rang de sa réception. Si le
» législateur eût voulu que le juge instructeur pût
» concourir au jugement des affaires correctionnel-
» les, il se serait contenté de dire qu'il conserverait
» séance suivant le rang de sa réception, et n'aurait
» pas ajouté les mots *au jugement des affaires civiles*,
» qui sont vraiment limitatifs. »

La cour de cassation, par arrêts des 3 prairial
an II, 30 octobre 1812 et 22 novembre 1816, a
consacré la doctrine enseignée par MM. Legraverend, Carnot et Merlin; la jurisprudence est donc
fixe sur ce point. Il existe aussi, à cet égard, une
foule de décisions du ministre de la justice, confor-
mes à la jurisprudence. Néanmoins il est à regretter
que la prohibition renfermée dans l'article 257 ne
soit pas générale et applicable aux tribunaux correctionnels comme aux cours d'assises, car il nous
semble que les mêmes motifs de décider existent.

SECTION II.

DES FONCTIONS DU JUGE D'INSTRUCTION COMME OFFICIER DE POLICE JUDICIAIRE.

SOMMAIRE.

Importance, objet et étendue des fonctions du juge d'instruction. — Il doit toujours être assisté du greffier du tribunal. — Comment peut être divisée la manière de procéder du juge d'instruction. — Le juge d'instruction est, quant aux fonctions de police judiciaire, sous la surveillance du procureur général. — Étendue de cette surveillance. — Principaux devoirs du juge d'instruction.

Les fonctions de juge d'instruction, comme officier de police judiciaire, sont de la plus haute importance et intéressent essentiellement l'ordre social : c'est lui qui, concurremment avec le procureur du roi, lorsqu'un crime vient de se commettre, doit se transporter sur les lieux pour le constater; c'est lui qui reçoit directement les plaintes ou les dénonciations des parties lésées, ou celles qui lui sont transmises par le procureur du roi, et qui y donne suite sur les réquisitions de ce magistrat; c'est par lui que les témoins sont entendus, que les pièces de conviction sont recherchées et saisies, que les prévenus sont placés sous la main de la justice, interrogés et mis en état d'arrestation; c'est

enfin sur son rapport que, suivant les circonstances, la chambre du conseil rend les prévenus à la
liberté, les renvoie devant le tribunal correctionnel,
ou décerne contre eux une ordonnance de prise
de corps.

Le juge d'instruction a aussi le droit de requérir
directement la force publique. (Voy. art. 25 du
c. d'inst. crim.)

Dans tout le cours de ses opérations, et quelles
qu'elles soient, le juge d'instruction doit toujours
être assisté du greffier du tribunal, parce que toutes sont des actes d'instruction qui font partie inté-
grante de la procédure.

Le greffier ne peut refuser son ministère lorsqu'il est requis, toutefois il lui est facultatif de se
faire remplacer par un commis-greffier assermenté.
(Voy. les art. 62, 73 et 112 du c. d'inst. crim.)

La manière de procéder du juge d'instruction
peut être divisée en deux cas généraux : dans le cas
de flagrant délit et hors le cas de flagrant délit.

Dans le premier cas, il peut faire, directement
et par lui-même, tous les actes attribués au procureur du roi. (Voy. l'art. 59 du c. d'inst. crim.)

Dans le second cas, l'action de son ministère a
besoin d'être provoquée par les officiers du parquet.
(Voy. art. 47, 54, 60 et 61 du c. d'inst. crim.)

Les juges d'instruction sont, quant aux fonctions
de police judiciaire, sous la surveillance spéciale
du procureur général près la cour royale (Voy.

art. 57 et 279 du c. d'inst. crim.) ; mais, comme juges civils, ils rentrent dans la classe commune des autres membres de l'ordre judiciaire, et la surveillance du procureur général s'exerce alors en vertu des articles 479, 480 et suivans du code d'instruction criminelle.

La surveillance que le procureur général exerce sur les juges d'instruction de son ressort, lui confère le droit de leur donner des instructions et des avertissemens pour assurer l'accomplissement des formes prescrites par la loi, et prévenir les erreurs et les irrégularités qui pourraient se glisser dans les procédures ; de les rappeler à leurs devoirs quand ils ne remplissent pas exactement leurs fonctions ; enfin, de provoquer contre eux, dans des cas graves, les mesures de discipline autorisées par les lois et réglemens. (Voy. art. 280, 281 et 282 du c. d'inst. crim.) Cependant, quelque étendue que soit cette surveillance, elle ne va pas jusqu'à donner au procureur général le droit de diriger, à son gré, et dans tel ou tel sens, les actes du juge d'instruction qui conserve toujours, dans l'exercice de ses fonctions d'officier de police judiciaire, le plus beau privilége inhérent à sa qualité de juge, l'indépendance. C'est à ses lumières, à sa sagesse, à sa prudence, que la loi a confié la direction de la procédure ; c'est dans les faits, dans les circonstances particulières de l'affaire, qu'il doit chercher et trouver la règle de sa conduite.

M. Carnot, t. 1, p. 284 et 285, pense que dans tous les cas de flagrant délit le procureur général peut donner des ordres au juge d'instruction qui est tenu d'y déférer; il se fonde sur l'article 59 du code d'instruction criminelle, qui charge le juge d'instruction, lorsqu'il procède en flagrant délit, de se conformer aux règles établies au chapitre des procureurs du roi et de leurs substituts, et sur l'article 27 du même code, qui impose aux officiers du ministère public l'obligation d'exécuter les ordres du procureur général, relativement à tous les actes de police judiciaire. M. Bourguignon, sur les articles 27, 57 et 279, et M. Legraverend, t. 1, p. 173, sont, sur ce point, d'un avis contraire à celui de M. Carnot, et c'est celui que nous avons cru devoir adopter, parce qu'il nous a paru plus conforme à l'esprit de la loi et à la nature des fonctions du juge d'instruction.

Les procureurs du roi au criminel exerçaient aussi une surveillance sur les juges d'instruction de leur département, en vertu de l'article 289 du code d'instruction criminelle; mais ces magistrats ont été supprimés par la loi du 25 décembre 1815.

Une vigilance de tous les jours, de tous les instans; la promptitude et l'activité dans les recherches; l'exactitude et l'attention la plus scrupuleuse dans l'examen des pièces qui lui sont transmises; la fermeté, jointe à une extrême prudence, dans tous les actes qui peuvent priver un citoyen de sa liberté; la douceur et la modération dans tous les rapports qu'il peut avoir avec les témoins et les prévenus, tels sont les premiers devoirs du juge instructeur. La négligence, la lenteur et la mollesse dans les poursuites, sont des écueils qu'il doit aussi soigneusement éviter, parce qu'ils sont toujours funestes à la découverte de la vérité et souvent favorables aux prévenus, surtout lorsque, par leur état ou leur position sociale, ils jouissent de quelque influence. Il est, en effet, démontré, par l'expérience, que le plus léger retard laisse quelquefois au coupable le temps suffisant pour préparer ses moyens de défense et assurer son impunité, soit en faisant disparaître les traces de son délit ou de son crime, soit en subornant les témoins par des dons ou promesses, soit en les intimidant par des menaces.

Appelé à scruter la conscience des témoins, et à porter un premier jugement sur les charges résultant de la procédure contre les personnes inculpées, le juge d'instruction doit faire une étude particulière du cœur humain; il ne doit pas prêter une oreille trop crédule à l'opinion publique souvent injuste et trompeuse, car il est rare qu'une information criminelle n'agite pas les passions; il doit enfin ne jamais oublier que la loi ne lui a point confié la pénible mission de trouver des coupables dans tous les prévenus; mais celle bien plus noble, bien plus douce, de rechercher la vérité.

CHAPITRE III.

DE LA COMPÉTENCE DU JUGE D'INSTRUCTION.

—❦❦❦—

———

La compétence étant la mesure de la juridiction, le juge d'instruction doit examiner la sienne avant de se livrer à aucun acte de poursuite ou d'instruction; car son incompétence frapperait de nullité toute l'information. La cour de cassation l'a ainsi jugé par un arrêt du 19 mai 1826, dont voici les motifs : « Attendu que les juridictions sont d'ordre

» public, qu'il n'est pas au pouvoir des parties de
» conférer des attributions et une compétence, que
» les juges ne tiendraient pas de la loi ; que si, en
» matière civile, la loi distingue entre la compé-
» tence à raison de la matière et celle à raison du
» lieu, c'est que les parties peuvent renoncer à l'at-
» tribution faite à certains tribunaux, dans leur
» intérêt privé, plutôt que dans l'intérêt public ;
» qu'il en est autrement en matière criminelle, tout
» ce qu'ordonne la loi étant prescrit dans l'intérêt
» public, tout ce qui touche à l'honneur, à la liberté
» et à la sûreté des citoyens, intéressant l'ordre
» public. »

Les règles de la compétence du juge d'instruction
sont extrêmement simples.

Il est compétent pour recevoir les dénonciations
et les plaintes, et pour instruire à raison des faits
qui les ont motivées,

1° S'il est le juge d'instruction du lieu où le
crime ou le délit a été commis ;

2° S'il est celui de la résidence du prévenu ;

3° S'il est celui du lieu où le prévenu pourra être
trouvé.

Hors ces trois cas, le juge d'instruction, saisi
d'une dénonciation ou d'une plainte, doit s'abstenir
de toute poursuite, et renvoyer les pièces devant
celui de ses collègues qui peut en connaître. (Voy.
art. 63, 64 et 69 du c. d'inst. crim.) M. Carnot, t. 1,
p. 328, enseigne que si l'incompétence est maté-

3

rielle, le juge d'instruction doit faire d'office le renvoi de l'affaire, sans qu'il soit besoin qu'il en fasse un rapport à la chambre du conseil. « Mais,
» continue ce savant auteur, l'article 61 voulant
» que le juge d'instruction ne puisse faire aucun
» acte de procédure ou d'instruction, sans com-
» munication des pièces au procureur du roi, peut-
» il prononcer le renvoi de l'affaire, au désir de
» l'article 69, sans en avoir ordonné la commu-
» nication préalable?...

» Cette formalité n'est pas de rigueur.

» Une pareille ordonnance n'est ni un acte de
» procédure, ni un acte d'instruction.

» D'un autre côté, l'on peut dire que l'envoi fait
» des pièces au juge d'instruction par le procureur
» du roi, est une véritable réquisition.

» Mais ce qui trancherait la question, si elle pré-
» sentait un doute sérieux, ce serait la disposition
» de l'article 70, qui n'exige la communication au
» procureur du roi, que quand le juge d'instruction
» est compétent.

» Cependant, si le juge d'instruction avait été
» directement saisi, comme dans l'espèce de l'arti-
» cle 63, il paraîtrait assez convenable qu'il com-
» mençât par ordonner la communication des pièces
» au procureur du roi, afin de ne prononcer qu'a-
» vec connaissance de cause ; car une erreur de sa
» part sur la compétence, peut être très-préjudi-
» ciable au maintien de l'ordre public et aux
» parties intéressées.

» Elle peut donner lieu à beaucoup de longueurs
» et à des frais inutiles, qui restent presque tou-
» jours à la charge du trésor public. »

Les distinctions établies par M. Carnot sont
extrêmement sages, et de nature à concilier les
attributions différentes du juge d'instruction et du
procureur du roi, et l'on ne saurait trop s'y conformer dans la pratique.

De ce que le juge d'instruction du lieu du crime
ou délit, celui de la résidence du prévenu et celui
du lieu où il pourra être trouvé, sont également
compétens, il peut arriver que deux juges d'instruction et même trois se trouvent, à la fois, légalement saisis de la même affaire. Mais, parce qu'ils
sont tous compétens, faut-il en conclure qu'il leur
est facultatif d'instruire, simultanément, chacun
dans leur ressort, à raison du même fait?... Évidemment non : l'économie dans les frais de justice,
l'unité si nécessaire dans les poursuites, et les graves inconvéniens qui résulteraient d'un semblable
mode de procéder, s'y opposent également.

Lorsque deux juges d'instruction, également
compétens pour connaître d'une affaire, ont com-
mencé concurremment une procédure, celui qui
s'est trouvé le premier saisi des poursuites, doit en
conserver l'instruction, et, à cet effet, son collègue
doit lui renvoyer toutes les pièces.

Dans ce cas, le juge le premier saisi est celui
qui, le premier, a délivré le mandat d'amener

contre le prévenu. (Voy. art. 76, 77 et suiv. du c.
du 3 brumaire an iv, et arr. de la cour de cass.
des 1ᵉʳ pluviôse an ix, 25 octobre et 7 novembre
1811, 9 janvier et 9 avril 1812.)

Il ne faut pas cependant faire l'application de la
règle ci-dessus d'une manière absolue et exclusive
de toute exception; car si, d'après les circonstances particulières de l'affaire, la procédure étant
instruite par l'un des juges d'instruction doit être
moins dispendieuse et conduire plus sûrement à la
découverte de la vérité, il doit en rester chargé,
bien qu'il n'ait pas été le premier saisi.

Lorsque deux juges d'instruction établis dans le
ressort de la même cour royale se trouvent également saisis de la connaissance du même délit ou
de délits connexes, la demande en réglement de
juges doit être portée devant cette cour, qui statue,
suivant la forme prescrite au chapitre 1ᵉʳ, titre 5
du code d'instruction criminelle, sauf le recours,
s'il y a lieu, à la cour de cassation (Voy. art. 540
du c. d'inst. crim.); dans le cas contraire, c'est-à-dire
si les juges d'instruction saisis ne ressortissent pas
à la même cour royale, il faut recourir à l'autorité de la cour de cassation. (Voy. MM. Carnot, t. 3,
p. 462, et Legraverend, t. 2, p. 471, et l'art. 526
du c. d'inst. crim.)

La demande en réglement de juges peut-être
formée par le prévenu, par la partie civile, s'il y
en a une, et par le ministère public.

Lorsque plusieurs individus se trouvent prévenus du même crime, et que chacun d'eux l'est en même temps de divers autres crimes commis dans des départemens différens, si l'instruction sur chacun de ces crimes est de nature à répandre du jour sur celle de chacun des autres, il est convenable de réunir toutes les procédures et de les attribuer à un seul des juges d'instruction compétens. (Voy. arr. de la cour de cass. du 11 nivôse an ix.)

La loi ne détermine pas la manière dont un juge d'instruction doit se dessaisir d'une procédure non terminée; mais l'usage et la jurisprudence ont consacré que c'est par suite d'une ordonnance de la chambre du conseil rendue sur le rapport du juge d'instruction et les réquisitions du procureur du roi.

La juridiction du juge d'instruction étant circonscrite par son arrondissement, il ne peut se livrer à des poursuites et à des recherches que dans son étendue; cependant cette juridiction est prorogée par l'article 464 du code d'instruction criminelle toutes les fois qu'il s'agit de fausse monnaie, de contrefaction du sceau de l'état, de fabrication, introduction et distribution de faux papiers royaux, de faux billets de la banque de France ou des banques de département, et, dans ces cas spéciaux, il est autorisé à continuer ses recherches hors de son ressort. Il est essentiel de remarquer que, d'après les termes employés par le législateur dans l'article 464, le juge d'instruction ne peut se livrer à des visites et à des recherches hors de son arrondissement que lorsqu'il les a déjà commencées dans l'étendue de sa juridiction ordinaire, et que cette faculté, confiée aux magistrats dans l'intérêt de la justice, ne doit pas dégénérer en abus.

Le prévenu et le procureur du roi peuvent exciper de l'incompétence du juge d'instruction; mais que l'exception soit admise ou rejetée, ils ne peuvent immédiatement recourir à la cour de cassation pour être réglés de juges, et ils doivent se pourvoir d'abord devant la cour royale contre la décision portée par le juge d'instruction, sauf à se pourvoir en cassation, s'il y a lieu, contre l'arrêt rendu par la cour royale. (Voy. art. 539 du c. d'inst. crim.) Toutefois, la cour de cassation a décidé, par arrêt du 7 novembre 1816, qu'en matière criminelle, il ne peut être formé d'opposition ou d'appel contre une ordonnance de simple instruction que dans le cas où le juge d'instruction ne serait ni celui du crime ou délit, ni celui de la résidence du prévenu, ni celui du lieu où il est trouvé, et que toute autre exception d'incompétence, même à raison de la matière, ne peut-être proposée contre une ordonnance de simple instruction.

CHAPITRE IV.

DES DÉNONCIATIONS.

———⬥⬥⬥———

SECTION I.

La dénonciation, dit M. Legraverend, est l'action de déclarer à la justice un crime, un délit ou une contravention dont on a connaissance, en désignant ou sans désigner celui ou ceux qui en sont les auteurs.

On voit par cette définition, qui est une des plus exactes, que pour faire une dénonciation il n'est pas nécessaire de connaître l'auteur ou les auteurs du fait que l'on veut dénoncer; que la dénonciation est régulière sans cette désignation, et que, sur ce motif, l'officier de police judiciaire ne peut refuser de la recevoir.

Le rôle de délateur que nos mœurs flétrissent

et rendent justement odieux, cesse d'avoir ce caractère dans les cas où la loi en fait un rigoureux devoir.

Le code de 1791 est le premier qui, dans certains cas, ait imposé aux citoyens le devoir de dénoncer le crime ou le délit parvenu à leur connaissance. (Voy. l'art. 1er du tit. 6.)

« Ce ne sont pas seulement des plaintes, disait
» la loi en forme d'instruction pour la procédure
» criminelle, du 29 septembre 1791, que les ci-
» toyens sont autorisés à porter devant l'officier
» de police, il est encore de leur droit, et même
» de leur devoir, de dénoncer tous les attentats
» dont ils auront été témoins, soit contre la liberté
» ou la vie d'un autre homme, soit contre la sûreté
» publique ou individuelle. La liberté ne pouvant
» subsister que par l'observation des lois qui pro-
» tègent tous les membres de la société contre les
» entreprises d'un homme puissant ou audacieux,
» rien ne caractérise mieux un peuple libre, que
» cette haine vigoureuse du crime, qui fait de
» chaque citoyen un adversaire direct de tout in-
» fracteur des lois sociales.

» Ce devoir est encore bien plus sacré lorsque
» le délit a privé la société de la vie d'un citoyen :
» il n'y a que des hommes lâches et indignes de la
» liberté, qui puissent connaître un si grand crime
» et ne pas le dénoncer, lors même que le meur-
» trier serait inconnu, lorsque la cause immédiate

» de la mort ne serait pas clairement manifestée ;
» il suffirait qu'il existât un homme frappé de mort
» par une cause inconnue ou suspecte, pour que
» tous ceux qui ont connaissance du fait, fussent
» tenus d'en donner avis sur-le-champ à la police.

» Rien n'est plus éloigné des formes obscures et
» perfides de la délation, que la dénonciation
» civique,... etc. »

Le code du 3 brumaire an iv, articles 83 et 87,
imposait aux autorités constituées, fonctionnaires
ou officiers publics, et aux citoyens, des obligations semblables à celles portées par les articles 29
et 30 du code d'instruction criminelle.

Article 29 : « Toute autorité constituée, tout
» fonctionnaire ou officier public, qui, dans l'exer-
» cice de ses fonctions, acquerra la connaissance
» d'un crime ou d'un délit, sera tenu d'en donner
» avis sur-le-champ au procureur du roi près le
» tribunal, dans le ressort duquel ce crime ou délit
» aura été commis ou dans lequel le prévenu pourra
» être trouvé, et de transmettre à ce magistrat tous
» les renseignemens, procès-verbaux et actes qui
» y sont relatifs. »

Article 30 : « Toute personne qui aura été témoin
» d'un attentat, soit contre la sûreté publique,
» soit contre la vie ou la propriété d'un individu,
» sera pareillement tenue d'en donner avis au pro-
» cureur du roi, soit du lieu du crime ou délit, soit
» du lieu où le prévenu pourra être trouvé. »

4

Il résulte de ces deux articles que, dans tous les cas qu'ils spécifient, la dénonciation est forcée de la part des simples citoyens comme de celle des autorités constituées, fonctionnaires ou officiers publics; mais il est important de remarquer aussi qu'il existe une grande différence dans l'étendue des obligations qui leur sont imposées.

L'obligation de dénoncer s'étend, à l'égard des autorités constituées, fonctionnaires ou officiers publics, à tous les crimes et délits dont ils acquièrent la connaissance dans l'exercice de leurs fonctions, ce qui n'excepte que les contraventions.

Les simples citoyens, au contraire, ne sont tenus de dénoncer que les attentats, soit contre la sûreté publique, soit contre la vie ou la propriété d'un individu, et encore faut-il *qu'ils en aient été les témoins* : hors ce cas, la dénonciation cesse d'être un devoir et n'est plus qu'une faculté.

Hors de l'exercice de leurs fonctions, les autorités constituées, fonctionnaires ou officiers publics rentrent dans la classe des simples citoyens, c'est-à-dire qu'ils ne sont tenus de donner avis au procureur du roi, des crimes et délits dont ils ont acquis la connaissance, que lorsqu'ils en ont été les témoins. L'article 29 leur devient alors applicable.

La dénonciation n'est jamais forcée pour les contraventions. (Voy. MM. Legraverend, t. 1, p. 193; Carnot, sur l'art. 29; Bourguignon, sur les art. 29 et 30; Dalloz, t. 5, 1re partie, p. 9.)

La dénonciation, dans tous les cas où elle n'est pas obligatoire, est toujours autorisée par la loi, et l'officier de police judiciaire ayant qualité pour la recevoir, ne pourrait s'y refuser sans manquer à ses devoirs.

Bien que la loi impose aux autorités constituées, fonctionnaires ou officiers publics, et aux simples citoyens, l'obligation de dénoncer certains faits dont ils ont acquis la connaissance ou dont ils ont été les témoins, cependant, s'ils se dispensaient de la remplir, ni les uns ni les autres ne seraient passibles de peines, même pécuniaires, à raison de leur silence : la loi du 28 avril 1832, en introduisant de salutaires réformes dans notre législation pénale, a fait heureusement disparaître de nos codes les crimes et délits de non-révélation.

SECTION II.

SOMMAIRE.

Quels fonctionnaires ont qualité pour recevoir les dénonciations. — Ce que doit faire l'officier de police judiciaire qui a reçu une dénonciation.

Il semble, résulter de la lettre des articles 29 et 30 du code d'instruction criminelle que le procureur du roi a seul qualité pour recevoir les dénonciations des crimes et délits, puisqu'il est le seul

magistrat désigné dans ces articles; mais cette désignation n'est pas exclusive, et il est encore d'autres fonctionnaires qui jouissent du même droit.
Ces fonctionnaires sont : les juges d'instruction, les
juges de paix, les officiers de gendarmerie, les commissaires généraux de police, les maires et adjoints
du maire, les commissaires de police. (Voy. les art.
déjà cités du c. d'inst. crim.; la section *Du Juge
d'instruction*, au chapitre *De la Police judiciaire*; et
les art. 48, 49, 50 et 53 du même code.)

Les maires ou leurs adjoints et les commissaires
de police sont plus spécialement chargés de recevoir les dénonciations qui ont pour objet des contraventions de police. (Voy. les art. 11, 12, 13, 14
et 15 du c. d'inst. crim.)

Les délits et les contraventions de police qui ont
porté atteinte aux propriétés rurales et forestières
peuvent être dénoncés aux gardes champêtres et
forestiers. (Voy. art. 16, 17 et suiv. du c. d'inst.
crim.)

Le procureur du roi étant, dans son ressort, le
premier agent du gouvernement, c'est à lui, en
règle générale, que les dénonciations qui ont pour
objet un crime ou un délit doivent être faites.

Les procureurs généraux ont aussi qualité pour
recevoir directement les dénonciations qui leur sont
faites, soit par les cours royales, soit par un fonctionnaire public, soit par les simples citoyens, et
ils doivent en tenir registre.

Après les avoir reçus, ils les transmettent au procureur du roi compétent. (Voy. art. 275 du c. d'inst. crim.)

Lorsque la dénonciation a pour objet un crime ou un délit commis par un magistrat, c'est au procureur général qu'elle doit être faite directement, puisqu'il est spécialement chargé, dans ce cas, de provoquer les poursuites. (Voy. art. 479, 480 et suiv. du c. d'inst. crim.)

Le juge d'instruction est compétent pour recevoir la dénonciation d'un crime ou d'un délit :

1° Si le crime ou le délit a été commis dans son arrondissement;

2° Si le prévenu peut y être trouvé (Voy. les art. 29 et 30 du c. d'inst. crim.);

3° S'il est le juge d'instruction de la résidence du prévenu, dans les cas suivans : lorsque le prévenu n'a pas été arrêté ou n'est pas connu, et lorsque l'on ignore le lieu où le crime ou le délit a été commis, comme cela peut arriver, par exemple, en matière de faux. (Voy. art. 63 et 64 du c. d'inst. crim., et M. Legraverend, t. 1, p. 192.)

Cependant une dénonciation ne peut être annulée par le motif qu'elle a été adressée à un fonctionnaire autre que celui qui avait qualité pour la recevoir. (Voy. art. 31, 65 et 69 du c. d'inst. crim.; un arr. de la cour de cass. du 8 prairial an XI; et M. Lagraverend, t. 1, p. 195.)

Le juge d'instruction qui reçoit une dénonciation

doit la communiquer, sans aucun retard, au procureur du roi pour qu'il fasse telles réquisitions
qu'il juge convenables. (Voy. art. 61 et 70 du c.
d'inst. crim.)

Si la dénonciation a pour objet un crime ou un
délit imputé à un magistrat, il doit l'adresser, sans
aucun retard, au procureur général.

Si la dénonciation a été reçue par un officier
auxiliaire de police, il doit la transmettre, sans
délai, au procureur du roi, qui lui-même l'adresse,
avec son réquisitoire, au juge d'instruction. (Voy.
art. 54 du c. d'inst. crim.)

Le procureur du roi agit de la même manière
lorsque la dénonciation lui a été faite directement.
(Voy. art. 47 du même code.)

Il est des personnes dont la dénonciation est in-
suffisante pour motiver des poursuites : « On ne
» doit, dit M. Merlin, au mot *dénonciateur*, p. 541,
» recevoir aucune dénonciation des personnes no-
» tées d'infamie, c'est-à-dire que le ministère public
» ne doit point asseoir une procédure sur une telle
» dénonciation ; il peut seulement la regarder com-
» me un mémoire, et s'informer d'ailleurs des faits
» qu'elle contient. » (Voy. art. 6, 7 et 8 du c. pén.)

SECTION III.

Des formes de la dénonciation.

Le code du 3 brumaire an IV distinguait deux sortes de dénonciations : la dénonciation *officielle,* qui était celle émanée soit d'une autorité constituée, soit d'un fonctionnaire ou officier public; la dénonciation *civique,* qui était celle faite par tout citoyen français.

Ces deux dénonciations, pour lesquelles le code de brumaire avait deux chapitres particuliers, n'étaient pas soumises aux mêmes règles. La première était dégagée de toute forme obligatoire; la seconde au contraire se trouvait assujettie à de nombreuses formalités. (Voy. art. 83, 84 et suiv. du c. de brumaire.)

Le code d'instruction criminelle, ainsi que nous l'avons vu dans la section Ire de ce chapitre, reconnaît, comme le code de brumaire, deux espèces de dénonciations : la dénonciation des autorités constituées, fonctionnaires ou officiers publics et celle des simples citoyens; et tous les auteurs sont d'accord sur ce point : que la première de ces dénonciations n'est pas soumise aux mêmes formalités que la seconde.

Toute autorité constituée, tout fonctionnaire ou officier public, qui dans l'exercice de ses fonctions acquiert la connaissance d'un crime ou d'un délit, peut en faire la dénonciation au magistrat compétent pour la recevoir, soit par un rapport, soit par un simple avis, soit par une lettre, soit enfin de toute autre manière, et sans avoir besoin de se déplacer et de se transporter auprès de lui, dans les cas mêmes où la loi prescrit des formalités particulières, comme en matière de faux. (Voy. MM. Bourguignon, sur l'art. 29; Legraverend, t. 1, p. 197; Dalloz, au mot *dénonciation*, t. 5, 1re partie, p. 10; et un arrêt de la cour de cass. du 8 messidor an XIII.) En effet, ces autorités, ces fonctionnaires ou officiers publics, qui, en faisant la dénonciation du crime ou délit parvenu à leur connaissance, agissent dans l'exercice de leurs fonctions et accomplissent un devoir, ne peuvent être considérés comme parties dénonciatrices et soumis aux mêmes obligations : il est d'ailleurs facile de concevoir quels graves inconvéniens pourraient résulter de leur déplacement, et combien, dans certains cas, les services publics pourraient en souffrir.

Les formes dans lesquelles les simples citoyens peuvent faire une dénonciation sont déterminées par l'article 31 du code d'instruction criminelle, ainsi que suit :

Le dénonciateur peut rédiger lui-même sa dénonciation, et la remettre ensuite ou faire remettre

par un fondé de pouvoir au magistrat compétent
pour la recevoir ;

La dénonciation peut être rédigée et remise au
magistrat par un fondé de pouvoir spécial du dénonciateur ;

Le dénonciateur ou son fondé de pouvoir peuvent rédiger la dénonciation en présence du magistrat ;

Enfin, la dénonciation peut être rédigée par le
magistrat, sur la réquisition du dénonciateur ou de
son procureur fondé. (Voy. art. 31 du c. d'inst.
crim.)

La dénonciation, quelle que soit la nature du
crime ou du délit qui en est l'objet, doit contenir :

1° La mention de l'année, du jour, de l'heure
et du lieu où elle est faite, ou de celui où elle est
reçue ;

2° Les prénom, nom et qualité du magistrat
qui la reçoit ou qui la rédige sur la réquisition du
dénonciateur ou de son fondé de pouvoir ;

3° Les prénom, nom, profession et demeure
du dénonciateur ou de son fondé de pouvoir, et,
dans ce cas, la date de la procuration ;

4° Un exposé fidèle et détaillé des faits qui sont
dénoncés, et des différentes circonstances qui peuvent servir à les caractériser ;

5° La désignation, s'il est possible, de l'année,
du jour, de l'heure et du lieu où le crime ou le dé-

lit a été commis, et celle des moyens à l'aide desquels il a été consommé ou tenté;

6° Les prénoms, noms, profession et domicile
des auteurs et complices connus ou présumés;

7° Les prénoms, noms, profession et domicile
des personnes qui peuvent servir de témoins.

Le dénonciateur ou son fondé de pouvoir doivent affirmer la vérité des faits consignés dans la
dénonciation : cette formalité était exigée par l'article 89 du code de brumaire, et nous pensons
qu'elle doit encore être observée.

La dénonciation doit toujours être signée à chaque feuillet par le fonctionnaire qui la reçoit ou la
rédige, et par le dénonciateur ou son procureur
fondé. Si ces derniers ne savent, ne peuvent ou ne
veulent signer, il doit en être fait mention. (Voy.
art. 31 du c. d'inst. crim.)

La procuration donnée pour dénoncer un fait
doit toujours demeurer annexée à la dénonciation ;
elle doit être spéciale, et ne peut être conçue en
termes généraux et vagues. (Voy. art. 31 du même
code.)

Le dénonciateur peut se faire délivrer, mais à
ses frais, une copie de sa dénonciation. (Voy. art.
31 du même code.)

Il résulte du procès-verbal de l'ordonnance de
1670, que si le dénonciateur ou son fondé de pouvoir refusait de signer la dénonciation, quoiqu'il
sût signer, la dénonciation devait être considérée

comme non avenue. L'instruction criminelle de 1791 disposait sur ce point que, si le dénonciateur refusait de signer et d'affirmer sa dénonciation, l'officier de police n'était pas tenu d'y avoir égard. Le code du 3 brumaire an IV, article 93, s'exprimait ainsi : « Lorsque le dénonciateur s'est désisté » de sa dénonciation, ou qu'il a refusé de la signer, » la dénonciation et comme non avenue. »

La question de savoir si, aujourd'hui, le refus de signer de la part du dénonciateur entraîne les mêmes conséquences, divise les auteurs. M. Bourguignon, sur l'article 31, pense que quoique les dispositions que nous venons de rappeler ne soient pas littéralement exprimées dans le code d'instruction criminelle, il faudrait, encore aujourd'hui, décider de la même manière, parce qu'une dénonciation que le dénonciateur refuse de signer, n'est qu'un acte imparfait, et conséquemment nul, qui ne peut produire aucun effet.

MM. Legraverend, t. 1, p. 194, et Dalloz, au mot *dénonciation*, tout en regrettant que le code d'instruction criminelle n'ait pas adopté les anciennes dispositions qui avaient un but moral, enseignent, au contraire, que si le dénonciateur ou son fondé de pouvoir ne veulent signer la dénonciation, il suffit de faire mention de cette circonstance; telle est aussi l'opinion de M. Merlin, au mot *dénonciateur*, t. 3, p. 541.

« La seule conséquence qu'on puisse tirer du

» refus de signer de la part du dénonciateur, dit
» M. Carnot, t. 1, p. 226, c'est que le procureur
» du roi n'est pas mis, par un pareil acte, dans
» l'obligation de faire des poursuites; que la dé-
» nonciation, dans ce cas, ne doit être considérée
» que comme un simple avis donné au procureur
» du roi : mais ce magistrat n'en doit pas moins
» prendre tous les renseignemens qu'il est en son
» pouvoir de se procurer, et les consigner dans les
» états qu'il est chargé de transmettre au procu-
» reur général. »

Nous n'hésitons pas un seul instant à nous ran-
ger de l'avis de MM. Legraverend, Dalloz, Merlin
et Carnot; car, outre l'imposante autorité de ces
auteurs, la question nous paraît formellement tran-
chée par l'article 31 du code d'instruction criminelle, qui, en prévoyant le refus de signer de la
part du dénonciateur ou de son fondé de pouvoir,
n'exige qu'une formalité de plus : la mention de
cette circonstance. (Voy. un arr. de la cour de cass.
du 10 octobre 1816.)

Il n'est pas permis de faire des dénonciations
sous des noms empruntés. (Voy. M. Merlin, au mot
dénonciateur, t. 3, p. 541.)

Lorsque le juge d'instruction reçoit une dénonciation toute rédigée, il doit en constater la réception par un acte qu'il date et qu'il signe.

SECTION IV.

OBSERVATIONS PARTICULIÈRES.

Les dispositions de l'article 373 du code pénal, qui prononcent des peines contre ceux qui ont fait une dénonciation calomnieuse aux officiers de justice ou de police administrative ou judiciaire, ne sont point applicables aux membres des autorités constituées, à raison des avis qu'ils sont tenus de donner, concernant les crimes ou délits dont ils ont cru acquérir la connaissance dans l'exercice de leurs fonctions; la loi, dans ce cas, n'accorde contre eux que la prise à partie, s'il y a lieu. (Voy. l'art. 358 du c. d'inst. crim.; et au chapitre *Des Tribunaux*, en général, section *Des Principes généraux*, le paragraphe *De la Prise à partie*.)

CHAPITRE V.

DES PLAINTES.

———

SECTION I.

SOMMAIRE.

Définition et objet de la plainte. — La qualité de partie
civile n'est pas aujourd'hui nécessairement attachée à celle
de plaignant. — Pour être admis à porter plainte il faut
avoir tout à la fois un intérêt direct et un droit formé de
constater le délit et d'en poursuivre la réparation.

———

Tout acte par lequel on provoque l'action de la
justice sur un fait qualifié, par la loi, crime, délit
ou contravention, et dont on a souffert des dommages, de la part d'un tiers, soit dans sa personne,
soit dans ses biens, soit dans son honneur, est une
plainte.

La loi d'instruction du 29 septembre 1791, dé-
finissait ainsi la plainte : « L'action résultant du
» dommage causé par un délit, se nomme plainte...

» Son objet est de constater les griefs de la par-
» tie qui se prétend lésée. »

Le code du 3 brumaire an IV, qui donnait de la plainte une définition presque semblable à celle du code d'instruction criminelle, avait confondu, comme la loi du 29 septembre 1791, la qualité de *plaignant* avec celle de *partie civile* : en sorte que tout plaignant qui ne se désistait pas dans les vingt-quatre heures, était, de plein droit, réputé partie civile, et responsable, en cette qualité, de tous les frais. (Voy. art. 92, 93 et 96 du c. de brumaire, et l'art. 2 de l'arrêté du gouvernement du 6 messidor an VI.)

« Il résultait, d'une semblable disposition, un » grand inconvénient, dit M. Bourguignon, sur » l'article 66 : la personne lésée par un crime ou » un délit, n'osait souvent en rendre plainte pour » ne pas s'exposer à supporter tous les frais ; elle » avait, à la vérité, son recours contre l'accusé » lorsqu'il était déclaré coupable ; mais ce recours » était fréquemment illusoire par rapport à l'in- » solvabilité de l'accusé. Lorsque cette crainte des » frais réduisait la personne lésée au silence, la » justice n'était pas instruite, et les crimes restaient » impunis. »

Le code d'instruction criminelle n'est point tombé dans cette confusion de qualité, et en cela il est revenu aux dispositions de l'ordonnance de 1670. Aujourd'hui, la qualité de plaignant est parfaitement distincte de celle de partie civile, et le citoyen qui rend plainte n'est considéré comme partie civile, qu'autant qu'il déclare formellement, soit dans sa plainte, soit par acte subséquent, vouloir prendre cette qualité, et encore la loi lui laisse-t-elle la faculté de se départir dans les vingt-quatre heures.

Article 63 : « Toute personne qui se prétendra
» lésée par un crime ou délit, pourra en rendre
» plainte et se constituer partie civile devant le
» juge d'instruction, soit du lieu du crime ou délit,
» soit du lieu de la résidence du prévenu, soit du
» lieu où il pourra être trouvé. »

Article 66 : « Les plaignans ne seront réputés
» partie civile s'ils ne le déclarent formellement,
» soit par la plainte, soit par acte subséquent, ou
» s'ils ne prennent, par l'un ou par l'autre, des
» conclusions en dommages-intérêts; ils pourront
» se départir dans les vingt-quatre heures; dans le
» cas du désistement, ils ne sont pas tenus des frais
» depuis qu'il aura été signifié, sans préjudice néan-
» moins des dommages-intérêts des prévenus, s'il
» y a lieu. »

Il résulte des termes de ces deux articles et de toutes les dispositions du code d'instruction criminelle relatives aux plaintes, que pour pouvoir être admis à se rendre plaignant, il faut avoir à la fois *un intérêt direct et un droit formé* de constater le délit lorsqu'il existe et d'en poursuivre la réparation contre le délinquant.

« Il faut avoir *un intérêt direct*, dit M. Merlin;
» et c'est en cela que la plainte diffère de la simple

» dénonciation. Pour dénoncer un crime à l'offi-
» cier public, il suffit d'en avoir connaissance; mais
» pour s'en constituer l'accusateur, non-seulement
» ce n'est pas assez de le connaître, il ne sert même
» de rien d'avoir à sa punition un intérêt éloigné
» ou indirect....

　　» Il faut avoir *un droit formé* à la punition du
» délit; et cela se sent assez de soi-même. Il ne
» suffit pas que le délit puisse un jour vous préju-
» dicier, pour que la justice reçoive votre plainte,
» il faut qu'il vous porte dès ce moment même un
» préjudice réel; il faut que, dès aujourd'hui, vous
» en ressentiez les funestes effets; il faut, en un
» mot, que, dans l'instant où vous parlez, votre
» fortune, votre honneur, votre vie en aient éprou-
» vé les atteintes : sans cela, de quoi vous plain-
» driez vous, si ce n'est d'une vaine terreur.... etc. »
(Voy. *Questions de droit*, au mot *question d'État*,
§ 1er.) Telle est aussi l'opinion de MM. Legraverend, t. 1, p. 201; Bourguignon, sur l'article 63;
et Carnot, sur le même article, t. 1, p. 303. « Nous
» pensons cependant, ajoute ce dernier auteur,
» que, lorsque la plainte porte sur un crime ou
» sur un délit, et que le plaignant se *prétend lésé*,
» sa plainte doit être reçue, sauf l'appréciation de
» ses droits, en procédant au jugement du fond du
» procès.

　　» Si la plainte n'est pas valable en cette qualité,
» il faut la considérer comme une dénonciation. »

Le mode de procéder indiqué par M. Carnot nous paraît extrêmement sage, et nous estimons, en outre, que si le plaignant articule des faits qui lui sont étrangers, la plainte, dans cette partie, doit être considérée comme dénonciation, et que l'officier de police judiciaire peut, s'il y a lieu, diriger ou provoquer des poursuites sur ces faits comme sur les autres.

Il n'en était pas de même sous l'empire de l'ordonnance de 1670, et le juge ne pouvait permettre d'informer sur des faits étrangers au plaignant, à peine de la nullité de la procédure.

SECTION II.

SOMMAIRE.

Des personnes qui peuvent rendre plainte.

L'article 63 du code d'instruction criminelle qui n'admet à rendre plainte que la personne lésée par un crime ou un délit, ne doit pas être entendu dans un sens absolu et exclusif, et il est d'autres personnes qui, soit à raison de leur qualité, soit à raison de leurs fonctions, peuvent légalement porter plainte pour des faits qui ne les touchent pas directement.

Ainsi, outre la personne lésée par un crime ou un délit, la loi admet encore à rendre plainte :

Le père, à raison du crime ou du délit commis contre ses enfans, lorsqu'ils sont encore sous sa puissance;

Le tuteur et le curateur, pour l'offense faite à leur mineur;

Le père, la mère, le veuf, la veuve, les enfans et les héritiers de la personne homicidée;

L'époux, pour l'injure faite à son épouse, même sans le concours de cette dernière, quand l'injure intéresse l'honneur de l'un et de l'autre. Il n'en est pas de même de la femme à l'égard du mari (Voy. arr. de la cour de cass. du 14 germinal an XIII);

Le maître, pour les crimes ou délits commis envers ses domestiques, lorsque ces crimes ou délits compromettent ou tendent à compromettre ses intérêts. (Voy. arr. de la cour de cass. du 26 vendémiaire an XIII.) Dans le cas contraire, il ne peut faire qu'une simple dénonciation. (Voy. M. Merlin, au mot *plainte*.)

Dans tous les cas où le père peut agir comme plaignant au nom de ses enfans, le mari au nom de sa femme, etc., cette plainte n'exclut pas celle de la partie qui est personnellement lésée. (Voy. M. Legraverend, t. 1, p. 202 et la note 1re.)

L'article 482 du code civil n'interdisant au mineur émancipé que l'exercice des actions immobilières, on doit en conclure qu'il peut, sans autorisation, poursuivre en justice la réparation du fait dont il a éprouvé des dommages. (Voy. M. Bourguignon, sur l'art. 63.)

Sous l'ancien droit, la femme mariée pouvait, dans certains cas, agir sans autorisation pour la répression du délit ou de l'injure qu'elle avait éprouvé; mais cette faculté lui a été refusée par l'article 216 du code civil, qui ne la dispense d'autorisation que lorsqu'elle est poursuivie en matière criminelle, correctionnelle ou de police. Le motif de cet article, selon M. de Malleville, est : « que la » défense est de droit naturel et qu'il n'en est pas » de même de l'action. » (Voy. arr. de la cour de cass. des 30 juin 1808 et 24 février 1809.)

Le mineur et l'interdit ont également besoin d'une autorisation pour se porter partie civile.

L'individu en état de mort civile peut bien dénoncer le fait dont il a éprouvé un préjudice; mais il ne peut se porter partie civile que sous le nom et par le ministère d'un curateur spécial. (Voy. art. 25 du c. civil; et M. Carnot, t. 1, p. 305.)

La loi admet l'étranger à rendre plainte des crimes et délits commis envers lui en France, même par un étranger. (Voy. arr. de la cour de cass. des 3 février 1814 et 22 juin 1826.) Néanmoins, s'il veut se porter partie civile, il est tenu de fournir caution, comme en matière civile, à moins qu'il n'en soit exempté par les traités faits entre la France et sa nation, ou qu'il ne possède, en France, des immeubles suffisans pour assurer le paiement des frais et dommages - intérêts. (Voy. les deux arr. déjà cités; l'art. 16 du c. civil; M. Carnot, t. 1, p. 305; et M. Legraverend, t. 1, p. 208.) Un arrêt de la cour de Colmar, du 28 mars 1810, a jugé que les Suisses étaient exempts de ce cautionnement par le traité du 4 vendémiaire an XII.

Le ministère public peut toujours, et dans tous les cas, rendre plainte; il peut y comprendre plusieurs crimes ou délits lorsqu'ils ont été commis par le même individu, ou plusieurs individus quand ils ont commis de complicité le même crime ou délit, ou plusieurs crimes ou délits connexes. Il a toujours aussi le droit d'additionner sa plainte à raison de la découverte soit de nouveaux auteurs ou complices, soit de nouveaux crimes ou délits, soit de nouvelles circonstances qui changent la nature du crime ou délit déjà connu. (Voy. M. Merlin, au mot *plainte*.)

SECTION III.

SOMMAIRE.

Quels magistrats ont qualité pour recevoir les plaintes. — De quelle manière ils doivent procéder quand ils les ont reçues.

En règle générale, les plaintes doivent être portées devant le juge d'instruction, soit du lieu du crime ou délit, soit du lieu de la résidence du pré-

venu, soit du lieu où il pourra être trouvé. (Voy.
art. 63 du c. d'inst. crim.) Mais elles peuvent l'être
aussi devant le procureur du roi ou devant les officiers de police auxiliaires de ce magistrat : cela résulte des dispositions combinées des articles 48, 5o,
63 et 64 du code d'instruction criminelle. Toutefois,
le code n'autorise les officiers de police auxiliaires
à recevoir les plaintes en matière de crimes ou de
délits, que relativement à ceux qui peuvent avoir
été commis dans les lieux où ils exercent leurs
fonctions habituelles (art. 48), tandis qu'il suffit,
pour autoriser le juge d'instruction et le procureur
du roi, que le crime ou le délit ait été commis dans
leur arrondissement, ou que le prévenu y fasse sa
résidence habituelle ou momentanée. (Voy. art. 29
et 3o du c. d'inst. crim.; et M. Carnot, t. 1, p. 3o1.)

Nous ferons remarquer, comme nous l'avons déjà
fait à l'égard des dénonciations, que les plaintes qui
ont pour objet un crime ou un délit, doivent être
portées de préférence au juge d'instruction ou au
procureur du roi qui sont les premiers officiers de
police judiciaire de leur arrondissement; tandis
que celles qui ne sont relatives qu'à une simple
contravention rentrent plus particulièrement dans
les attributions des maires, des adjoints du maire
et des commissaires de police. (Voy. les art. 11, 12,
13, 14 et 15 du c. d'inst. crim.)

Les procureurs généraux ont qualité pour recevoir toute espèce de plainte (Voy. art. 275 du

c. d'inst. crim.); ils l'ont, surtout, lorsque le fait qui en est l'objet doit être porté directement devant la cour royale, comme, par exemple, s'il s'agit d'un délit commis par un magistrat. (Voy. art. 479, 480 et suiv. du c. d'inst. crim.; et le chap. *Des Dénonciations*, sect. II.)

Si le fait rentre dans la classe commune des délits, le procureur général doit renvoyer la plainte au procureur du roi compétent. (Voy. art. 275.)

Lorsque le juge d'instruction a reçu une plainte et qu'il est compétent pour en connaître, il doit en ordonner la communication au procureur du roi, pour qu'il ait à requérir ce que le cas exige. (Voy. art. 70 du c. d'inst. crim.)

Si la plainte, au contraire, a été portée ou adressée au procureur du roi, il doit la transmettre, avec son réquisitoire, au juge d'instruction. (Voy. art. 64 du même code.)

Si enfin la plainte a été reçue par un officier de police auxiliaire, il doit l'adresser, sans aucun retard, au procureur du roi qui, lui-même, la transmet, avec son réquisitoire, au juge d'instruction. (Voy. art. 64 du même code.)

Les magistrats et officiers de police auxiliaires ayant qualité pour recevoir les plaintes ne pourraient s'y refuser, quand elles sont régulièrement faites, sans manquer essentiellement à l'un des premiers devoirs de leur ministère.

Mais le procureur du roi doit-il, dans tous les

cas, donner suite à la plainte qu'il a reçue et la transmettre au juge d'instruction?... Les termes impératifs de l'article 64 du code d'instruction criminelle qui porte : « Les plaintes qui auraient été » adressées au procureur du roi, *seront* par lui » transmises au juge d'instruction, avec son réqui- » sitoire... » semblent indiquer que le législateur n'a pas voulu abandonner le sort d'une plainte à la volonté discrétionnaire du ministère public; cependant l'usage contraire est suivi dans le plus grand nombre des parquets de France. « Il ne paraît pas, » dit fort judicieusement M. Dalloz, t. 11, 1re par- » tie, au mot *plainte*, que cette manière d'entendre » ou pour mieux dire d'exécuter la loi ait jusqu'ici » favorisé l'impunité d'un grand nombre de délits, » car elle n'a pas excité de réclamations bien vives; » mais on ne saurait disconvenir qu'elle n'ait pour » résultat d'attribuer aux procureurs du roi un » pouvoir très-grand que la lettre de la loi ne leur » confère pas, et dont il n'est pas absolument im- » possible qu'ils abusent. » Nous pensons, avec M. Carnot, t. 1, p. 307, que le procureur du roi qui a reçu la plainte ne peut se dispenser d'en faire le renvoi au juge d'instruction; mais qu'il peut refuser de la recevoir lorsqu'il pense que le fait allégué ne présente pas le caractère d'un crime ou d'un délit *punissable*, ce qui dès-lors le dispense d'en faire le renvoi. Le juge d'instruction a sur ce point la même faculté que le procureur du roi.

Un arrêt de la cour de cassation du 8 décembre 1826 a décidé que lorsque la plainte porte sur un délit qui n'intéresse pas l'ordre public, et que le plaignant ne déclare pas se rendre partie civile, le procureur du roi n'est pas tenu d'en faire la poursuite ; qu'il ne doit pas surcharger ainsi le trésor public de frais inutiles.

Lorsque la plainte n'a évidemment pour objet qu'un simple délit, que les prévenus sont connus et que le procureur du roi les fait citer directement devant le tribunal correctionnel, il n'est pas douteux, que, dans ce cas spécial, il se trouve dispensé de transmettre la plainte au juge d'instruction.

M. Carnot, t. 1, p. 307, enseigne que lorsque la plainte a été reçue, si le procureur du roi et le juge d'instruction partagent l'opinion *qu'il n'y a lieu de suivre*, le rapport doit en être fait par le juge d'instruction à la chambre du conseil. Ce mode de procéder, quoique le plus régulier, n'est pas généralement suivi.

Si la plainte a été portée ou adressée à un juge d'instruction qui n'est ni celui du crime ou délit, ni celui de la résidence du prévenu, ni celui du lieu où il pourra être trouvé, il doit la renvoyer devant celui de ses collègues qui peut en connaître, et une procédure instruite sur cette plainte ne peut être annulée par ce motif. (Voy. l'art. 69 du c. d'inst. crim., et un arr. de la cour de cass. du 8 prairial an XI.)

7

Bien que la loi appelle indistinctement à faire
l'instruction le juge du lieu du délit, celui de la
résidence du prévenu, et celui du lieu où il peut
être trouvé, cependant l'officier de police auxiliaire
qui a reçu la plainte ne peut la transmettre, à son
gré, au procureur du roi de celui de ces trois arrondissemens auquel il lui plaît de donner la préférence, et il doit la transmettre au procureur du
roi de son arrondissement.

Le procureur du roi n'a pas plus de droit, sous
ce rapport, que l'officier de police auxiliaire, relativement au juge d'instruction.

SECTION IV.

SOMMAIRE.

Des formes dans lesquelles la plainte peut être rendue.
— Délits de la presse.

« Les dispositions de l'article 3i, concernant les
» dénonciations, porte l'article 65 du code d'ins-
» truction criminelle, seront communes aux plain-
» tes. »

Ainsi, le plaignant peut rédiger lui-même sa
plainte ou la faire rédiger par un fondé de pouvoir
spécial, et la remettre ensuite ou faire remettre
par ce dernier au juge d'instruction.

Le plaignant ou son fondé de pouvoir peuvent dresser la plainte sous les yeux du juge instructeur;

La plainte peut enfin être rédigée par ce magistrat, sur la réquisition de la partie plaignante ou de son fondé de pouvoir. (Art. 31.)

La plainte (et ceci est applicable à la dénonciation) peut être faite, ou par requête ou par procès-verbal : par requête lorsque le plaignant ou son fondé de pouvoir la rédigent eux-mêmes; par procès-verbal lorsque les officiers de police judiciaire la dressent sur la réquisition de la partie plaignante ou de son mandataire.

Dans tous les cas, et quel qu'en soit l'objet, la plainte doit renfermer :

1° La mention de l'année, du jour, de l'heure et du lieu où elle est faite ou de celui où elle est reçue;

2° Les nom, prénom et qualité du magistrat qui la reçoit ou qui la rédige;

3° Les prénom, nom, profession et domicile de la partie plaignante ou de son fondé de pouvoir, et, dans ce cas, la date de la procuration;

4° Un exposé fidèle et détaillé des faits dont on se plaint et des différentes circonstances qui peuvent servir à le caractériser;

5° Autant que possible, la désignation de l'année, du jour, de l'heure et du lieu où le crime ou le délit a été commis, et des moyens à l'aide desquels il a été consommé ou tenté;

6° Les prénoms, noms, profession et domicile des auteurs et complices connus ou présumés;

7° Les prénoms, noms, profession et domicile des personnes qui peuvent servir de témoins;

8° La déclaration de la partie plaignante si elle veut ou ne veut pas se porter partie civile.

Le plaignant ou son fondé de pouvoir doivent affirmer la sincérité des faits consignés dans la plainte. (Voy. art. 89 du c. de brum., et ce que nous avons dit au chap. *Des Dénonciations*, sect. III.)

Comme la dénonciation, la plainte doit être signée à chaque feuillet par le plaignant ou son fondé de pouvoir et par l'officier de police judiciaire qui la reçoit. (Art. 31.)

Le refus fait par le plaignant ou son fondé de pouvoir de signer la plainte ne doit pas, comme sous la législation antérieure, la faire considérer comme *non avenue;* elle devient alors dénonciation, et l'officier de police judiciaire auquel elle a été rendue, doit, si le fait qui en est l'objet présente le caractère d'un délit ou d'un crime, agir d'office et diriger ou requérir les poursuites que le cas exige. Au surplus, l'article 31 du code d'instruction criminelle qui prévoit le cas du refus de signer de la part de la partie plaignante ou de son fondé de pouvoir, n'exige que la mention de cette circonstance. (Voy. art. 65 du c. d'inst. crim.; M. Carnot, t. 1, p. 310; M. Legraverend, t. 1, p. 210; et ce que nous avons dit au chap. *Des Dénonciations*, sect. III.)

La procuration donnée à un tiers pour rendre plainte en notre nom, doit être spéciale, c'est-à-dire qu'elle doit contenir le détail exact des faits dont le procureur fondé est chargé d'affirmer la vérité en justice ; car l'action qui nait du crime ou du délit commis envers nous ou envers des personnes placées sous notre surveillance, ne peut être assimilée à tout autre action pour laquelle un fondé de pouvoir général peut agir et stipuler pour nous.

La procuration doit toujours demeurer annexée à la plainte. (Voy. art. 31 et 65 du c. d'inst. crim.)

Lorsque le juge d'instruction reçoit une plainte toute rédigée, il doit la signer à chaque feuillet pour en assurer l'authenticité. Il doit aussi en constater la réception par un acte signé de lui et énonçant le jour et l'heure de la remise.

Cette dernière formalité était de la plus haute importance sous le code du 3 brumaire an IV, puisqu'après le délai de vingt-quatre heures le plaignant était, de plein droit, réputé partie civile lorsqu'il n'y avait pas désistement de sa part. (Voy. art. 92, 93 et 96 du c. de brum.) Bien qu'il ne soit pas, aujourd'hui, aussi nécessaire de fixer le moment de la remise de la plainte, il y aurait cependant négligence de la part de l'officier de police judiciaire qui omettrait de le faire.

Nul ne peut-être admis à rendre plainte sous des noms empruntés. (Voy. Merlin, au mot *plainte*.)

Le plaignant peut toujours se faire délivrer à ses

frais copie de sa plainte. (Voy. art. 31 et 65 du c.
d'inst. crim.)

En matière de délits de la presse, la partie
publique, dans son réquisitoire, si elle poursuit
d'office, ou le plaignant, dans sa plainte, sont
tenus d'articuler et de qualifier les provocations,
attaques, offenses, outrages, faits diffamatoires ou
injures à raison desquels la poursuite est intentée,
et ce à peine de nullité de la poursuite. (Voy. art.
6 de la loi du 26 mai 1819.)

SECTION V.

SOMMAIRE.

Du désistement et de ses effets.

———

Le code d'instruction criminelle qui détermine
clairement les différentes manières dont un citoyen
lésé par un crime ou délit peut se constituer partie
civile, ne s'explique pas, avec autant de précision,
sur les formalités à remplir pour renoncer à cette
qualité.

« Les plaignans, porte l'article 66, ne seront
» réputés partie civile, s'ils ne le déclarent formel-
» lement, soit par la plainte, soit par acte sub-
» séquent, ou s'ils ne prennent, par l'un ou par

» l'autre, des conclusions en dommages-intérêts :
» ils pourront se départir dans les vingt-quatre
» heures; dans le cas du désistement, *ils ne sont*
» *pas tenus des frais depuis qu'il aura été signifié*,
» sans préjudice néanmoins des dommages-intérêts
» des prévenus, s'il y a lieu. »

Cet article, dont la rédaction laisse beaucoup à
désirer, avait, après la promulgation du code d'instruction criminelle, fait naître la question de savoir
si le plaignant qui s'était constitué partie civile
dans sa plainte et qui ne se désistait pas dans les
vingt-quatre heures, conservait nécessairement
cette qualité jusqu'au jugement définitif, et, par
suite, était responsable de tous les frais; mais il est
aujourd'hui constant en jurisprudence et enseigné
par les auteurs :

1° Que le plaignant qui se désiste dans les vingt-
quatre heures n'en est pas moins tenu de supporter, sans réserve, tous les frais faits jusqu'au jour
de son désistement, sauf son recours contre le prévenu, s'il vient à être condamné;

2° Que si le désistement n'a lieu qu'après les
vingt-quatre heures, le plaignant demeure responsable de tous les frais comme s'il ne s'était pas
désisté. (Voy. MM. Carnot, t. 1, p. 320; Legraverend, t. 1, p. 206; Bourguignon, sur l'art. 66; l'art.
157 du déc. du 18 juin 1811; et deux arr. de la
cour de cass. des 5 février et 13 mai 1813.)

D'après le code de 1791 et celui du 3 brumaire

an iv, il suffisait, pour que le désistement fût valable, d'en faire la déclaration à l'officier de police
judiciaire qui avait reçu la plainte.

L'article 66 du code d'instruction criminelle
exige, au contraire, que le désistement soit signifié; mais à quelles personnes cette signification
doit-elle être faite? l'article 66 ne l'indique pas.

M. Legraverend, t. 1, p. 205, enseigne que le
désistement doit être signifié tant au ministère public, dans la personne du greffier, qu'aux prévenus, s'ils sont désignés dans la plainte ou s'ils sont
autrement connus : tel est aussi l'avis de M. Bourguignon, sur l'article 66. M. Carnot, t. 1, p. 318,
établit les distinctions suivantes :

« Si le prévenu, dit-il, a été dénommé dans la
» plainte, ou qu'il ait été mis en état de mandat,
» l'acte de désistement doit être signifié à sa per-
» sonne ou à son dernier domicile connu.

» Si la prévention ne pèse encore sur aucun in-
» dividu, il suffit que le désistement soit fait au
» greffe du juge d'instruction : car, quoique l'arti-
» cle 66 se soit servi du mot *signifié*, il ne l'a fait
» évidemment que pour en assurer la connaissance
» légale; et elle s'acquiert aussi bien par une décla-
» ration dont il reste minute au greffe du juge
» d'instruction, qu'elle pourrait l'être par une signi-
» fication à sa personne.

» Mais si le désistement était fait entre les mains
» de l'officier de police qui aurait reçu la plainte,

» et que cet officier de police ne fût ni le procu-
» reur du roi, ni le juge d'instruction, il devrait
» nécessairement être notifié au greffe du juge
» chargé de l'instruction, ou à la personne du pro-
» cureur du roi. »

M. Dalloz, t. 11, 1re partie, p. 214, au mot
plainte, s'exprime ainsi sur cette question : « Pour
» être valable le désistement doit-il être notifié? Si
» le prévenu est dénommé dans la plainte, nul
» doute qu'il ne faille le lui notifier, parce qu'il est
» nécessaire qu'il sache positivement contre qui il
» a à se défendre : nul doute qu'il ne doive encore
» être notifié au procureur du roi si la plainte lui
» a été adressée, parce que la position du minis-
» tère public se trouve modifiée par l'effet de ce
» désistement qui met les frais à la charge de l'État
» en cas d'acquittement ou d'insolvabilité des pré-
» venus. Mais si le plaignant a fait la déclaration
» qu'il entendait se porter partie civile entre les
» mains du juge d'instruction, il est inutile de lui
» notifier le désistement, parce que l'original qui
» doit être joint aux pièces lui donnera un avertis-
» sement suffisant de son existence. »

En l'absence d'une disposition formelle de la
loi, ces différentes manières de procéder peuvent
être également suivies ; mais nous pensons que
celle indiquée par MM. Legraverend et Bourguignon est la plus régulière et la plus conforme aux
principes du droit.

8

Le désistement produit des effets différens, soit à l'égard de la partie plaignante, soit à l'égard du ministère public, soit à l'égard des prévenus.

A l'égard de la partie plaignante, le désistement a pour effet de lui faire perdre la qualité de partie civile, de la rendre non recevable dans une nouvelle action, et de la décharger de la responsabilité des frais faits postérieurement à sa signification, lorsqu'elle a eu lieu dans les vingt-quatre heures.

A l'égard du ministère public, le désistement n'a d'autre effet que de faire rentrer la plainte dans la classe des dénonciations, et alors le procureur du roi agit d'office, comme dans les cas ordinaires et selon le plus ou moins de gravité des faits. (Voy. arr. de la cour de cass. du 23 janvier 1813.) Toutefois, dans le cas d'adultère, le désistement du mari paralyse entièrement l'action du ministère public, puisque, d'après l'article 336 du code pénal, le mari seul peut dénoncer l'adultère de sa femme. L'orateur du gouvernement donna pour motif de cette disposition que, « quoique l'adultère
» porte atteinte à la sainteté du mariage que la
» loi doit protéger et garantir, c'est moins un délit,
» sous tout autre rapport, contre la société que
» contre l'époux, qu'il blesse dans son amour-pro-
» pre, sa propriété et son amour. » (Voy. aussi arr. de la cour de cass. des 22 août 1816 et 7 août 1823.)

Le prévenu, par le désistement, ne se trouve

pas privé de l'action en dommages-intérêts qu'il peut diriger contre le plaignant, s'il y a lieu ; car la plainte, nonobstant le désistement, subsiste comme dénonciation, et le plaignant se trouve dans la même position que le dénonciateur. (Voy. art. 66, 358 et 359 du c. d'inst. crim.)

Nous nous bornerons à ces simples observations sur le désistement et ses effets, pour ne pas nous écarter de l'objet tout spécial de cet ouvrage.

SECTION VI.

SOMMAIRE.

Des plaintes réciproques ou récriminatoires. — Manière de procéder en pareil cas.

———

Il arrive quelquefois que le même fait ou des faits qui ont entre eux un rapport plus ou moins direct donnent naissance à deux plaintes contraires de la part d'individus qui se prétendent respectivement lésés et s'accusent réciproquement. Lorsque ce cas se présente, il est nécessaire, avant de commencer toute poursuite, d'examiner si les faits articulés sont ou ne sont pas connexes.

Si les faits sont connexes, les deux plaintes doivent être jointes et l'on doit instruire sur le tout par une seule et même procédure : la manifestation de la vérité et l'économie des frais l'exigent ainsi. Dans ce cas, le juge d'instruction ne fait qu'un seul rapport à la chambre du conseil qui statue par une seule et même ordonnance.

Si, au contraire, les faits n'ont aucune connexité, il faut procéder séparément sur les deux plaintes, sans que les poursuites sur l'objet de la première plainte puissent être suspendues ou ralenties par celles qui sont dirigées contre le premier plaignant. « C'est une règle en matière criminelle, dit Jousse, » que celui qui est accusé d'un crime ne doit point » être reçu à accuser son accusateur, avant de se » purger du crime dont il est accusé. »

Dans tous les cas de plaintes réciproques, s'il s'agissait d'un crime, et qu'il y eût des indices graves contre l'un et contre l'autre des plaignans, le juge d'instruction pourrait décerner contre tous les deux des mandats d'amener ou des mandats de dépôt. (Voy. M. Carnot, t. 1, p. 306.)

Les officiers de police judiciaire ne doivent accueillir qu'avec beaucoup de réserve les plaintes réciproques, parce qu'il est démontré par l'expérience que ces sortes de plaintes ne sont, le plus souvent, que récriminatoires et un moyen à l'aide duquel les prévenus cherchent à combattre ou à atténuer les charges qui s'élèvent contre eux.

CHAPITRE VI.

DU FLAGRANT DÉLIT.

———=✶✹✶=———

SECTION I.

SOMMAIRE.

Absence de toute définition du flagrant délit sous l'empire de
l'ordonnance de 1670. — Définition donnée par le code du
3 brumaire an IV. — Définition donnée par le code d'instruction criminelle. — Différence notable qui existe entre
ces deux définitions.

———

L'ordonnance de 1670, article 9, titre 10, autorisait l'arrestation de l'individu surpris en flagrant
délit; mais ni cette ordonnance, ni aucune autre
loi ne déterminait les caractères constitutifs du flagrant délit, et il était nécessaire de recourir aux
auteurs.

Rousseaud de la Combe, dans son *Traité des
Matières criminelles suivant l'ordonnance de* 1670,
3ᵉ partie, chap. 7, 6ᵉ édit., p. 297, donnait du flagrant délit la définition suivante : « Un accusé
» est censé être pris en flagrant délit, lors, par
» exemple, qu'en fait de vol, l'accusé a été pris
» volant ou dérobant, ou dans le lieu dans lequel

» le vol a été fait, ou bien lorsque le voleur a été
» trouvé avec la chose volée ou dérobée; en fait de
» meurtre ou d'assassinat, lorsque le meurtrier a
» été pris dans l'action, ou qu'il a été vu dans le
» lieu où le crime a été commis avec l'épée, lui
» ensanglanté ou son épée; ou un adultère qui a
» été surpris sur le fait ou sur le lieu en cherchant
» sa proie, ou parce qu'on voyait encore des mar-
» ques toutes récentes du crime. » Jousse, sur l'article 4, titre 6, de la même ordonnance, donnait
une définition à peu près semblable.

Le code du 3 brumaire an IV portait, article 63 :
« La loi assimile au cas de flagrant délit celui
» où le délinquant, surpris au milieu de son crime,
» est poursuivi par la clameur publique, et celui
» où un homme est trouvé saisi d'effets, armes, ins-
» trumens ou papiers, servant à faire présumer
» qu'il est l'auteur d'un délit. »

« Le délit qui se commet actuellement ou qui
» vient de se commettre, porte l'article 41 du code
» d'instruction criminelle, est un flagrant délit.

» Seront aussi réputés flagrant délit, le cas où
» le prévenu est poursuivi par la clameur publi-
» que, et celui où le prévenu est trouvé saisi d'ef-
» fets, armes, instrumens ou papiers faisant pré-
» sumer qu'il est auteur ou complice, pourvu que
» ce soit dans un temps voisin du délit. »

En comparant ces deux définitions qui paraissent presque semblables, il est facile de reconnaître

qu'il existe entre elles une grande différence. Suivant la définition du code de brumaire, au moment où un crime ou un délit venait de se commettre, un homme trouvé saisi d'effets, armes, instrumens ou papiers *servant à faire présumer qu'il était l'auteur d'un délit*, devait être considéré comme étant en état de flagrant délit, alors même que les présomptions tirées des objets trouvés en sa possession ne se rapportaient pas au délit ou au crime déjà connu et pour la répression duquel les recherches étaient faites. On conçoit aisément tout ce qu'une semblable disposition avait de vague, et à quels graves abus elle pouvait donner naissance ! En effet, un citoyen, par suite de présomptions trompeuses tirées d'objets trouvés en sa possession, pouvait être poursuivi comme auteur ou complice d'un délit ou d'un crime qu'il n'avait pas commis ! son honneur, sa liberté étaient compromis ! il était en état de suspicion légale ! la justice égarée dans ses recherches frappait un innocent, et avant que l'erreur, fruit du vice de la définition, pût être reconnue et réparée, le vrai coupable avait souvent le temps de faire disparaître les traces de son délit ou de son crime, ou de se soustraire, par la fuite, aux poursuites ! Aujourd'hui, au contraire, par la sage précision apportée dans la définition du code d'instruction criminelle, pour qu'un individu puisse être réputé en état de flagrant délit à raison des effets, armes, instrumens ou papiers dont il est trouvé saisi, il faut non-seulement que ces différens objets aient un rapport direct avec le crime ou le délit qui se commet actuellement ou qui vient de se commettre, mais encore que la saisie en soit faite dans un temps voisin du délit ou du crime; et cette double circonstance, en renfermant le cas de flagrant délit dans ses véritables limites, désigne, d'une manière plus précise, à la vigilance de l'officier de police judiciaire, celui contre lequel il doit employer la rigueur de son ministère, et rend plus rares les erreurs de la justice, toujours si déplorables.

SECTION II.

SOMMAIRE.

Attributions et fonctions du juge d'instruction dans le cas de flagrant délit, soit lorsqu'il procède seul, soit lorsqu'il se trouve réuni au procureur du roi, soit lorsqu'il est assisté des officiers auxiliaires de ce magistrat. — La réquisition du chef de maison ne donne pas, en règle générale, au juge d'instruction, les mêmes attributions qu'au procureur du roi et à ses auxiliaires.

Le flagrant délit est un cas tout spécial qui fait sortir le juge d'instruction du cercle ordinaire de ses attributions, et lui confère des pouvoirs extraordinaires.

L'intérêt de la société exigeait que le crime qui se commet ou qui vient de se commettre fût promptement constaté, pour que les auteurs, livrés au glaive de la loi, servissent de salutaire exemple à ceux qui seraient tentés de les imiter. Les formes ordinaires étaient trop lentes pour atteindre ce but, et le législateur a reconnu la nécessité de créer, dans la loi, une exception aux principes d'après lesquels les pouvoirs des procureurs du roi et des juges d'instruction sont actuellement divisés.

« Le juge d'instruction, porte l'article 59 du
» code d'instruction criminelle, dans tous les cas
» réputés flagrant délit, peut faire directement et
» par lui-même, tous les actes attribués au procu-
» reur du roi, en se conformant aux règles établies
» au chapitre des procureurs du roi et de leurs
» substituts. Le juge d'instruction peut requérir
» la présence du procureur du roi, sans aucun
» retard néanmoins des opérations prescrites dans
» ledit chapitre. »

Il résulte des termes de cet article que le flagrant délit ou les cas réputés tels investissent le juge d'instruction du droit de faire tous les actes réservés, dans les autres cas, au procureur du roi. Mais ce droit exceptionnel est-il accordé au juge d'instruction lorsqu'il ne s'agit que d'un simple délit flagrant?... Nous ne le pensons pas, et cette réunion d'attributions ne peut avoir lieu *que si le fait est de nature à entraîner une peine afflictive ou*

infamante. L'article 32 du code d'instruction criminelle auquel renvoie l'article 59, s'explique d'ailleurs sur ce point en termes formels : « Dans tous
» les cas de flagrant délit, dit l'article 32, lorsque
» le fait sera de nature à entraîner une peine afflic-
» tive ou infamante, le procureur du roi se trans-
» portera sur les lieux sans aucun retard,... etc. »
La même règle se trouve expressément rappelée
dans la section 5 de l'ordonnance du 29 octobre
1820, relative au service de la gendarmerie. Telle
est aussi l'opinion de MM. Bourguignon, sur l'article 32; Legraverend, t. 1, p. 188; et Dalloz, t. 9,
p. 494.

M. Carnot, t. 1, p. 247 et 290, professe une doctrine contraire qui est suivie dans quelques ressorts.

Le droit qu'a le juge d'instruction de faire, directement et par lui-même, en cas de flagrant délit,
tous les actes attribués au procureur du roi, cesse
toutes les fois que ces deux magistrats se trouvent
réunis : chacun d'eux doit alors se renfermer dans
le cercle de ses attributions ordinaires, c'est-à-dire
que le procureur du roi n'a plus qu'à requérir, et
le juge d'instruction qu'à statuer sur les réquisitions et à faire tous les actes de police judiciaire.
(Voy. le discours de l'orateur du gouvernement en
présentant les premiers livres du c. d'inst. crim.)

Si, au contraire, le juge d'instruction se trouve,
hors la présence du procureur du roi, en concur-
rence avec des officiers auxiliaires de police, les

pouvoirs extraordinaires qui lui sont conférés. par la loi, lorsqu'il opère seul, subsistent dans toute leur plénitude; car le droit de réquisition n'appartenant qu'au procureur du roi, et ses auxiliaires ne pouvant le représenter en cette partie, la présence du juge d'instruction les frappe de nullité dans les opérations de police.

Le cas de réquisition de la part d'un chef de maison pour un délit qui se commet dans l'intérieur, prévu par l'article 46 du code d'instruction criminelle, ne donne pas au juge d'instruction, comme au procureur du roi, le droit de faire directement et par lui-même tous les actes de procédure et d'instruction. Il n'existe pas de motif apparent pour avoir accordé, dans ce cas, au procureur du roi, des pouvoirs plus étendus qu'au juge d'instruction; cependant, comme il s'agit d'attributions extraordinaires, on ne peut s'écarter du texte précis de la loi. En effet, l'article 59 du code d'instruction criminelle, le seul que l'on puisse invoquer à l'égard du juge d'instruction, ne parle que du cas de flagrant délit, et le chapitre 4 auquel il renvoie, renferme des dispositions distinctes et séparées, soit pour le cas de flagrant délit, soit pour le cas de réquisition de la part du chef de maison, d'où découle la conséquence que par ces mots : *en se conformant aux règles établies au chapitre des procureurs du roi et de leurs substituts*, qui se trouvent dans l'article 59, le législaleur n'a entendu renvoyer le juge d'instruction à ce chapitre que pour les dispositions relatives au flagrant délit. Au surplus, toute incertitude cesse par la simple lecture de l'article 46 qui détermine les attributions du procureur du roi dans le cas particulier de la réquisition du chef de maison, et par celle de l'article 49 qui, dans les attributions extraordinaires qu'il confère aux officiers de police auxiliaires du procureur du roi, distingue formellement le flagrant délit de la réquisition du chef de maison, et certainement l'énonciation de ces deux cas n'eut pas manqué de se trouver dans l'article 59, si le législateur avait voulu accorder des pouvoirs semblables au juge d'instruction. (Voy. M. Legraverend, t. 1, p. 188 et 189.)

Mais, si le fait qui motive la réquisition réunit tous les caractères du flagrant délit, le droit du juge d'instruction devient incontestable, parce que ce fait rentre dès-lors dans l'attribution générale qui lui est conférée par la loi, en matière de flagrant délit.

SECTION III.

SOMMAIRE.

Comment le juge d'instruction doit agir lorsqu'il a connaissance d'un flagrant délit. — Différentes opérations auxquelles il doit se livrer en arrivant sur le lieu du crime. — Cas dans lequel le juge d'instruction est autorisé à faire saisir les prévenus présens, ou à décerner contre eux un mandat d'amener, lorsqu'ils sont absens. — Manière de procéder à l'égard du prévenu présent. — De la perquisition des objets pouvant servir à conviction ou être utiles à la manifestation de la vérité. — Dans quels lieux les perquisitions peuvent être faites. — Peuvent-elles avoir lieu pendant la nuit ? — Comment est réglé le temps de nuit. — Mode de procéder dans les palais, châteaux, maisons royales et leurs dépendances. — En présence de qui doivent être rédigés les procès-verbaux que le juge d'instruction dresse dans le cas de flagrant délit. — Que doit faire le juge d'instruction lorsqu'il a constaté le flagrant délit? — Le droit d'arrestation conféré au juge d'instruction, en cas de flagrant délit, n'est soumis à aucune exception.

Lorsque le juge d'instruction est informé, soit par l'autorité locale, soit par la dénonciation ou la plainte de la partie lésée, soit par la clameur publique, qu'un crime se commet ou vient de se commettre, et dans tous les cas réputés flagrant délit, son premier devoir est de se transporter, sans aucun

retard, sur les lieux, accompagné de son greffier, à
l'effet de le constater, et de placer, s'il est possible,
les auteurs et complices sous la main de la justice.
Le choix et l'usage des mesures à prendre pour
parvenir à ce but sont abandonnées à sa sagesse,
et c'est à lui d'agir suivant les circonstances et
l'exigence des cas.

Le juge d'instruction, en se transportant sur
les lieux, n'est pas obligé d'être accompagné par
le procureur du roi, mais il lui est facultatif de
requérir ce magistrat d'être présent à ses opérations, et, s'il use de cette faculté, il n'est pas obligé
de l'attendre pour les commencer. (Voy. art. 59 du
c. d'inst. crim.) On ne peut tirer une induction
contraire de l'article 62 qui ne dispose évidemment
que pour les cas autres que ceux réputés flagrant
délit.

Le procureur du roi, au contraire, est toujours
tenu de donner avis de son transport au juge d'instruction. (Voy. art. 32 du c. d'inst. crim.; et MM.
Bourguignon, sur les art. 32 et 59; Legravenend,
t. 1, p. 187; et Carnot, t. 1, p. 289.)

Au moment de son arrivée sur le lieu du crime,
le juge d'instruction peut, selon les circonstances
dont il demeure seul appréciateur, défendre que
qui que ce soit s'en éloigne jusqu'après la clôture
de son procès-verbal. (Voy. art. 34 et 59 du c.
d'inst. crim.) Et, bien que l'exercice de ce droit
soit purement facultatif, il ne doit pas négliger

d'en faire usage dans les affaires graves, parce qu'il ne peut que contribuer à la découverte de la vérité. C'est, et effet, au moment où un crime vient de se commettre qu'il faut en interroger les témoins, car si l'on doit espérer des déclarations sincères, circonstanciées, et dépouillées de toute influence étrangère, c'est de la part de ceux qui, frappés encore de ce qui s'est passé sous leurs yeux, n'ont pas eu le temps de calculer les conséquences de ce qu'ils vont dire et d'être en bute aux suggestions. C'est ce moment de la première impression qu'il faut saisir, parce qu'une fois passé il ne se représente plus. La défense de s'éloigner du lieu du crime a d'ailleurs un autre avantage, celui de faciliter l'arrestation du coupable s'il est présent.

Pour assurer l'exécution de cette mesure, la loi autorise le juge d'instruction à faire déposer le contrevenant dans la maison d'arrêt s'il peut être saisi, et successivement à prononcer contre lui, après qu'il a été cité et entendu, ou en défaut s'il ne comparaît pas, un emprisonnement qui ne peut excéder dix jours, et une amende qui ne peut être au-dessus de cent francs; cette condamnation doit être prononcée sur les conclusions du procureur du roi, et elle n'est sujette ni à l'opposition ni à l'appel. (Voy. art. 34 et 59 du c. d'inst. crim.) M. Carnot, t. 1, p. 236, pense qu'il reste toujours au condamné la voie du recours en cassation, et il se fonde sur les dispositions de l'article 407 du code d'instruction criminelle. Cet auteur ajoute que la cour de cassation a jugé, par arrêt du 4 août 1820, que l'article 34 du code d'instruction criminelle doit être exécuté dans le même sens que l'article 80.

Que le juge d'instruction fasse ou ne fasse pas usage de la faculté qui lui est accordée par l'article 34, son premier soin, en arrivant sur le théâtre du crime, doit être d'examiner l'état des lieux, de le décrire avec exactitude et de constater d'une manière claire et précise le corps du délit avec toutes les circonstances qui s'y rattachent, soit directement, soit indirectement. C'est principalement quand il s'agit d'assassinat ou de meurtre que le juge d'instruction doit apporter la plus scrupuleuse attention dans l'accomplissement de ces différentes opérations ; car il arrive quelquefois que la circonstance qui paraît d'abord la plus insignifiante acquiert de l'importance dans le cours de la procédure. Nous allons essayer de tracer la marche qui doit, en général, être suivie dans les cas de cette nature qui sont les plus graves.

La place sur laquelle gît le cadavre et les lieux circonvoisins doivent être l'objet du premier examen du juge instructeur ; c'est là que, par l'état du sol, il peut reconnaître s'il y a eu lutte entre l'assassin et sa victime ; c'est là qu'il peut découvrir l'empreinte des pas du meurtrier, qu'il peut le suivre dans sa fuite et s'assurer de la direction qu'il a prise pour se soustraire aux regards de la justice.

Si le terrain, muet accusateur, a conservé l'empreinte des pas du coupable, il est extrêmement
important d'en prendre la mesure exacte, de suivre
cette trace aussi long-temps qu'il est possible, et
de constater le lieu d'où elle paraît venir, celui où
elle semble se diriger et l'endroit où elle disparaît.

Le juge d'instruction doit décrire ensuite, avec
la plus grande précision, la position du cadavre,
son attitude, l'état de ses vêtemens et les contusions ou blessures qu'il remarque sur chaque partie du corps. Il doit désigner aussi les armes à feu
ou tranchantes, les instrumens tranchans ou contondans qui, d'après la nature des blessures, paraissent avoir servi à donner la mort. Il doit, enfin, constater le sexe et l'âge précis ou présumé de
la personne homicidée, et s'emparer de tous les
objets trouvés en sa possession ou dans les lieux
circonvoisins.

Quoique l'individu assassiné soit parfaitement
connu du juge d'instruction, il ne doit pas négliger de faire reconnaître le corps pas les parens,
amis, domestiques et voisins du défunt ou par
tous autres, et, à cet effet, il peut les faire comparaître sur le lieu du crime. (Voy. art. 33 du c.
d'inst. crim.)

Si le cadavre est celui d'une personne étrangère
au pays et ne peut être reconnu, le juge instructeur doit ordonner que l'inhumation soit faite dans

un lieu séparé et bien distinct pour que', dans la suite, et le cas arrivant, il puisse être représenté en toute sûreté aux personnes intéressées. Ce moyen nous paraît le plus convenable pour ménager la certitude des déclarations de ceux qui peuvent se présenter ultérieurement pour constater l'identité, toujours si nécessaire dans une matière aussi grave.

Dans tout autre cas, les opérations une fois terminées, le corps doit être rendu aux parens et inhumé suivant les formes légales.

Après avoir, dans un procès-verbal détaillé, décrit l'état des lieux et constaté le corps du délit, le juge d'instruction, quelle que soit la nature du fait qui a provoqué son transport, reçoit les déclarations des personnes qui ont été présentes ou qui ont des renseignemens à donner. Ces déclarations doivent être consignées, par écrit, dans un procès-verbal faisant suite au premier; chacune d'elles doit être signée par la partie, et si elle ne le peut ou si elle s'y refuse, il en est fait mention. (Voy. art. 32, 33 et 59 du c. d'inst. crim.)

Lorsque le fait est de nature à entraîner une peine afflictive ou infamante, le juge d'instruction est autorisé à faire saisir les prévenus présens contre lesquels il existe des indices graves, et, s'ils sont absens, à lancer contre eux des mandats d'amener; mais pour que cette mesure soit légale, il faut nécessairement la réunion des trois circonstances suivantes :

1° Qu'il y ait flagrant délit ou cas réputé tel;

2° Que le fait entraîne une peine afflictive ou infamante;

3° Qu'il existe des indices graves contre le prévenu.

La dénonciation seule ne constitue pas une présomption suffisante pour motiver la délivrance d'un mandat d'amener contre un individu ayant domicile. La plainte, plus intéressée ordinairement que la dénonciation, l'est encore moins. (Voy. art. 40 et 59 du c. d'inst. crim.; et MM. Carnot, t. 1, p. 248; et Bourguignon, sur l'art. 40.)

Quand le prévenu peut être saisi, le juge d'instruction doit l'interroger sur-le-champ. (Voy. art. 40 et 59 du c. d'inst. crim.)

Si l'interrogatoire fait entièrement disparaître les circonstances qui avaient motivé le mandat d'amener, nous pensons que le juge d'instruction peut immédiatement remettre le prévenu en liberté sans consulter le procureur du roi, et que, dans le cas contraire, il doit le placer sous mandat de dépôt. (Voy. art. 61 et 91 du c. d'inst. crim.; et MM. Bourguignon, sur l'art. 40; et Dalloz, t. 9, p. 494.)

Parmi les différens actes de police judiciaire que le juge d'instruction peut employer pour constater le flagrant délit et en atteindre les auteurs, l'un des plus importans est la saisie des armes, instrumens et de tout ce qui paraît avoir servi ou avoir été destiné à commettre le crime, de tout ce qui paraît en avoir été le produit, enfin de tout ce qui peut servir à la manifestation de la vérité. (Voy. art. 35 et 59 du c. d'inst. crim.)

Ainsi, en cas d'assassinat ou de meurtre, et selon les circonstances ou les moyens employés pour donner la mort, le juge d'instruction doit se saisir des fusils, pistolets, espingoles, sabres, épées, poignards et de toutes armes ou de tous instrumens offensifs.

En cas d'empoisonnement, de toutes matières délétères et plantes vénéneuses et de tous les vases ou appareils qui paraissent en avoir renfermé ou contenu.

En cas de vol, et selon les circonstances résultant des moyens à l'aide desquels il a été consommé ou tenté, des fausses clefs, rossignols, crochets, limes sourdes ou autres; des scies, pinces, leviers, échelles, cordes, etc., etc., etc.

Dans les différens cas que nous venons de déterminer, et dans tous les autres, le juge instructeur doit s'emparer des produits du crime, tels sont: les vêtemens de la victime; les effets et paquets préparés pour être emportés; les serrures ou fermetures enlevées ou fracturées; les éclats des portes, contrevens, volets, clôtures, meubles enfoncés ou brisés, etc., etc.

La recherche de ces preuves muettes du crime doit être faite, avec le plus grand soin, tant sur les lieux qui en ont été le théâtre, que sur la personne du prévenu.

Si la nature du crime est telle que la preuve puisse vraisemblablement être acquise par les papiers ou autres pièces et effets en la possession du prévenu, le juge d'instruction doit se transporter de suite dans son domicile pour y faire la perquisition et la saisie de tous les objets qu'il jugera utiles à la manifestation de la vérité. Toutefois, comme la justice exige impérieusement que l'instruction soit faite à charge et à décharge, cette perquisition et cette saisie doivent comprendre non-seulement tous les papiers ou effets qui peuvent servir à conviction, mais encore tous ceux qui peuvent établir l'innocence du prévenu. Ces différentes opérations doivent être constatées par un procès-verbal. (Voy. art. 36, 37 et 59 du c. d'inst. crim.)

Les objets saisis pouvant, suivant les circonstances, devenir une des principales preuves de la culpabilité ou de l'innocence du prévenu, il est très-important de les conserver intacts et tels qu'ils étaient au moment de la saisie. Pour atteindre ce but, le juge d'instruction doit les clore et cacheter, si la chose est possible, et, dans le cas contraire, les renfermer dans un vase, un sac, ou une toile, sur lequel il attache une bande de papier qu'il scelle de son sceau. (Voy. art. 38 et 59 du c. d'inst. crim.)

En règle générale, le juge d'instruction ne doit se livrer à des perquisitions que dans le lieu où le

crime a été commis et dans le domicile du prévenu;
car une trop grande extension donnée, sans motif
suffisant, à cette faculté, deviendrait un abus de
pouvoir : cependant, si, dans le cours de ses opérations, il est instruit ou si les circonstances particulières de l'affaire peuvent lui faire présumer que
des produits du crime ou des pièces pouvant servir
à conviction existent ou ont été cachés dans un
lieu quelconque, autre que celui du crime et que le
domicile du prévenu, nul doute que la loi ne l'autorise, dans ce cas, à se transporter dans ce lieu
et à y procéder à toutes les perquisitions qu'il juge
convenables. Sous ce rapport, le droit du juge d'instruction est plus étendu que celui du procureur du
roi, qui ne peut se livrer à des perquisitions que
dans le domicile du prévenu. (Voy. les dispositions
combinées des art. 36, 59, 87, 88 et 89 du c. d'inst.
crim.; et MM. Carnot, t. 1, p. 238 et 239; Bourguignon, sur l'art. 36; Legraverend, t. 1, p. 186;
Dalloz, t. 9, p. 493.)

Lorsque les objets dont il y a lieu de faire la perquisition se trouvent hors du canton du juge d'instruction, il peut déléguer, par une commission rogatoire, cette partie de ses fonctions au juge de
paix compétent, c'est-à-dire à celui du canton. Si
ces mêmes objets se trouvent, au contraire, hors
de l'arrondissement du juge d'instruction, il doit,
sauf les cas d'exception déterminés par l'article 464
du code d'instruction criminelle, déléguer, pour

cette opération, le juge d'instruction de l'arrondissement dans lequel se trouvent lesdits objets. (Voy.
art. 52, 59 et 90 du c. d'inst. crim.)

La commission rogatoire doit énumérer, dans ce
cas, les différens objets qu'il y a lieu de rechercher
et de saisir, et les marques et signes particuliers
auxquels chacun d'eux peut être reconnu. Le magistrat ainsi délégué ne peut refuser son ministère;
il doit au contraire s'occuper sans retard de l'objet
de la délégation, en dresser procès-verbal, et l'en-
voyer, avec les objets saisis, au juge d'instruction
qui l'a commis. (Voyez les articles et les auteurs
que nous venons de citer, et dans cet ouvrage, le
chap. *Des Commissions rogatoires.*)

Tous les actes que le juge d'instruction est appelé
à faire, dans le cas de flagrant délit, doivent avoir
lieu en présence du prévenu; s'il a été arrêté, et
s'il ne veut ou ne peut y assister, en présence d'un
fondé de pouvoir qu'il peut nommer à ces fins.
Tous les objets saisis doivent être représentés au
prévenu ou à son procureur fondé avec interpellation de les reconnaître, de s'expliquer sur chacun
d'eux et de les parapher, s'il y a lieu; en cas de refus
ou d'impossibilité de le faire, il en est fait mention
au procès-verbal, de même que des réponses faites
sur chaque objet représenté. (Voy. art. 35, 36, 39
et 59 du c. d'inst. crim.)

La question de savoir si le juge d'instruction
peut se transporter dans le domicile du prévenu à

toute heure et même pendant la nuit, est controversée. M. Carnot, t. 1, p. 240 et 241, conclut des
termes impératifs dans lesquels est conçu l'article
36 du code d'instruction criminelle, que le législateur ayant voulu que la perquisition fût faite de
suite, il doit y être procédé sur-le-champ, sans s'informer si c'est pendant le jour ou pendant la nuit.

M. Legraverend, t. 1, p. 247, s'exprime ainsi sur
cette question : « La loi ne permettant pas de péné-
» trer dans la maison d'un citoyen pendant la nuit,
» si le juge d'instruction chargé d'une procédure a
» de fortes raisons de croire que des pièces de con-
» viction ou des objets de grande importance sont
» déposés dans un lieu quelconque, et qu'il n'en
» soit informé qu'après le moment où il pourrait se
» faire ouvrir les portes de la maison qui les recèle,
» il doit prendre des précautions pour faire cerner
» et surveiller pendant la nuit le lieu du dépôt, sauf
» à se présenter lui-même au point du jour pour
» procéder à la recherche de ces objets; c'est la
» même marche qui est suivie pour l'exécution des
» mandats. »

M. Bourguignon, sur l'article 36, partage l'avis
de M. Legraverend, et il se fonde sur ce que le code
d'instruction criminelle n'a pas dérogé à la constitution de l'an VIII, dont l'article 76 est ainsi conçu :
« La maison de toute personne habitant le terri-
» toire français, est un asile inviolable. Pendant la
» nuit, nul n'a le droit d'y entrer que dans le cas

» d'incendie, d'inondation ou de réclamation faite
» de l'intérieur de la maison; pendant le jour, on
» peut y entrer pour un objet spécial déterminé
» ou par une loi, ou par un ordre émané de l'auto-
» rité publique. »

Ce principe, éminemment protecteur de la sûreté
et de la liberté des citoyens, nous paraît aussi devoir
subsister encore, puisqu'il est parfaitement en harmonie avec l'état actuel de la législation et qu'aucune disposition postérieure n'y a dérogé : s'il n'existait plus, il faudrait s'empresser de le faire revivre!
(Voyez à cet égard une circulaire du ministre de
la justice, du 23 germinal an IV, et l'article 235 de
la loi du 28 avril 1816, qui établit une exception
pour la visite des brasseries, des distilleries et des
débits de boissons.)

Le temps de nuit pendant lequel il est défendu
de pénétrer dans le domicile des citoyens est réglé
ainsi qu'il suit : depuis le premier octobre jusqu'au
trente-un mars, avant *six* heures du matin, ni après
six heures du soir, et depuis le premier avril jusqu'au trente septembre, avant *quatre* heures du
matin, ni après *neuf* heures du soir. (Voy. le déc. du
4 août 1806; l'art. 1037 du c. de proc. civ.; l'art. 184
de l'ordonn. du 29 octobre 1820 sur le service de la
gendarmerie, et un arr. de la cour de cass. du 14
avril 1815.)

Une ordonnance royale du 20 août 1817 a déterminé le mode à suivre par les officiers de police

11

judiciaire dans les palais, châteaux, maisons royales
et leurs dépendances; elle porte :

Article 1er : « Les significations aux personnes qui
» ont leur résidence habituelle dans nos palais, châ-
» teaux, maisons royales et leurs dépendances, se-
» ront faites en parlant aux suisses ou concierges
» desdits palais; ils ne pourront refuser d'en rece-
» voir les copies, et il leur est enjoint de les remet-
» tre incontinent à ceux qu'elles concernent. »

Article 2 : « S'il échoit d'apposer ou de lever les
» scellés, de faire des instructions ou tous autres
» actes judiciaires, d'exécuter des mandats de jus-
» tice, ou des jugemens dans l'intérieur desdits
» palais, châteaux, maisons royales et leurs dépen-
» dances, les officiers de justice qui en seront char-
» gés se présenteront au gouverneur ou à celui au-
» quel, en son absence, appartient la surveillance,
» lequel pourvoira immédiatement à ce qu'aucun
» empêchement ne leur soit donné, et leur fera
» prêter, au contraire, si besoin est, tout secours
» et aide nécessaires, sans préjudice des précautions
» qu'il croira devoir prendre, s'il y a lieu, pour la
» garde et la police desdits palais. »

Article 3 : « S'il est commis un délit ou un crime
» dans lesdits palais, châteaux, maisons royales et
» leurs dépendances, le gouverneur ou celui au-
» quel, en son absence, appartient la surveillance,
» requerra sur-le-champ le transport du juge d'ins-
» truction, du procureur du roi ou du juge de paix,

» et lui remettra le prévenu ou les prévenus, s'ils
» sont arrêtés. »

Article 4 : « Au cas que le transport du juge d'ins-
» truction, du procureur du roi ou du juge de paix,
» ait lieu d'office, ils se présenteront, ainsi qu'il est
» dit en l'article 2 ci-dessus, au gouverneur, qui
» leur donnera accès et facilités, ainsi qu'il est plus
» amplement expliqué dans ledit article. » (*Voy.*
Bulletin des Lois, année 1817, 2ᵉ semestre, p. 102.)

Les procès-verbaux que le juge d'instruction est
appelé à dresser dans le cas de flagrant délit, doivent être faits et rédigés en la présence et revêtus
de la signature du commissaire de police de la commune dans laquelle le crime a été commis, ou du
maire, ou de l'adjoint du maire, ou de deux citoyens
domiciliés dans la même commune. (Voy. art. 42
et 59 du c. d'inst. crim.)

Cette formalité n'est pas cependant tellement indispensable que le juge d'instruction ne puisse opérer seul lorsqu'il n'y a pas possibilité de se procurer,
tout de suite, un des fonctionnaires ou les deux
témoins indiqués par l'article 42 ; car de trop graves
inconvéniens résulteraient du retard mis à les attendre, et ce cas se présenterait souvent, lorsque le
crime a été commis dans un lieu éloigné de toute
habitation. M. Carnot, t. 1, p. 253, en partageant
cette opinion, pense qu'il est convenable de faire
mention, dans le procès-verbal, des démarches qui
ont été faites pour remplir le vœu de l'article 42.

Si, en règle générale, le juge d'instruction, opérant seul et directement, doit se faire assister du commissaire de police, ou du maire, ou de l'adjoint du maire, ou de deux témoins, il n'en est pas de même lorsque, pour constater le flagrant délit, il se trouve en la compagnie du procureur du roi; et nous pensons, avec M. Dalloz, t. 9, p. 495, que la réunion des deux fonctionnaires les plus éminens dans l'instruction des procédures criminelles, rend inutile et même inconvenante la précaution que le législateur a ordonnée pour le cas où l'un des deux agirait seul. Tel est aussi l'avis de MM. Legraverend, t. 1, p. 247, et Bourguignon, sur l'article 42.

Après avoir constaté le flagrant délit, le juge d'instruction doit communiquer, sans délai, toute la procédure par lui faite, au procureur du roi, pour qu'il en prenne connaissance et fasse les réquisitions qu'il juge convenables. Dès-lors tout rentre dans l'ordre accoutumé, et le reste de la procédure s'instruit dans la forme et les règles ordinaires. (Voy. les art. 60 et 61 du c. d'inst. crim.)

Si le flagrant délit, au contraire, a été constaté par le procureur du roi ou ses auxiliaires, tous les actes qui ont été faits, ainsi que les armes, instrumens, papiers, effets, etc., qui ont pu être saisis, doivent être transmis par le procureur du roi au juge d'instruction qui, après avoir fait examen de la procédure, continue et complète l'instruction. (Voy. les art. 45, 53 et 60 du c. d'inst. crim.)

Dans ce cas, le juge d'instruction peut refaire les actes, ou ceux des actes qui ne lui paraîtraient pas complets. (Voy. art. 60 du c. d'inst. crim.) Nous ferons néanmoins observer, avec M. Carnot, t. 1, p. 291, que le juge d'instruction ne doit prendre ce parti que lorsque ces actes peuvent être de quelque importance dans le procès, et lorsqu'ils ne peuvent se régulariser par l'instruction.

Si le juge d'instruction se transporte sur les lieux pour refaire les actes incomplets, il doit se faire assister du procureur du roi, car, le flagrant délit ayant été constaté, l'affaire rentre alors dans les dispositions de l'article 62 du code d'instruction criminelle. (Voy. M. Carnot, t. 1, p. 291.)

Le cas de flagrant délit qui investit le juge d'instruction d'attributions extraordinaires à l'égard de tous les citoyens surpris en cet état, lui confère aussi le droit de placer, sous la main de la justice, les membres des deux chambres et tous les dignitaires ou fonctionnaires qui, hors ce cas, sont étrangers à sa juridiction, ou n'y sont soumis qu'après l'accomplissement de certaines formalités. Ce droit résulte de l'article 44 de la charte constitutionnelle de 1830, de l'article 121 du code pénal et de l'article 9 de la résolution de la chambre des pairs sur sa juridiction en matière criminelle. (Voy. MM. Carnot, t. 1, p. 249; Bourguignon sur l'art. 40, et Legraverend, t. 1, p. 189.)

SECTION IV.

Les faits qui donnent lieu au transport du juge
d'instruction sont quelquefois d'une nature telle
qu'il ne pourrait, par lui-même, en reconnaître les
causes, ni les apprécier dans leur caractère distinctif et dans leurs circonstances particulières.
Lorsque ce cas se présente la loi n'abandonne pas
le magistrat à ses propres lumières, et elle lui ordonne ou lui permet de s'entourer de celles des
gens de l'art.

On entend, en droit, par gens de l'art, tous ceux
qui par leur art, profession ou état, sont présumés
capables d'apprécier sainement chaque espèce d'acte
ou de fait. (Voy. art. 43 et 44 du c. d'inst. crim.)

Tels sont, par exemple, pour les homicides con-
sommés ou non, pour les coups, blessures, excès et
violences graves envers les personnes, les médecins,
chirurgiens, officiers de santé.

Pour les viols, infanticides, avortemens, les médecins, chirurgiens, officiers de santé et sages-
femmes.

Pour les empoisonnemens, les médecins, chirurgiens, officiers de santé et pharmaciens.

Pour les escalades et effractions, et suivant les circonstances, les couvreurs, maçons, charpentiers, menuisiers, ébénistes.

Pour les bris de serrures et fermetures, pour les fausses clefs, rossignols, crochets, etc., les serruriers.

Pour des faux en écriture publique ou privée, les experts écrivains.

En matière de fausse monnaie ou d'altération de monnaie, des agens des monnaies, les orfévres, etc., etc.

L'appel des gens de l'art est ordonné par la loi toutes les fois qu'il s'agit d'une mort violente ou d'une mort dont la cause est inconnue et suspecte, et les dispositions de l'article 44 du code d'instruction criminelle sont impératives à cet égard. Ainsi donc, lorsque le transport du juge d'instruction est provoqué par un cas de cette nature, ce magistrat doit requérir l'assistance d'un ou de deux docteurs en médecine ou officiers de santé, selon la gravité du fait et les cas de médecine légale qu'il peut offrir. La présence de deux hommes de l'art est surtout indispensable dans les infanticides et empoisonnemens, parce qu'il est souvent très-difficile, dans ces cas, de déterminer d'une manière précise les causes de la mort.

L'article 27 de la loi du 19 ventôse an XI, qui

veut qu'à compter de la publication de cette loi, les docteurs en médecine et en chirurgie soient seuls appelés à faire des rapports devant les cours et tribunaux, avait d'abord fait douter si les officiers de santé pouvaient être légalement appelés à constater soit l'état d'un cadavre, lorsqu'il y a eu mort violente ou mort dont la cause est inconnue et suspecte, soit l'état d'un blessé, lorsque les coups, les sévices et les blessures n'ont pas occasionné la mort; mais ce doute cessa bientôt devant une saine interprétation de cet article dont les dispositions exceptionnelles doivent être restreintes au seul cas qu'elles prévoient, celui d'appel des docteurs en médecine et en chirurgie devant les cours et tribunaux. L'expression générique d'*officiers de santé*, employée dans l'article 44 du code d'instruction criminelle, répond d'ailleurs victorieusement à toutes les objections qui peuvent être faites. Il faut donc, aujourd'hui, tenir pour constant que les officiers de santé comme les docteurs en médecine ou en chirurgie, ont qualité pour constater le corps du délit et tout fait qui peut donner lieu à diriger des poursuites. Nous devons cependant faire remarquer que toutes les fois que le juge d'instruction a la facilité, sans retarder les premiers actes d'information, de se faire accompagner par un docteur en médecine ou en chirurgie, il doit requérir son assistance de préférence à celle d'un officier de santé. (Voy. MM. Legraverend, t. 1, p. 215, et Bourguignon, sur l'art. 44.)

Dans les cas autres que ceux de mort violente ou de mort dont la cause est inconnue et suspecte, l'appel des gens de l'art n'est que facultatif et entièrement abandonné, par la loi, à la sagesse et à la prudence de l'officier de police judiciaire. (Voy. l'art. 43 du c. d'inst. crim.)

Cette mesure ne doit pas être négligée en matière de fausse monnaie ou d'altération de monnaie, de faux billets de la banque, etc., parce qu'il est très-important de reconnaître et faire constater les instrumens et les procédés à l'aide desquels le crime a été commis.

Le législateur ayant laissé la désignation des gens de l'art à l'arbitraire de l'officier de police judiciaire en fonctions, le juge d'instruction ne saurait apporter trop de prudence et de réserve dans le choix qu'il est appelé à faire. On conçoit, en effet, combien il est important, dans les affaires graves, que l'homme de l'art soit capable, intègre, ferme, à l'abri de toute séduction et de toute influence étrangère, puisqu'il devient le premier juge du fait, et que sa décision exerce presque toujours une grande influence dans tout le cours de la procédure.

SECTION V.

SOMMAIRE.

De quelle manière doit procéder le juge d'instruction lorsqu'il requiert l'assistance des gens de l'art.

Dans tous les cas où il y a lieu d'appeler les gens de l'art, le juge d'instruction, avant de leur permettre de se livrer aux opérations de leur ministère, doit constater lui-même, ainsi que nous l'avons indiqué dans la section III de ce chapitre, le corps du délit, sa nature et les circonstances particulières qu'il croit apercevoir et qu'il peut apprécier. L'expérience nous a prouvé que ce mode de procéder offre de grands avantages et contribue à constater d'une manière plus précise le corps du délit.

Les gens de l'art ne peuvent opérer régulièrement qu'après avoir prêté, entre les mains du juge d'instruction, le serment de faire leur rapport et de donner leur avis en leur honneur et conscience. (Voy. les art. 44 et 59 du c. d'inst. crim.) Ce serment, dont le procès-verbal doit toujours faire mention, n'a pas une formule sacramentelle, et il peut être prêté dans des termes équipollens à ceux indiqués par l'article 44, sans que la loi soit violée. (Voy. arr. de la cour de cass. du 16 juillet 1829.)

Le juge instructeur doit, autant que possible, assister aux opérations des gens de l'art, pour fixer, le cas arrivant, plus particulièrement leur attention sur telle ou telle circonstance.

Ainsi, par exemple, dans le cas d'homicide consommé, les contusions, blessures et sévices apparens, doivent être l'objet du premier examen des gens de l'art, et, s'ils ne sont pas de nature à avoir occasionné la mort, l'ouverture du cadavre doit être ordonnée.

Dans tous les cas d'empoisonnement, le juge d'instruction doit veiller à ce que les gens de l'art recueillent soigneusement et renferment dans une bouteille ou dans tout autre vase, qu'il scelle de son sceau, les matières vomies et celles trouvées, soit dans l'estomac, soit dans les intestins, pour qu'elles puissent être soumises à une analyse chimique qui seule peut constater, d'une manière positive, la présence des matières délétères.

L'ouverture du cadavre ne peut être ordonnée que lorsqu'il s'est écoulé vingt-quatre heures au moins depuis le moment connu ou présumé de la mort. Si ce délai n'est point encore expiré quand le juge d'instruction arrive sur les lieux, il doit faire placer le corps dans un local sûr et convenable, sous la garde des parens ou amis du défunt ou de deux citoyens à ces fins désignés, sur sa réquisition, par le maire de la commune, et revenir ensuite, après l'expiration du délai, pour faire procéder à l'ouverture. (Voy. les art. 77 du c. civ.; 358, 359 et 360 du c. pén.)

Le procès-verbal doit faire mention de ces différentes circonstances.

SECTION VI.

Ce que doit renfermer le rapport des gens de l'art. — Ce rapport peut être inséré dans le procès-verbal, ou dressé par acte séparé.

Le rapport des gens de l'art doit être la relation fidèle et circonstanciée des opérations auxquelles ils se sont livrés, et renfermer leur avis motivé, sur la nature du fait, sa gravité, ses causes et les conséquences qu'il peut avoir.

Par exemple : s'il s'agit de meurtre ou d'assassinat, le rapport doit expliquer si la mort a réellement été ou pu être la suite immédiate ou plus ou moins éloignée des coups portés et des blessures faites au défunt; si le meurtrier ou l'assassin s'est servi d'armes à feu, d'instrumens tranchans, piquans, déchirans ou contondans; si la victime a été frappée en face, de côté ou par derrière.

S'il s'agit seulement de sévices, violences, coups ou blessures, le rapport doit, autant que possible, déterminer le temps qui paraît nécessaire pour la guérison du blessé avant qu'il puisse se livrer à un travail personnel. L'avis des hommes de l'art sur cette circonstance est extrêmement important, puisqu'il concourt à caractériser le fait, crime ou délit. (Voy. les art. 309 et 311 du c. pén.)

S'il s'agit d'infanticide, les gens de l'art doivent indiquer, dans leur rapport, si l'enfant est venu à terme, s'il est né viable, si la mort est le résultat d'un crime ou si elle ne doit être attribuée qu'à l'imprudence, à la négligence ou au défaut de soins de la mère.

Enfin, s'il s'agit d'empoisonnement, les gens de l'art doivent désigner la nature et la quantité des substances administrées, faire connaître l'effet qu'elles ont dû produire, etc., etc.

Il semble résulter, des termes employés par le législateur dans l'article 44 du code d'instruction criminelle, que le rapport des gens de l'art doit être fait oralement à l'officier de police judiciaire, qui l'insère dans son procès-verbal, et qu'il ne peut être dressé par acte séparé. Ce mode de procéder ayant le double avantage d'être plus conforme à l'esprit de la loi et de renfermer dans un seul procès-verbal tous les élémens qui servent de base aux poursuites ultérieures, on doit généralement l'employer; cependant, comme les opérations des gens de l'art peuvent, dans certains cas, être longues et nécessiter des recherches et des méditations qui exigent le silence du cabinet, nous pensons avec M. Legraverend, t. 1, p. 217, que, dans une sem-

blable circonstance; le rapport, sans être irrégulier, peut être dressé par acte séparé et en l'absence
de l'officier de police judiciaire, pourvu toutefois
que la prestation de serment voulue par la loi ait
été faite entre ses mains, et que le procès-verbal en
fasse mention. La jonction du rapport au procès-
verbal supplée, dans ce cas, à l'insertion qui devait
en être faite, et la procédure ne peut en être viciée.

CHAPITRE VII.

DES PROCÈS-VERBAUX.

————✦————

Les procès-verbaux ne sont pas tous de la même nature, et il en est qui, à raison de la qualité du fonctionnaire qui les rédige, sont soumis à des formalités toutes spéciales. Nous ne nous occuperons que de ceux que les officiers de police judiciaire sont appelés à dresser dans l'exercice de leurs fonctions.

SECTION I.

SOMMAIRE.

Définition et objet des procès-verbaux.

————

Tout acte par lequel un officier de police judiciaire constate ce qu'il a vu et fait, ce qui a été fait ou dit en sa présence, et les différentes opérations auxquelles il s'est livré, à raison de sa qualité, est un procès-verbal.

Les circonstances dans lesquelles les officiers de police judiciaire sont appelés à dresser des procès-

verbaux, chacun dans le cercle de leurs attributions, peuvent se réduire à deux cas généraux : dans
le cas de flagrant délit et hors le cas de flagrant
délit.

Dans le cas de flagrant délit, les procès-verbaux
sont destinés :

A recevoir et à consigner les faits objet des dénonciations et des plaintes oralement faites à l'officier de police judiciaire, ou à déterminer le moment de la remise qui lui en est faite, lorsqu'elles
sont présentées toutes rédigées;

A constater l'existence et le corps du délit, sa
nature, l'état des lieux et les circonstances qui se
rattachent au délit, soit directement, soit indirectement;

A recueillir les déclarations des personnes présentes ou appelées, et les indices et présomptions
qui peuvent conduire à la manifestation de la vérité;

A désigner les armes, papiers, instrumens, effets, etc., trouvés et saisis, soit sur le lieu du délit,
soit sur la personne du prévenu, soit dans les autres
lieux où ces différens objets auraient été trans-
portés;

A donner la description des objets saisis;

A contenir la relation exacte et le résultat des
visites domiciliaires auxquelles l'officier de police
judiciaire a procédé, et des opérations auxquelles
se sont livrés les gens de l'art qui doivent être
appelés en certains cas;

A préciser l'instant de l'arrestation du prévenu et à retracer les interrogatoires qu'il a subis. (Voy. les chap. *Du Flagrant Délit*, *Des Dénonciations* et *Des Plaintes.*)

Hors le cas de flagrant délit (et ceci rentre plus particulièrement dans les attributions du juge d'ins-truction), les procès-verbaux sont destinés à cons-tater :

Les faits objets des dénonciations et des plaintes verbales, ou le moment de leur réception, lors-qu'elles sont présentées toutes rédigées; car il arrive souvent qu'une dénonciation est faite ou qu'une plainte est portée dans un temps où le délit n'est plus flagrant;

Les dépositions des témoins entendus dans le cours de l'information;

Les interrogatoires subis par le prévenu, soit au moment de sa comparution ou de son arrestation, soit pendant qu'il est détenu;

Les confrontations qui sont faites, soit entre deux prévenus, soit entre deux témoins, soit entre un prévenu et un ou plusieurs témoins, soit entre un témoin et un ou plusieurs prévenus;

Les différentes opérations auxquelles le juge d'instruction s'est livré, dans les cas prévus par les articles 87, 88, 89 et 90 du code d'instruction cri-minelle, pour la recherche et la saisie des preuves par écrit et des pièces de conviction;

La représentation qui est faite au prévenu des

13

objets saisis et les réponses qu'il fournit sur chacun d'eux;

La prestation de serment des gens de l'art ou interprètes que le juge d'instruction est appelé à nommer dans certains cas, et les opérations auxquelles ils se livrent en sa présence.

Tels sont, en général, les différens actes que les officiers de police judiciaire sont appelés à faire, soit en flagrant délit, soit hors le cas de flagrant délit, et qu'ils doivent constater par des procès-verbaux.

Bien que le procès-verbal qui constate le délit ou le crime soit ordinairement la pièce la plus importante d'une procédure et la base sur laquelle repose toute l'instruction, cependant l'accomplissement de cette formalité première n'est pas exigée par la loi, à peine de nullité, et l'on peut, en son absence, diriger verbalement des poursuites contre un prévenu, si, par témoignage, par la notoriété publique, ou de toute autre manière, on peut établir sa culpabilité : la jurisprudence est constante sur ce point. (Voy. arr. de la cour de cass. des 28 novembre 1806, 14 juin 1821 ; M. Legraverend, t. 1, p. 219; et MM. Merlin et Dalloz au mot *procès-verbal.*)

SECTION II.

SOMMAIRE.

De la forme des procès-verbaux. — Dans quel délai ils doivent être rédigés. — De la foi qui leur est due. — Les
officiers de police judiciaire doivent-ils être toujours revêtus de leur costume lorsqu'ils dressent des procès-verbaux ?
— Le prévenu ne peut faire résulter une nullité de sa
parenté avec l'officier de police judiciaire qui a dressé le
procès-verbal constatant le délit. — Les procès-verbaux
relatifs à la procédure criminelle ne sont pas soumis à la
formalité de l'enregistrement.

On ne peut donner des règles positives et inva-
riables sur la forme des procès-verbaux, la loi ne
les soumettant à aucune forme irritante ; aussi nous
bornerons-nous à poser quelques principes généraux qui nous paraissent applicables à toute espèce
de procès-verbal, quelle que soit la nature de l'acte
ou de l'opération qu'il doit constater. Nous ferons
connaître les règles particulières en traitant chaque
partie de l'instruction qui nécessite un procès-
verbal : ce mode d'examen nous paraît plus clair, et
nous l'avons déjà employé relativement aux procès-
verbaux qui, suivant les circonstances, doivent être
dressés dans le cas de flagrant délit.

« La première règle pour la validité d'un procès-

» verbal, dit M. Dalloz, t. 11, p. 393, est la com-
» pétence du fonctionnaire qui le dresse. Celui-là
» seul peut verbaliser auquel la loi en a conféré le
» droit. Ainsi, un employé aux droits réunis ne
» pourrait constater une contravention de police;
» son procès-verbal n'aurait aucune valeur. » (Voy.
Recueil pér. vol. 1827, 1, 188; 1828, 1, 159.)

Dans tous les cas, sauf les modifications que les
circonstances exigent, les procès-verbaux doivent
contenir :

1° La mention de l'année, du jour, de l'heure et
du lieu de leur rédaction;

2° Les prénom, nom, qualité et demeure de
l'officier de police judiciaire rédacteur et ceux de
son greffier;

3° Les motifs qui donnent lieu à l'opération que
le procès-verbal doit constater;

4° Les prénoms, noms, qualité ou profession des
fonctionnaires, agens de la force publique ou gens
de l'art qui accompagnent l'officier de police judiciaire, ou dont il a requis l'assistance;

5° Un exposé fidèle, précis et détaillé des différentes opérations auxquelles s'est livré l'officier de
police judiciaire qui rédige le procès-verbal;

6° La mention du lieu où les opérations sont
faites;

7° Les prénoms, noms, profession et domicile
des individus qui sont entendus, soit comme témoins, soit comme prévenus, soit comme proprié-

taires des maisons ou autres lieux dans lesquels l'officier de police judiciaire s'est livré à des perquisitions;

8° Le nombre et la description exacte des armes, instrumens, papiers et effets saisis;

9° Les déclarations faites sur chaque objet saisi, soit par les témoins, soit par les prévenus, soit par les individus chez lesquels ils ont été trouvés;

10° La signature de l'officier de police judiciaire rédacteur, celle de son greffier, s'il en est accompagné, celles de tous les fonctionnaires, agens de la force publique, gens de l'art dont il a requis la présence ou l'assistance, et enfin celles de toutes les personnes qui ont été l'objet des opérations ou qui y ont figuré à quelque titre que ce soit;

11° La mention de l'empêchement ou du refus par suite duquel une ou plusieurs personnes présentes aux opérations n'ont pu ou n'ont voulu signer le procès-verbal;

12° La date et le lieu de la clôture.

La bonté d'un procès-verbal ne consiste pas uniquement dans l'accomplissement de ces formalités, et son premier mérite est d'être rédigé avec clarté et précision. Ce point doit occuper, d'une manière toute particulière, l'officier de police judiciaire; car il arrive quelquefois que le plus ou moins de clarté, le plus ou moins de précision, dans un procès-verbal, exerce une influence notable sur le reste de la procédure.

La cour de cassation, par un arrêt du 13 janvier 1817, a jugé qu'un procès-verbal qui renfermait des contradictions manifestes devait être considéré comme non avenu.

La loi n'a pas fixé un délai de rigueur pour la rédaction des procès-verbaux qui constatent le corps du délit, et elle ne pouvait le faire; car une foule de circonstances peuvent dérober, pendant long-temps, aux magistrats, la connaissance d'un crime ou d'un délit, et l'on comprend facilement quels graves inconvéniens aurait entraîné une semblable disposition. On ne peut donc arguer de nullité un procès-verbal qui n'a pas été dressé *immédiatèment* après le fait qui donne lieu aux poursuites. (Voy. M. Legraverend, t. 1, p. 220; un arr. de la cour de cass. du 3 juillet 1807; et M. Dalloz, t. 11, p. 394, au mot *procès-verbal.*)

Les procès-verbaux que les officiers de police judiciaire dressent en matière criminelle ne font foi en justice que jusqu'à preuve contraire, quelle que soit la qualité de l'officier de qui ils émanent, et tout prévenu peut les attaquer et les débattre par tous les genres de preuves autorisées par la loi.

En matière de délits et de contravention de police, il existe une exception en faveur des gardes forestiers de l'administration et de ceux des communes, et les procès-verbaux qu'ils dressent, dans ces cas, font foi jusqu'à inscription de faux. (Voy. l'art. 154 du c. d'inst. crim.; les art. 165, 170, 176

et 177 du c. forest.; arr. de le cour de cass. des 30
janvier 1807, 11 mai et 28 octobre 1808, relatifs aux
commissaires de police; des 11 novembre 1808,
6 octobre 1809 et 8 mai 1812, relatifs aux gendarmes; des 28 août 1807 et 15 novembre 1810, relatifs
aux gardes champêtres.)

« Il est convenable, en général, dit M. Legrave-
» rend, t. 1, p. 221, que les officiers de police judi-
» ciaire soient revêtus de leur *costume*, lorsqu'ils
» dressent des procès-verbaux; cela donne à leurs
» opérations quelque chose de plus solennel, et il
» n'est point inutile d'imposer au peuple par un
» certain appareil. On se rappelle que, dans l'an-
» cien ordre de choses, c'était toujours en costume
» que les juges royaux ou seigneuriaux, et les offi-
» ciers ministériels, procédaient aux descentes, aux
» visites, à tous les actes enfin de leurs fonctions;
» et cet usage, en imprimant plus de respect, pré-
» venait souvent des actes de rébellion, de résis-
» tance, d'irrévérence, qu'on eût été ensuite dans
» la fâcheuse nécessité de punir . . . . . »

« Ce costume, dit encore M. Legraverend, p. 221,
» note 5, est nécessairement celui qui est attaché à
» la fonction, à la qualité qui donne le titre d'offi-
» cier de police judiciaire : ainsi, pour le juge d'ins-
» truction, pour le procureur du roi et ses substi-
» tuts, c'est celui du magistrat; c'est pour le juge
» de paix, son costume d'audience; enfin, pour les
» maires et adjoints, les commissaires de police,

» les officiers de gendarmerie, les gardes cham-
» pêtres et forestiers, etc., c'est l'uniforme ou le
» signe distinctif de leurs fonctions. »

Nous pensons, comme M. Legraverend, qu'il est
convenable, en général, que les officiers de police
judiciaire soient revêtus de leur costume lorsqu'ils
dressent des procès-verbaux, et, à notre avis, le
juge d'instruction qui négligerait de revêtir le costume de magistrat, toutes les fois qu'il opère dans
son cabinet, se rendrait coupable d'une irrégularité
grave. Mais le juge d'instruction, le procureur du
roi, les juges de paix, doivent-ils être revêtus de
leur costume quand ils se transportent sur les lieux,
par exemple, pour constater un flagrant délit?...
On ne peut l'exiger. Il serait, en effet, peu décent
que ces magistrats parcourussent les champs, les
bois, les montagnes, revêtus de leur robe; l'usage
contraire est d'ailleurs suivi dans tous les ressorts.
Il est à regretter que la loi n'ait pas assigné aux
juges d'instruction, aux procureurs du roi et aux
juges de paix, un costume particulier et moins
embarrassant, pour les cas où ils sont appelés à se
transporter sur les lieux, parce que, le plus souvent, ce n'est que par son costume qu'un fonctionnaire peut se faire reconnaître.

Au surplus, il est constant, en jurisprudence,
que la circonstance que l'officier de police judiciaire n'était pas en costume au moment où il a
dressé le procès-verbal, n'est pas un motif qui puisse

faire annuler cet acte. La cour de cassation l'avait déjà ainsi jugé sous le code du 3 brumaire an iv. (Voy. arr. des 9 nivôse an xi, 6 juin 1807, 10 et 19 mars 1815 et 18 février 1820.) Mais il n'en est pas de même toutes les fois qu'on veut forcer la volonté d'un citoyen, s'introduire dans son domicile et faire un acte quelconque qui puisse rendre la rébellion inexcusable : dans ce cas d'exercice coercitif, l'officier de police judiciaire doit être revêtu de son costume. Cette distinction éminemment protectrice de la liberté et de la sécurité des citoyens, a été établie par un arrêt de la cour de cassation du 11 octobre 1821, et l'on doit autant que possible s'y conformer.

Un prévenu ne peut faire résulter une nullité de sa parenté avec l'officier de police judiciaire qui a dressé le procès-verbal de constatation du délit. Ce principe a été consacré par la cour de cassation par arrêts des 16 ventôse an xiii, 4 novembre 1808, 7 novembre 1817, 4 novembre 1818 et 18 octobre 1822. Les motifs de ces deux derniers arrêts sont : « Que les dispositions générales des lois sur la foi » due aux procès-verbaux, n'ont reçu aucune mo- » dification à raison du rapport de parenté qui peut » exister entre les officiers qui les ont dressés et les » individus qu'ils ont surpris en délit. » M. Carnot, t. 1, p. 150, professe une doctrine contraire : « Mais » comment, s'écrie ce judicieux auteur, un officier » de police judiciaire, qui serait *reprochable* pour

14

» cause de *parenté*, s'il était appelé comme *témoin*
» aux débats, ne le serait-il pas pour dresser un
» procès-verbal, qui tient tellement lieu *d'un véri-*
» *table témoignage*, que ses énonciations ne peu-
» vent être détruites que par *une preuve contraire?* »

Les actes et procès-verbaux concernant la police
de sûreté et la vindicte publique, c'est-à-dire les
actes et procès-verbaux relatifs à la procédure criminelle, sont dispensés de la formalité de l'enregistrement. (Voy. la loi du 22 frimaire an VII, art. 68,
70, etc.)

CHAPITRE VIII.

DE L'INSTRUCTION.

———◆◆◆———

———

On appelle instruction la série des actes auxquels le juge d'instruction se livre hors le cas de flagrant délit, pour constater un crime ou un délit et en rechercher les auteurs et complices.

Dans ce cas, le juge instructeur ne peut faire directement et par lui-même aucun acte d'instruction et de poursuite, et son ministère a toujours besoin d'être requis. (Voy. les art. 45, 47, 53, 54, 61 et 64 du c. d'inst. crim.)

Le droit de réquisition n'appartient qu'au ministère public, spécialement chargé par la loi de la recherche et de la poursuite de tous les délits dont la connaissance est attribuée aux tribunaux de police correctionnelle ou aux cours d'assises. (Voy. l'art. 22 du c. d'inst. crim.)

L'acte par lequel le procureur du roi provoque l'action du juge d'instruction s'appelle plainte ou réquisitoire, selon la forme dans laquelle il est fait.

La plainte ou le réquisitoire doivent contenir :

1º Les faits qui y donnent lieu ;

2º Les prénom, nom, profession et domicile du prévenu, s'il est connu ;

3º Les prénoms, noms, profession et domicile des témoins, s'il est possible d'en désigner ;

4º L'article ou les articles de la loi qui prévoient et punissent les faits objets de la plainte ou du réquisitoire ;

5º La réquisition au juge d'instruction d'ordonner une information.

La plainte et le réquisitoire doivent toujours être datés, signés par l'officier du ministère public qui rend plainte ou qui requiert, et être accompagnés des actes, procès-verbaux et autres pièces qui les ont provoqués. (Voy. les art. 45, 47, 53, 54, 6o et 64 du c. d'inst. crim.)

L'acte par lequel le juge d'instruction statue sur la plainte ou le réquisitoire du ministère public se nomme ordonnance, et c'est en exécution de cette ordonnance qu'il procède à l'instruction, dirige des poursuites contre les prévenus et se livre aux différens actes que nécessitent les circonstances et la nature du crime ou du délit.

L'ordonnance du juge d'instruction doit être motivée, datée et signée.

Le juge d'instruction ne peut se dispenser de procéder à une information requise par le procureur du roi, lorsqu'il est *compétemment* saisi par ce magistrat de la connaissance d'un fait qui peut présenter *les caractères d'un crime ou d'un délit prévu et puni par une loi;* ce devoir résulte pour lui de la nature même de ses fonctions et des dispositions combinées des articles 45, 47, 53, 54, 55, 6o, 61, 64, 70, 71, 87 et 127 du code d'instruction criminelle. Le législateur n'a pas voulu, en effet, abandonner au libre arbitre du juge d'instruction la question de savoir s'il y a lieu d'informer, ni l'autoriser à se prononcer sur l'utilité des poursuites requises par le ministère public et à juger d'avance le résultat qu'elles pourront avoir ; car un pouvoir aussi étendu, confié à un seul magistrat, aurait pu entraîner de trop graves inconvéniens. Telle est aussi l'opinion de MM. Carnot, t. 1, p. 294, 295 et suiv. ; Bourguignon, sur l'art. 61.

La procédure une fois commencée, le juge d'instruction ne peut se livrer à aucun acte d'instruction et de poursuite, sans avoir donné, au procureur du roi, communication de la procédure. Il peut néanmoins délivrer, s'il y a lieu, le mandat d'amener et même le mandat de dépôt, sans que ces mandats soient précédés des conclusions du procureur du roi. (Voy. l'art. 61 du c. d'inst. crim.)

Le code ne s'est pas expliqué sur le mandat de comparution; mais dès qu'il a autorisé le juge d'instruction à décerner le mandat d'amener et le mandat de dépôt, sans communication préalable, et qu'il n'a exigé cette communication que pour le mandat d'arrêt, il est évident qu'il ne l'exige pas lorsqu'il ne s'agit que d'un simple mandat de comparution. (Voy. M. Carnot, t. 1, p. 296.)

La disposition de l'article 61 du code d'instruction criminelle relative à la communication que le juge d'instruction doit faire de la procédure au procureur du roi, avant de se livrer à aucun acte d'instruction et de poursuite, ne doit pas être entendu dans un sens tellement absolu que chaque audition de témoin, que chaque interrogatoire de prévenu, etc., etc., doive être précédé d'une communication de la procédure au ministère public et d'un réquisitoire spécial; car ces communications et ces réquisitions trop multipliées feraient perdre un temps précieux et retarderaient singulièrement la marche de la procédure. « On ne peut, disait M. Ber-

» lier au conseil d'État, exiger une communication
» pour le moindre acte dont le juge d'instruction
» aura à faire usage dans le cours d'une procé-
» dure. » (Voy. M. Bourguignon, sur l'art. 61.)

Le juge d'instruction n'est pas tenu de se conformer toujours aux réquisitions que le procureur
du roi peut lui faire pendant le cours d'une procédure, et il a le droit d'examiner si les actes qui font
l'objet des réquisitions sont utiles ou non à la manifestation de la vérité, s'il convient d'y procéder
immédiatement ou de les ajourner, si les circonstances particulières de l'affaire ne nécessitent pas
d'autres mesures; enfin, il conserve, à cet égard,
toute son indépendance. (Voy. M. Carnot, t. 1,
p. 330.)

Le juge d'instruction statue sur les réquisitoires
du ministère public par des ordonnances qu'il motive, date et signe.

Le ministère public peut toujours former un recours contre les ordonnances du juge d'instruction;
mais ce recours doit être porté par appel devant la
chambre des mises en accusation de la cour royale,
et non devant la chambre du conseil du tribunal
de première instance. (Voy. arr. de la cour de cass.
des 4 août 1820, 1er août 1822, 10 avril 1829, 23 décembre 1831.)

Le procureur du roi est chargé, par l'article 28
du code d'instruction criminelle, de pourvoir à l'envoi, à la notification et à l'exécution des ordon-

nances qui sont rendues par le juge d'instruction.

Lorsque le juge d'instruction pense que la procédure est terminée, il doit la communiquer au procureur du roi pour qu'il fasse les réquisitions qu'il jugera convenables, et ce magistrat, dans ce cas, ne peut retenir la procédure plus de trois jours. (Voy. l'art. 61 du c. d'inst. crim.) Le juge d'instruction fait ensuite son rapport à la chambre du conseil qui statue sur la prévention, conformément aux articles 127, 128, 129 et suivans du code d'instruction criminelle.

La chambre du conseil doit être composée de trois juges au moins, y compris le juge d'instruction. (Voy. l'art. 127 du c. d'inst. crim.)

CHAPITRE IX.

DE L'AUDITION DES TÉMOINS.

—————◈—————

SECTION I.

OBSERVATIONS PRÉLIMINAIRES.

SOMMAIRE.

Le nombre de témoins que le juge d'instruction peut faire entendre dans une procédure n'est pas limité. — Il ne doit cependant pas augmenter ce nombre sans nécessité. — Le juge d'instruction doit instruire tant à charge qu'à décharge. — Le juge d'instruction n'est pas tenu d'entendre tous les témoins que le prévenu peut lui indiquer.

—————

Nous avons vu que lorsque le juge d'instruction, le procureur du roi ou ses auxiliaires sont appelés à constater un délit flagrant ou réputé tel, ils doivent recevoir les déclarations des personnes qui auraient été présentes ou qui auraient des renseignemens à donner, et convoquer, à la rédaction de leur procès-verbal, les parens, voisins ou domestiques, présumés en état de fournir des éclaircissemens sur le fait. (Voy. les art. 32, 33, 49 et 59 du

15

c. d'inst. crim.) Mais ces déclarations, ces renseignemens, ne dispensent pas d'entendre ultérieurement des témoins et de procéder à une information régulière. En effet, la chambre du conseil qui doit statuer sur la mise en prévention des personnes inculpées, ne pourrait, le plus ordinairement, trouver, dans les procès-verbaux constatant un flagrant délit, cette réunion, cette combinaison d'indices et de preuves, si nécessaires pour porter la conviction dans l'âme du juge; car il est rare que toutes les circonstances qui ont précédé et entouré un délit soient connues au moment où il vient de se commettre. L'instruction préalable est surtout indispensable en matière criminelle, et l'audition des témoins est une des parties les plus importantes de cette instruction.

Le juge d'instruction n'est nullement limité dans le nombre de témoins qu'il peut entendre dans une procédure, et outre ceux indiqués dans la dénonciation ou la plainte, il peut faire citer devant lui toutes les personnes dont le témoignage peut être utile à la manifestation de la vérité. (Voy. l'art. 71 du c. d'inst. crim.)

Le nombre des témoins ne doit pas cependant être augmenté trop légèrement et sans nécessité, parce qu'il en résulte un accroissement de frais qui est supporté, en définitive, ou par le prévenu lorsqu'il est condamné, ou par le trésor, dans le cas d'insolvabilité ou d'absolution du prévenu. Pour éviter cet inconvénient, le juge d'instruction doit suivre attentivement la marche de la procédure, et si l'instruction ne porte que sur un seul fait et que ce fait se trouve clairement établi par les dépositions de trois, quatre, cinq témoins irréprochables, il doit s'arrêter, bien que tous les témoins indiqués ou connus n'aient pas été entendus. Si, au contraire, l'instruction a plusieurs faits pour objet, il doit chercher à établir chaque fait par trois, quatre, cinq témoignages, en ayant soin d'augmenter ou de diminuer le nombre des témoins, selon le plus ou le moins de gravité de chaque fait. Au reste, la meilleure règle sur ce point se trouve dans la prudence et la sagacité du magistrat chargé de l'information.

En procédant à l'audition des témoins, le juge d'instruction ne doit pas oublier qu'il doit instruire à décharge comme à charge, c'est-à-dire recueillir, avec le même soin, tout ce qui peut établir l'innocence ou la culpabilité du prévenu. « Le juge, dit » Rousseaud de la Combe, ne doit pas seulement » recevoir les dépositions des témoins qui vont à » la charge de l'accusé, mais encore celles qui vont » à sa décharge; c'est là un devoir du juge, son » honneur et sa conscience y sont intéressés. » (Voy. cet auteur, p. 234, et l'art. 10, tit. 6, de l'ordonn. de 1670.)

M. Legraverend, t. 1, p. 256, enseigne que le juge d'instruction ne doit pas instruire à décharge, dans ce sens, que si un fait réputé criminel existe, et que le prévenu en soit désigné comme l'auteur, il ne doit point entendre de témoins sur les excuses que pourrait présenter le prévenu, à moins qu'elles ne soient péremptoires et exclusives de la criminalité de l'action, comme dans le cas de démence, ou de force majeure, ni provoquer, sur la moralité ou la réputation du prévenu, des témoignages isolés de la part de personnes qui seraient présumées n'avoir rien à dire sur le fait et les circonstances qui s'y rattachent. Nous ne pouvons adopter les principes professés par M. Legraverend, et nous pensons, au contraire, que des témoins peuvent être entendus, non-seulement sur tout ce qui peut détruire la criminalité du fait, mais encore sur tout ce qui peut le rendre excusable. Les chambres du conseil et des mises en accusation n'ont pas, il est vrai, caractère pour apprécier les faits d'excuse, et, sous ce rapport, il serait inutile d'établir dans l'information écrite les circonstances qui peuvent rendre le crime ou le délit excusable : cependant, comme, soit au petit, soit au grand criminel, la procédure sert au président du tribunal correctionnel ou de la cour d'assises pour diriger les débats, la justice et l'humanité exigent que ces magistrats connaissent, avant l'audience, avec les faits qui établissent la culpabilité du prévenu ou de l'accusé, ceux qui rendent sa conduite excusable, pour qu'ils les fassent également ressortir dans le cours des débats, puisque les faits d'excuse, lorsqu'ils sont prouvés, donnent lieu à une diminution de peine, aux termes de l'article 326 du code pénal.

De ce que, en règle générale, le juge d'instruction doit instruire à décharge comme à charge, il ne faut pas en conclure qu'il est obligé de faire citer et d'entendre tous les témoins que le prévenu peut lui indiquer pour vérifier les faits justificatifs qu'il allègue, et, dans ce cas, il doit concilier, avec discernement, l'intérêt de la vindicte publique et le droit sacré de défense. (Voy., à cet égard, M. Merlin, aux mots *faits justificatifs*, et deux lettres du ministre de la justice, en date des 13 et 29 messidor an IV, qui s'y trouvent rapportées.)

M. Carnot, t. I, p. 333, s'exprime, sur ce point, de la manière suivante : « Le juge d'instruction qui » se trouve requis par le prévenu, de faire citer » telle ou telle personne en témoignage, doit l'in- » terroger sur la nature des circonstances qu'il » présume que les personnes indiquées pourraient » attester, et ne citer que celles qu'il juge devoir » donner des renseignemens utiles ; ce choix est » abandonné par la loi à sa conscience et à son » impartiale justice.

» Le juge d'instruction doit ménager les frais et » éviter les longueurs, sans cependant rien négli- » ger de ce qui peut être utile à la constatation du » délit et servir à la défense du prévenu. »

SECTION II.

Dans quelle forme les témoins doivent être appelés devant le juge d'instruction. — Par qui doivent être cités les témoins.

Le code de 1791, et plus tard celui du 3 brumaire an IV, article 113, accordaient au dénonciateur et au plaignant la faculté d'amener des témoins devant l'officier de police judiciaire, qui était autorisé à recevoir, dans ce cas, leurs dépositions, sans citation préalable. Le code d'instruction criminelle n'a pas conservé une semblable disposition qui avait le grave inconvénient de faciliter au dénonciateur ou au plaignant les moyens de suborner les témoins avant leur audition, et le juge d'instruction a seul, aujourd'hui, le droit de faire citer les témoins.

« Le juge d'instruction, porte l'article 71, fera
» citer devant lui les personnes qui auront été in-
» diquées par la dénonciation, par la plainte, par
» le procureur du roi ou autrement, comme ayant
» connaissance, soit du crime ou délit, soit de ses
» circonstances. »

Lorsque le juge d'instruction veut faire citer des témoins, il rend une ordonnance dans laquelle il les désigne, autant que la chose lui est possible, par leurs noms, prénoms, profession et demeure ; cette ordonnance doit contenir, en outre, l'indication du jour, de l'heure et du lieu où ils doivent paraître devant lui.

Le procureur du roi est chargé de l'exécution de cette ordonnance, dont la signification est faite aux témoins, à sa requête, par un huissier ou par un agent de la force publique. (Voy. les art. 28 et 72 du c. d'inst. crim.)

Par les agens de la force publique qui peuvent donner des citations aux témoins, on doit entendre principalement les gendarmes. Ce mode de procéder, prohibé par la loi du 28 germinal an VI, a été introduit de nouveau par la loi du 5 pluviôse an XIII, article 1er, comme un moyen d'économiser les frais de justice, attendu que les gendarmes qui ont un traitement fixe, ne reçoivent aucune rétribution pour cet objet. Nous ferons remarquer cependant que d'après l'article 68 de l'ordonnance du 29 octobre 1820, sur le service de la gendarmerie, les gendarmes ne peuvent être employés à porter les citations que dans le cas d'une nécessité *urgente et absolue.*

Les gardes forestiers et les gardes champêtres des communes font aussi partie de la force publique, et, sous ce rapport, ils peuvent être employés, comme les gendarmes, à donner les citations aux témoins ; mais c'est plus spécialement en matière forestière et rurale : au reste, leur ministère n'apporte aucune économie dans les frais, puisqu'ils ont droit au même salaire que les huissiers. (Voy. M. Legraverend, t. 1, p. 257.)

Les huissiers qui sont, le plus ordinairement, chargés de donner les citations, ne doivent être employés, en règle générale, que dans leur canton; s'ils en sortent, ils ne peuvent réclamer des frais de transport pour les significations par eux faites qu'en justifiant qu'ils en ont été chargés par un mandement exprès du procureur du roi ou du juge d'instruction. Ce mandement, qui ne peut être donné que pour causes graves, doit énoncer les motifs qui nécessitent cette mesure, contenir le nom de l'huissier, la désignation du nombre et de la nature des actes, et l'indication du lieu où ils devront être mis à exécution. (Voy. l'art. 1er de la loi du 5 pluviôse an XIII, et l'art. 84 du réglem. du 18 juin 1811.)

La loi ne détermine pas le délai qui doit être accordé aux témoins pour comparaître; mais le juge d'instruction doit toujours le calculer sur les distances.

SECTION III.

Les témoins doivent être entendus dans un local spécialement affecté à cet objet, appelé cabinet du juge d'instruction ou chambre d'instruction, et qui doit toujours être situé dans le lieu où siége le tribunal dont le juge d'instruction fait partie.

Cette règle reçoit les exceptions suivantes :

1° Dans le cas de flagrant délit ; —

2° Lorsqu'il est constaté, par le certificat d'un officier de santé, que des témoins se trouvent dans l'impossibilité de comparaître sur la citation qui leur a été donnée ;

3° Si les témoins habitent hors du canton du juge d'instruction ;

4° S'ils résident hors de son arrondissement.

Dans ces trois derniers cas, le juge instructeur peut, suivant les circonstances, déléguer, pour recevoir la déposition des témoins, le juge de paix de leur habitation, ou le juge d'instruction de l'arrondissement dans lequel ils résident. (Voy. les art. 83 et 84 du c. d'inst. crim.)

5° Lorsqu'il s'agit de procéder à l'audition en

16

témoignage des princes et princesses du sang, des grands dignitaires de la couronne, de certains fonctionnaires publics et des témoins militaires. (Voy. les art. 510 et suivans du c. d'inst. crim.; le déc. du 4 mai 1812; la loi du 18 prairial an II; la sect. IX de ce chap.; et le chap. *Des Commissions rogatoires.*)

SECTION IV.

SOMMAIRE.

Législation ancienne sur l'audition des témoins dans l'information. — Notables changemens apportés sur ce point par les lois des 7 et 18 pluviôse an IX, et par le code d'instruction criminelle. — Formalités qui doivent être observées dans l'audition des témoins. — Serment des témoins. — Manière de procéder lorsque le témoin est sourd-muet ou lorsqu'il n'entend pas la langue française. — Ce que doit faire le juge d'instruction quand le témoin représente en déposant des pièces pouvant servir à conviction.

———

Les codes de 1791 et du 3 brumaire an IV ne considéraient que comme des déclarations sommaires celles que les témoins faisaient devant l'officier de police judiciaire; aussi n'étaient-ils pas soumis à prêter préalablement serment.

Si le prévenu était arrêté lors de la comparution des témoins, ils devaient faire leurs déclarations, chacun séparément, en sa présence; ces déclara-

tions étaient rédigées sommairement et par écrit.
La loi d'instruction du 29 septembre 1791 s'exprimait ainsi : « Ces déclarations ne doivent pas être
» confondues avec les dépositions qui se recevaient
» et s'écrivaient dans les formes de l'ancienne pro-
» cédure criminelle.

    » Ces déclarations ne sont point destinées à faire
» charge au procès; leur principal objet, comme
» on l'a dit, est de corroborer la plainte; et de ser-
» vir à l'officier de police de guide sur la conduite
» qu'il doit tenir envers les personnes inculpées. »

. . . .

    « Il a paru nécessaire, pour ne laisser aucune
» ambiguité sur la nature de ces déclarations et sur
» la forme qu'il convient de leur donner, de spéci-
» fier, avant tout, l'usage auquel elles étaient des-
» tinées : le plus grand des inconvéniens serait que
» l'on pût les considérer comme le dépôt des vraies
» charges du procès, et y chercher la vérité de
» préférence à ce qui doit résulter des dépositions
» orales, de l'examen et du débat. Les formes de
» ces déclarations écrites doivent cependant être
» assez régulières pour que l'on y puisse trouver
» tous les renseignemens qui peuvent aider à bien
» connaître le témoin, et à ne pas le confondre avec
» une autre personne du même nom; ainsi, l'offi-
» cier de police comprendra, dans le procès-verbal,
» les nom et surnom, l'âge, la demeure et la qualité
» du témoin, sans toutefois que l'omission d'une

» de ces circonstances puisse opérer une nullité;
» car on ne doit pas chercher, dans un renseigne-
» ment, cette même précision de forme, qui n'est
» rigoureusement nécessaire que dans une pièce
» probante. »

Sous l'empire des codes de 1791 et du 3 brumaire an IV, les déclarations écrites des témoins ne
devaient point passer sous les yeux du jury d'accusation, parce que les témoins étaient entendus en
personne et que ce n'était que sur leurs dépositions
orales que ce jury déclarait s'il y avait ou s'il n'y
avait pas lieu à accusation.

La loi du 7 pluviôse an IX défendit d'entendre
les témoins en la présence du prévenu, ne permit
plus leur comparution devant le jury d'accusation,
et substitua, aux dépositions orales, la communication des déclarations écrites. (Voy. les art. 9 et
21 de cette loi, et l'art. 23 de la loi du 18 du même
mois.)

Aujourd'hui, comme sous les lois de pluviôse
an IX, les déclarations écrites des témoins ne sont
plus de simples renseignemens, mais de véritables
charges au procès, puisque ce sont elles qui moti-
vent les décisions des chambres du conseil et des
chambres des mises en accusation; aussi le législateur a-t-il voulu que les nombreuses formalités
dont il a entouré ces déclarations fussent une garantie de leur sincérité.

Les formalités suivantes doivent être observées
dans l'audition des témoins :

1° Les témoins doivent être entendus séparément et hors la présence du prévenu, par le juge d'instruction, assisté de son greffier. (Voy. l'art. 73 du c. d'inst. crim.)

La loi ne s'explique pas à l'égard du procureur du roi et de la partie civile; mais, ainsi que le fait observer M. Carnot, t. 1, p. 337, on ne peut se dissimuler que le vœu du législateur a été qu'ils n'y fussent pas présens.

La présence du greffier est tellement nécessaire, qu'il y aurait, suivant M. Carnot, t. 1, p. 339, nullité de la déposition du témoin, qui serait reçue et portée dans le cahier d'information par le juge d'instruction, hors la présence du greffier, quoique le code n'ait pas prononcé en termes exprès cette nullité.

Le concours du juge d'instruction et du greffier offre au prévenu une double garantie des soins et de la sincérité apportés dans la rédaction des dépositions des témoins.

2° Avant de recevoir la déposition du témoin, le juge d'instruction doit lui faire représenter la citation qui lui a été donnée pour déposer, et faire mention, dans le procès-verbal, de l'accomplissement de cette formalité. (Voy. l'art. 74 du c. d'inst. crim.)

Il résulte de cette disposition, qui est empruntée de l'article 4, titre 6 de l'ordonnance de 1670, qu'aucun témoin ne peut être admis à déposer sans avoir

été préalablement cité, et que la citation seule peut
donner un caractère légal à la déposition. En prescrivant une semblable mesure, le législateur a
voulu éloigner de l'information les personnes qui
pourraient quelquefois se présenter pour déposer
contrairement à la vérité, soit en faveur du prévenu, soit dans le but de lui nuire.

M. Legraverend, t. 1, p. 256, pense que si, dans
le cours d'une procédure, un témoin se présente
spontanément pour déposer, et que son témoignage paraisse devoir être utile à la manifestation
de la vérité, le juge d'instruction, pour se conformer à la loi, doit lui faire donner une citation avant
de l'entendre.

Ces règles ne sont pas applicables au cas de flagrant délit, et la raison en est sensible.

3° Les témoins doivent prêter serment de dire
toute la vérité, rien que la vérité. (Voy. l'art. 75 du
c. d'inst. crim.)

La formule de ce serment doit être prononcée
par le magistrat qui reçoit la déposition, et le témoin lève la main droite en disant : *Je le jure.*

La formule du serment est sacramentelle : on ne
peut rien y ajouter et encore moins y diminuer;
car la suppression d'un mot entraîne la nullité de
la déposition. (Voy. arr. de la cour de cass. des 3
février, 16 juin, 1er, 6 et 8 octobre 1814; 5 et 27
janvier 1815; 8 août et 9 octobre 1817; 7 novembre
1822.)

L'article 75 du code d'instruction criminelle s'étant
borné à ordonner que les témoins, avant de déposer, préteront serment de dire toute la vérité, rien
que la vérité, sans indiquer la forme de cette prestation de serment, et aucun article de loi ne prescrivant au juge d'instruction d'interroger le témoin
sur sa religion, et à celui-ci de déclarer quelle est sa
croyance, nous pensons, avec MM. Legraverend,
t. 1, p. 288, et Carnot, t. 1, p. 342, et surtout depuis
la charte de 1830, que le serment existe et est valable, quel que soit le culte que professe le témoin,
lorsque interpellé par le juge d'instruction, sous la
religion du serment, de dire toute la vérité, rien
que la vérité, il lève la main droite en disant : *Je
le jure.* Aujourd'hui le serment doit être considéré
plutôt comme un acte civil que comme un acte reli-
gieux.

La cour de cassation, appelée à se prononcer sur
cette question, a décidé, par arrêts des 19 mai 1826,
10 et 12 juillet 1828, que les jurés et témoins qui
professent une religion autre que la religion catho-
lique, peuvent, sans doute, demander à être admis
à prêter serment suivant le rite prescrit par leur
culte; mais que s'ils n'élèvent aucune réclamation
et prêtent serment en la forme ordinaire, le vœu
de la loi n'en est pas moins rempli, spécialement en
matière criminelle. (Voy., à cet égard, les arrêts
remarquables des cours de Colmar, Nancy et Nî-
mes, relatifs aux juifs.)

4° Après que le témoin a prêté serment, le juge d'instruction doit lui demander ses nom, prénom, âge, état, profession, demeure, s'il est domestique, parent ou allié des parties, et à quel degré : le procès-verbal doit faire mention des demandes adressées au témoin et de ses réponses. (Voy. l'art. 75 du c. d'inst. crim.)

On ne peut demander aux témoins s'ils sont domestiques, parens ou alliés des parties qu'autant qu'elles sont connues au moment où ils font leurs dépositions, et une simple présomption n'est pas suffisante pour motiver cette enquisition.

Par le mot *parties*, on doit entendre la partie civile, si elle a pris cette qualité dans la plainte, et les personnes inculpées en leur privé nom.

Le procureur du roi, agissant comme partie publique, ne peut jamais être considéré comme partie, dans le sens de l'article 75.

5° Le juge d'instruction doit ensuite donner au témoin lecture de la dénonciation, de la plainte ou du réquisitoire, afin qu'il connaisse les faits sur lesquels il est appelé à déposer.

Si le témoin est sourd, le magistrat doit lui faire prendre par lui-même lecture de ces pièces.

Si le témoin est étranger et n'entend pas la langue française, le juge d'instruction doit nommer un interprète qui, après avoir prêté serment de traduire fidèlement la déposition du témoin et les demandes qui peuvent lui être adressées, entend la lecture de la dénonciation, de la plainte ou du réquisitoire, en transmet le contenu au témoin dans sa langue, et traduit en français la déposition de ce dernier. (Voy. l'art. 332 du c. d'inst. crim.)

Si le témoin est sourd-muet, on doit à plus forte raison lui nommer un interprète. (Voy. l'art. 333 du c. d'inst. crim.; M. Legraverend, t. 1, p. 252; et dans cet ouvrage le chap. *Des Interprètes.*)

6° Après la lecture de la dénonciation, de la plainte ou du réquisitoire, le témoin fait sa déposition oralement, si le cas n'exige pas le ministère d'un interprète.

Le juge instructeur doit veiller à ce que le témoin s'explique d'une manière claire et précise sur tous les faits objets des poursuites, et qu'il fasse connaître, dans le plus grand détail, toutes les circonstances qui s'y rattachent et dont il peut déposer. Ainsi, par exemple, si le témoin désigne un individu comme auteur ou complice du crime ou du délit qui donne lieu à l'information, il ne suffit pas qu'il dise c'est *Paul* qui a commis ou aidé à commettre le meurtre ou le vol, il faut qu'il indique comment il a eu connaissance de ce fait, où il l'a appris, de qui, etc., etc. Si le témoin a vu lui-même commettre le crime ou le délit, il est nécessaire qu'il s'explique sur le jour, l'heure, le lieu et les moyens à l'aide desquels il a été consommé ou tenté, etc., etc., etc.

Le juge d'instruction, lorsque le cas l'exige, doit

17

adresser des questions au témoin, soit pour aider sa mémoire, soit pour rendre sa déposition plus précise et plus complète.

7° Le greffier écrit, sous la dictée du juge d'instruction, la déposition du témoin.

Le juge d'instruction ne peut apporter trop de clarté et de précision dans la rédaction des dépositions des témoins, parce qu'elles sont la base sur laquelle repose toute la procédure : il doit, autant que possible, rendre mot pour mot ce qui a été dit par le témoin, et se servir des mêmes expressions, dans la crainte d'altérer le sens de sa déposition.

8° Si le témoin représente, en déposant, des papiers ou effets pouvant servir à établir la culpabilité ou l'innocence du prévenu, le juge instructeur doit en ordonner le dépôt au greffe, après avoir rempli les formalités suivantes :

Si l'objet représenté est un écrit, il doit le parapher avec son greffier, et le faire parapher par le témoin; si c'est tout autre effet, il doit le décrire exactement.

Ces formalités, dont le procès-verbal doit toujours faire mention, sont nécessaires pour que l'identité et l'état des papiers ou effets représentés ne puissent pas être ultérieurement contestés.

En matière de faux, tous les témoins qui s'expliquent sur une pièce du procès doivent la parapher et la signer; s'ils ne peuvent ou ne veulent le faire, le procès-verbal en fait mention. (Voy. l'art. 457 du c. d'inst. crim.)

9° Chaque déposition doit être écrite sans aucun blanc ni interligne.

Les ratures et renvois doivent être approuvés et signés par le juge d'instruction, par le greffier et par le témoin.

Les interlignes, ratures et renvois non approuvés sont réputés non avenus. (Voy. l'art. 78 du c. d'inst. crim., et un arr. de la cour de cass. du 4 janvier 1821.)

10° Lorsque le témoin a terminé sa déposition, le juge d'instruction doit lui en faire donner lecture par le greffier, lui demander s'il en a bien compris le sens, si elle a été écrite telle qu'il l'a faite et s'il y persiste.

Si le témoin est sourd, il doit lui faire prendre lecture de sa déposition.

Si le témoin est sourd-muet ou étranger, il doit lui donner connaissance de sa déposition par le moyen de l'interprète qu'il lui a nommé.

Le procès-verbal doit faire mention de ces différentes opérations. (Voy. l'art. 76 du c. d'inst. crim., et le chap. *Des Interprètes.*)

11.° La déposition doit être signée par le juge d'instruction, par le greffier et par le témoin.

Si le témoin ne peut, ne sait ou ne veut signer, il doit en être fait mention. (Voy. l'art. 76 du c. d'inst. crim.)

Les formalités que nous venons d'indiquer doivent être observées, dans l'audition des témoins, à

peine de cinquante francs d'amende contre le greffier; même, s'il y a lieu, de prise à partie contre le
juge d'instruction. (Voy. l'art. 77 du c. d'inst. crim.;
M. Carnot, t. 1, p. 349, 350 et suiv.; et M. Bourguignon, sur l'art. 77.)

SECTION V.

SOMMAIRE.

Des personnes qui sont entendues sans prestation de serment.

———

« Les enfans de l'un et de l'autre sexe, au-des-
» sous de l'âge de quinze ans, porte l'article 79 du
» code d'instruction criminelle, pourront être en-
» tendus, par forme de déclaration et sans presta-
» tion de serment. »

Il résulte, des termes de cet article, que la loi,
en permettant que les enfans au-dessous de l'âge
de quinze ans puissent être entendus dans une information, n'a pas voulu qu'ils le fussent à l'instar
des témoins proprement dits : aussi évite-t-elle de
leur donner cette qualification dans l'article 79, où
le mot *enfans* remplace celui de *témoins*.

M. Carnot, t. 1, p. 356, pense que « Quoique les
» enfans au-dessous de l'âge de quinze ans puissent
» être entendus par le juge d'instruction sans presta-

» tion de serment, et par forme de simple déclara-
» tion, il n'est pas interdit au juge d'instruction
» d'exiger qu'ils le prêtent; mais qu'alors ce n'est
» plus une simple déclaration qu'il reçoit, c'est une
» véritable déposition qui doit être revêtue de tou-
» tes les formalités requises. »

Nous ne pouvons partager l'opinion du savant magistrat, parce que si, d'une part, l'on peut attendre de la candeur et de l'ingénuité, qui sont ordinairement le partage de l'enfance, des renseignemens utiles à la manifestation de la vérité, d'autre part, il eût été contraire à la sainteté du serment de l'exiger de ceux qui, par leur âge, ne peuvent en sentir ni l'importance, ni l'objet. Tel est aussi l'avis de MM. Legraverend, t. 1, p. 289 et suiv.; et Bourguignon, sur l'art. 79.

SECTION VI.

SOMMAIRE.

Des peines prononcées par la loi 1ª contre les témoins qui
ne comparaissent pas sur la citation qui leur a été donnée
pour déposer; 2° contre les témoins qui pour se dispenser
de comparaître allèguent une excuse reconnue fausse ou
produisent de faux certificats, et contre ceux qui ont délivré ces certificats; 3° contre les témoins qui, en comparaissant sur la citation, refusent de déposer.

---

§ Iᵉʳ.

Des peines prononcées par la loi contre les témoins qui ne comparaissent
pas sur la citation qui leur a été donnée pour déposer.

La répression des délits et des crimes étant un
des premiers besoins de la société, tous ses membres, lorsqu'ils en sont légalement requis, doivent
à la justice le compte fidèle de ce qu'ils ont vu ou
appris relativement aux faits qu'elle recherche et
poursuit; mais, malheureusement, comme il est
des hommes qui, soit par crainte, soit par des considérations particulières, redoutent d'être cités en
témoignage et emploient tous les moyens pour se
soustraire à cette obligation, il était nécessaire que
la justice ne demeurât pas désarmée en présence de
témoins récalcitrans; cette nécessité fut comprise à
toutes les époques.

Les lois anciennes prononçaient des peines et avaient établi des moyens coercitifs contre les témoins qui refusaient d'obéir à la citation qui leur avait été donnée. (Voy. l'ordonn. de 1670, art. 3, tit. 6, et art. 2, tit. 15; code de 1791, art. 14, tit. 6; code du 3 brumaire an iv, art. 122, 123 et 421; loi du 11 prairial an iv, art. 1, 2, 3.)

Le code d'instruction criminelle renferme les dispositions suivantes :

Article 80 : « Toute personne citée pour être en-
» tendue en témoignage, sera tenue de compa-
» raître et de satisfaire à la citation : sinon elle
» pourra y être contrainte par le juge d'instruction,
» qui, à cet effet, sur les conclusions du procureur
» du roi, sans autre formalité ni délai, et sans ap-
» pel, prononcera une amende qui n'excèdera pas
» cent francs, et pourra ordonner que la personne
» citée sera contrainte par corps à venir donner
» son témoignage. »

Article 81 : « Le témoin, ainsi condamné à l'a-
» mende sur le premier défaut, et qui, sur la se-
» conde citation, produira devant le juge d'instruc-
» tion des excuses légitimes, pourra, sur les con-
» clusions du procureur du roi, être déchargé de
» l'amende. »

Il résulte du rapprochement de ces deux articles, que la loi accorde deux voies au juge d'instruction pour faire comparaître devant lui le témoin défaillant :

Il peut lui faire donner une nouvelle citation;

Il peut ordonner qu'il sera contraint par corps à venir donner son témoignage.

Mais remarquons que, dans l'un et l'autre cas, l'amende doit toujours être prononcée, attendu que les termes de l'article 80 sont impératifs sur ce point.

La contrainte par corps s'exerce contre le témoin défaillant au moyen d'un mandat d'amener, décerné par le juge d'instruction. (Voy. les art. 80 et 92 du c. d'inst. crim.) Car la loi ne permet de le contraindre que pour venir donner son témoignage et n'entend nullement qu'il soit mis en état d'arrestation : un mandat de dépôt ou d'arrêt serait donc un excès de pouvoir. Le code d'instruction criminelle a modifié, sous ce rapport, celui du 3 brumaire an IV, qui autorisait le juge de paix à décerner, dans ce cas, un mandat d'arrêt. (Voy. l'art. 122 du c. de brum.)

La contrainte par corps étant une mesure rigoureuse, le juge d'instruction ne doit l'employer que lorsqu'il y a de la part du témoin mauvaise volonté évidente.

Pour condamner le témoin à l'amende, il ne faut aucune formalité ni délai (art. 81); il suffit que le cahier d'information constate que le témoin a été régulièrement cité et qu'il n'a pas comparu.

Le témoin condamné à l'amende peut s'en faire décharger s'il justifie, lors de sa comparution sur la seconde citation, de l'impossibilité où il a été de comparaître sur la première.

Si le témoin ne justifie pas d'excuses légitimes ou si le juge d'instruction n'admet pas celles qu'il présente, la condamnation devient définitive. (Voy. l'art. 81 du c. d'inst. crim.)

Le témoin contre lequel le juge d'instruction a ordonné la contrainte par corps, peut-il, comme celui qui comparaît sur une seconde citation, présenter des excuses pour se faire décharger de l'amende prononcée contre lui? Nous n'en doutons pas. L'article 81 ne parle, il est vrai, que du témoin cité une seconde fois; mais il serait souverainement injuste que tout moyen de justification fût refusé au témoin contraint par corps, et que, par le seul motif qu'une mesure rigoureuse a été employée à son égard, la condamnation prononcée contre lui fût irrévocable, nonobstant les excuses légitimes qu'il pourrait faire valoir. Tel est aussi l'avis de MM. Legraverend, t. 1, p. 259; et Dalloz, t. 12, p. 595.

Bien que le juge d'instruction, dans les cas prévus par les articles 80 et 81, ne puisse prendre une décision que sur les conclusions du procureur du roi, cependant la loi ne l'astreint nullement à s'y conformer, et quelles qu'elles soient, il demeure toujours libre appréciateur des circonstances, soit pour déterminer la quotité de l'amende encourue par le témoin défaillant, soit pour le choix des

18

moyens de contrainte à employer pour le faire comparaître, soit enfin pour maintenir ou rapporter la condamnation prononcée par lui contre le témoin qui, après avoir fait défaut, se présente en vertu d'une seconde citation ou d'un mandat d'amener.

§ II.

Des peines prononcées par la loi contre les témoins qui, pour se dispenser de comparaître, allèguent une excuse reconnue fausse ou produisent de faux certificats, et contre ceux qui ont délivré ces certificats.

Lorsque le témoin, pour se dispenser de comparaître sur la citation qui lui a été donnée, produit le certificat d'un docteur en médecine ou d'un officier de santé constatant qu'il se trouve dans l'impossibilité de le faire, le juge d'instruction doit se transporter en sa demeure pour recevoir sa déposition.

Si le témoin habite hors du canton, le juge d'instruction peut commettre le juge de paix de son habitation pour l'entendre en témoignage.

Si le témoin réside hors de l'arrondissement du juge d'instruction, il doit, en règle générale, déléguer le juge d'instruction de l'arrondissement dans lequel le témoin est résidant, à l'effet de recevoir sa déposition. (Voy. les art. 83, 84 et 85 du c. d'inst. crim.; et dans cet ouvrage, le chap. *Des Commissions rogatoires.*)

Mais si le témoin n'était pas dans l'impossibilité par lui alléguée, le juge qui s'est transporté en sa demeure doit décerner un mandat de dépôt et contre lui et contre le docteur en médecine ou l'officier de santé qui a délivré le certificat. (Voy. l'art. 86 du c. d'inst. crim.) La loi, dans ce cas, prononce des peines d'après les distinctions suivantes :

Si le témoin a prétendu justifier son défaut de comparution *par une allégation reconnue fausse*, il doit être condamné à l'amende, portée par l'article 80 du code d'instruction criminelle, pour non-comparution, et à un emprisonnement de *six jours à deux mois*. (Voy. l'art. 236 du c. pén.) Ces deux peines doivent être cumulées. (Voy. arr. de la cour de cass. du 29 novembre 1811; MM. Legraverend, t. 1, p. 262; et Bourguignon, sur l'art. 86.)

Si le témoin a fait usage d'un faux certificat, il devient passible d'un emprisonnement de deux à cinq ans, au terme de l'article 159 du code pénal.

A l'égard du médecin, chirurgien ou officier de santé, la loi distingue deux cas :

S'il a délivré le faux certificat par complaisance, il est passible d'un emprisonnement de deux à cinq ans;

S'il a été mu par dons ou promesses, il est puni du bannissement.

Les corrupteurs doivent être punis de la même peine. (Voy. l'art. 160 du c. pén.)

La prononciation de ces différentes condamnations doit être faite par les tribunaux compétens, et le juge d'instruction ne peut que constater le fait qui les motive.

M. Carnot, t. 1, p. 373, est d'avis que les articles
160 et 236 du code pénal, ne peuvent s'appliquer
aux cas prévus par les articles 80 et 86 du code
d'instruction criminelle; toutefois nous n'hésitons
pas à persister dans notre opinion qui est conforme
à celle de MM. Legraverend et Bourguignon.

§ III.

Des peines prononcées par la loi contre les témoins qui, en comparaissant
sur la citation, refusent de déposer.

Les lois antérieures n'avaient pas prévu le refus
de déposer de la part d'un témoin.

Le code d'instruction criminelle n'a pas gardé le
même silence et il dispose, article 304 :

« Les témoins qui n'auront pas comparu sur la
» citation du président ou du juge commis par lui,
» et qui n'auront pas justifié qu'ils en étaient légi-
» timement empêchés, ou qui refuseront de faire
» leurs dépositions, seront jugés par la cour d'as-
» sises et punis conformément à l'article 80. »

Cet article, qui se trouve placé dans le chapitre
relatif à la procédure devant la cour d'assises, a
fait naître la question de savoir si le témoin qui
refuse de déposer devant le juge d'instruction est
passible de l'amende prononcée par l'article 80. Les
auteurs sont divisés sur cette question.

MM. Legraverend, t. 1, p. 260, et Bourguignon,
sur l'article 304, se décident pour l'affirmative.

La cour des pairs, en 1821, a rendu un arrêt conforme à l'opinion de ces auteurs, dans l'affaire dite de la *Conspiration du 19 août*.

M. Carnot, t. 1, p. 364, pense, au contraire, que le juge d'instruction ne peut appliquer l'amende au témoin qui refuse de déposer devant lui : il se fonde sur ce que la déposition des témoins devant ce juge n'est qu'un acte préparatoire, lorsqu'au contraire la déposition que le témoin est appelé à faire aux débats est définitive, en ce sens, que s'il refuse de la faire, tout est consommé.

M. Dalloz, qui traite cette question t. 12, p. 595, s'exprime ainsi sur l'opinion de M. Carnot : « Nous » croyons cette dernière opinion mieux fondée, au » moins en ce qui touche le refus de répondre de- » vant le juge d'instruction. Le refus de compa- » raître est un fait patent, non équivoque, dont la » constatation a pu être abandonnée facilement à » ce juge : aussi l'absence constatée, la loi lui laisse- » t-elle la faculté de prononcer, sur les conclusions » du ministère public, et sans appel, une amende » qui peut aller jusqu'à cent francs. Mais à l'égard » du refus de répondre, son appréciation peut être » plus difficile, à moins qu'il n'y ait refus absolu » de parler ; et l'on conçoit que si une telle appré- » ciation a pu être abandonnée au pouvoir discré- » tionnaire des cours d'assises, ce n'était pas une » raison pour qu'une faculté pareille fût laissée à » un juge d'instruction. »

Quant à nous, quelque respectable que soit l'opinion de MM. Carnot et Dalloz, nous pensons, avec MM. Legraverend et Bourguignon, que la règle établie dans l'article 304 du code pénal, doit être considérée comme une règle commune à tous les degrés de l'instruction criminelle indistinctement. En effet, l'information à laquelle le juge d'instruction procède, sert de base à toutes les mesures qui peuvent être prises, avant le jugement, contre les personnes inculpées; c'est d'après les résultats de cette information que les prévenus sont mis en état d'arrestation, ou que les citoyens frappés de mandats sont rendus à la liberté; c'est sur cette même information et les autres pièces de la procédure que les chambres du conseil et des mises en accusation fondent leurs décisions; nous ne pouvons donc admettre que le législateur ait voulu tolérer le silence du témoin à une époque aussi importante de l'instruction. D'ailleurs, les moyens de contrainte que la loi met au pouvoir du juge d'instruction pour forcer les témoins défaillans à se présenter, deviendraient illusoires et sans objet, si ces témoins, en comparaissant, pouvaient impunément refuser de déposer. (Voy. les excellens motifs donnés par M. Legraverend, t. 1, p. 260 et 261 ; et un arr. de la cour de cass. du 14 septembre 1832, qui consacre la même doctrine.)

La disposition de l'article 80 du code d'instruction criminelle, qui déclare sans appel les ordonnances du juge d'instruction rendues contre les témoins qui refusent de comparaître ou de déposer, n'est applicable qu'aux témoins eux-mêmes, et n'interdit pas au ministère public la voie d'appel ou d'opposition contre ces mêmes ordonnances devant la chambre des mises en accusation. (Voy. l'arr. de la cour de cass. du 14 septembre 1832, déjà cité.)

SECTION VII.

SOMMAIRE.

Des personnes dont la loi repousse le témoignage.

La loi en imposant à tous les citoyens, lorsqu'ils en sont légalement requis, l'obligation de déclarer à la justice les faits parvenus à leur connaissance relativement aux délits qu'elle poursuit, a cependant établi une sage distinction entre les personnes, et il en est qu'elle repousse comme témoins, soit à raison de leur parenté avec le prévenu ou l'accusé, soit à raison des condamnations qui ont été prononcées contre elles.

Ainsi, aux termes des articles 156, 189 et 322 du code d'instruction criminelle, 28, 29, 34, 42, 374, 401, 405 et 410 du code pénal, ne peuvent être reçus en témoignage, soit devant les tribunaux de police, soit devant les tribunaux correctionnels, soit devant les cours d'assises :

1° Le père, la mère, l'aïeul, l'aïeule, ou autres ascendans des prévenus ou des accusés, ou de l'un d'eux présent et soumis aux débats ;

Leurs fils, filles, petits-fils, petites-filles, ou autres descendans.

Leurs frères et sœurs ;

Leurs alliés au même degré ;

Le mari ou la femme du prévenu ou de l'accusé, de la prévenue ou de l'accusée, même après le divorce prononcé ;

2° Les dénonciateurs dont la dénonciation est récompensée pécuniairement par la loi ;

Cette prohibition n'est prononcée que pour le grand criminel.

3° Les condamnés à des peines afflictives ou infamantes ;

4° Les individus qui, bien que condamnés correctionnellement, ont été interdits par les tribunaux du droit de témoigner en justice.

Ces prohibitions, qui sont formellement exprimées pour l'instruction qui a lieu devant les tribunaux de police, les tribunaux correctionnels et les cours d'assises, ne se trouvent pas énoncées dans le 1er livre du code d'instruction criminelle, en sorte que, dans la rigueur du droit, l'on pourrait conclure de ce silence du législateur, qu'il n'existe aucune prohibition pour l'instruction préliminaire, et que le juge instructeur peut légalement entendre comme témoins les personnes dont

le témoignage, en cette qualité, ne peut être admis aux débats de l'audience. Mais, ainsi que le fait remarquer M. Legraverend, t. 1, p. 265, c'est encore le cas de rechercher, dans l'économie générale de la loi, la volonté du législateur, et nous estimons, avec cet auteur, qu'en règle générale, le magistrat chargé de l'instruction doit, pour les actes de la procédure préliminaire, se conformer, à cet égard, aux principes consacrés dans les différentes divisions du code, et n'entendre lui-même, qu'à titre de renseignemens, les individus qui ne peuvent pas être appelés devant les tribunaux en qualité de témoins. « Il est certain cependant, con-
» tinue M. Legraverend, qu'une procédure faite
» devant le juge d'instruction, et dans laquelle les
» personnes ci-dessus désignées auraient donné
» leur déclaration dans la forme usitée pour les
» témoins en général, ne pourrait pas être consi-
» dérée comme contraire à loi, soit parce que la
» prohibition n'a pas été expressément étendue à
» cette instruction préliminaire, soit parce que la
» loi n'a pas déterminé, à peine de nullité, la forme
» des actes dont elle se compose, soit enfin parce
» que ce n'est réellement que devant les tribunaux
» que les personnes citées pour fournir à la justice
» les renseignemens nécessaires comparaissent en
» qualité de témoins, ou, du moins, que ce n'est
» qu'à cette époque qu'elles font de véritables dé-
» positions. »

Nous partageons encore, sur ce point, l'avis de M. Legraverend, et nous ajouterons, aux motifs qu'il donne, que dans différentes procédures que nous avons instruites, et qui ont été soumises à tous les degrés de juridiction, nous avons entendu indifféremment, soit comme témoins, soit par forme de simples renseignemens, les personnes dont les dépositions sont prohibées par la loi devant les tribunaux et les cours d'assises, et que, dans l'un comme dans l'autre cas, notre mode de procéder a été à l'abri de critique.

La condamnation aux travaux forcés à perpétuité et à la déportation emportant mort civile, aux termes de l'article 18 du code pénal, les individus condamnés à ces peines ne peuvent, en droit strict, être entendus en justice, même par forme de renseignemens. Cependant, dans les causes graves, les présidens des cours d'assises, usant de leur pouvoir discrétionnaire, les appellent quelquefois aux débats pour fournir des renseignemens indispensables, et nous croyons que, dans des cas semblables, le juge d'instruction peut légalement recevoir leurs déclarations.

SECTION VIII.

Des personnes qui, par état, doivent garder les secrets
qu'on leur confie.

S'il est des personnes que la loi défend d'entendre comme témoins, il en est d'autres auxquelles
elle impose l'obligation de garder inviolablement
les secrets dont ils sont dépositaires, à raison de
leur qualité ou de leur profession.

Le code pénal, article 378, dispose :

« Les médecins, chirurgiens et autres officiers
» de santé, ainsi que les pharmaciens, les sages-
» femmes, et toutes autres personnes dépositaires,
» par état ou profession, des secrets qu'on leur
» confie, qui, hors le cas où la loi les oblige à se
» porter dénonciateurs, auront révélé ces secrets,
» seront punis d'un emprisonnement d'un mois à
» six mois, et d'une amende de cent francs à cinq
» cents francs. »

Cet article ne désigne nominativement que les
médecins, chirurgiens, officiers de santé, pharmaciens et sages-femmes, parce que c'est à eux que
l'on est forcé, le plus ordinairement, de confier des
choses qui doivent demeurer secrètes ; mais ces
énonciations ne sont nullement limitatives, et il est

constant, en droit, que par ces mots : *toutes autres personnes dépositaires, par état ou profession, des secrets qu'on leur confie*, le législateur a nécessairement voulu comprendre, dans la prohibition de l'article 378, les confesseurs et les avocats, avoués et notaires, conseils ordinaires des parties. Telle est l'opinion de M. Bourguignon, sur l'article 156; de M. Carnot, dans son *Traité sur l'instruction criminelle*, t. 1, p. 667 et suiv.; du même auteur, *Commentaire sur le code pénal*, t. 1, p. 385 et suiv., t. 2, p. 207 et suiv.; et de M. Merlin, au mot *déposition* et au mot *avocat*.

M. Legraverend, t. 1, p. 271, est d'un avis contraire en ce qui concerne les avocats, avoués et notaires, et il enseigne que si, appelés en justice, comme témoins, ils refusent de dire la vérité, toute la vérité, on doit user contre eux des voies de droit que la loi a mises, en pareil cas, à la disposition de ses ministres, et que vainement ils voudraient mettre des restrictions à leurs déclarations, sous prétexte que leur profession, leur ministère, leur qualité de conseils, les obligent à garder le secret.

Nous nous élevons hautement contre la doctrine de M. Legraverend, qui nous semble contraire à la morale, au droit sacré de défense et à l'état actuel de la législation, et nous lui répondons, avec M. Merlin : « Que les avocats et procureurs ou au- » tres personnes qui sont les conseils ordinaires » d'une partie, ne sont point tenus de déposer les

» faits *qui leur ont été confiés dans le secret de leur*
» *cabinet.*» Nous lui disons, avec M. Carnot, le Nestor
de la magistrature française : « Quant aux avocats
» ou défenseurs des parties, si la violation des se-
» crets qui leur ont été confiés n'est pas défendue
» par la *religion*, elle l'est par la *morale*; s'ils ne
» sont pas des ministres du *culte*, ils le sont de la
» *justice*; aussi, l'histoire ne fournit-elle pas d'exem-
» ple que des avocats se soient jamais rendus cou-
» pables de la violation d'un secret qui leur aurait
» été confié dans l'exercice de leurs fonctions. »

A ce sujet, nous ne pouvons passer sous silence
un fait personnel à M. Carnot, et rapporté par lui-
même en ces termes :

« Lorsque nous exercions la profession d'avocat,
» nous fûmes appelés en déposition devant le par-
» lement de la province, sur des faits dont nous ne
» pouvions avoir eu connaissance que par suite de
» la confiance d'un de nos cliens; et nous décla-
» râmes n'avoir rien à déposer, donnant pour uni-
» que motif de notre refus que, si nous avions été
» initié dans la connaissance de quelques faits, ce
» n'avait été que par suite d'une confiance néces-
» saire; et le parlement, non-seulement n'insista
» pas, mais témoigna même d'une manière toute
» particulière approuver notre discrétion. »

Nous nous appuyons enfin sur l'opinion de Rousseaud de la Combe, *Des Matières criminelles*, 3ᵉ
part., chap. 4, sect. 2ᵉ; et sur celle de Bornier, *Con-*

férence des nouvelles ordonnances, p. 64, qui, tous
les deux, enseignent que les avocats, procureurs et
notaires, ne peuvent être contraints de déposer ni
en matière civile, ni en matière criminelle, des faits
qu'ils savent en cette qualité.

Ainsi donc tenons pour certain que, par l'effet de
la prohibition portée par l'article 378 du code pénal, les personnes dépositaires, par état ou profession, d'un secret, peuvent, lorsqu'elles sont appelées en témoignage, se borner à déclarer qu'elles
ont été le médecin, le chirurgien, l'officier de santé,
le pharmacien, la sage-femme, le confesseur, l'avocat, le défenseur ou le conseil du prévenu ou de
l'accusé, sans avoir besoin de motiver plus amplement leur refus. La loi ne peut exiger, en effet, que
l'on se rende coupable d'une immoralité qu'elle a
considérée elle-même comme étant un délit punissable.

Cependant, la défense de l'article 378 n'est pas
exclusive de toute déposition, et elle doit être res-
treinte aux seuls cas d'une confiance impérieusement commandée par l'état ou la profession. Ces cas
de confiance forcée sont, d'après les auteurs : pour
les médecins, chirurgiens, officiers de santé, pharmaciens, sages-femmes, les maladies secrètes que
la pudeur défend de divulguer; pour les ministres
du culte, les faits dont ils n'ont acquis la connaissance qu'en confession; pour les avocats, avoués,
notaires, les faits qui ne leur ont été confiés que

comme conseils d'une partie et dans le secret du cabinet.

Les limites dans lesquelles devait être renfermée l'obligation imposée aux personnes qui se trouvent dépositaires d'un secret, à raison de leur état ou de leur profession, avait donné naissance à de graves questions; mais elles ne peuvent plus se présenter depuis que les sages modifications introduites dans la législation par la loi du 28 avril 1832, ont banni de nos codes les dispositions qui punissaient la non-révélation.

SECTION IX.

SOMMAIRE.

De l'audition des témoins militaires.

Une loi spéciale du 18 prairial an II, dont la non-abrogation est reconnue par les auteurs et la juris-prudence, a prescrit des règles particulières pour l'audition des témoins militaires. Cette loi dispose :

Article 1er : « Les militaires et les citoyens atta-chés aux armées ou employés à leur suite, dont le témoignage sera requis dans les affaires criminelles ou de police correctionnelle qui s'instruiront, soit devant un tribunal militaire de leur arrondisse-ment, soit devant un tribunal ordinaire siégeant

dans la place où ils seraient en garnison, seront entendus et donneront leurs déclarations de la même
manière que les autres personnes citées en justice
pour déposer. »

Article 2 : « Lorsque le témoignage de militaires
ou de citoyens attachés aux armées ou employés à
leur suite, sera requis dans les affaires criminelles
ou de police correctionnelle, portées, soit devant
un autre tribunal militaire que celui de leur arrondissement, soit devant un autre tribunal ordinaire
que celui de leur garnison, il sera procédé ainsi
qu'il suit : »

Article 3 : « L'officier de police civile ou militaire, le directeur du jury, l'accusateur public ou
militaire, qui jugera nécessaire de faire entendre
des témoins de la qualité énoncée en l'article précédent, rédigera et communiquera au prévenu ou
accusé la série des questions auxquelles il croira
qu'il doit répondre; il tiendra note des observations
du prévenu ou de l'accusé, les lui fera signer ou
fera mention de la cause pour laquelle il n'aura pas
signé, et adressera le tout à l'accusateur militaire
de l'armée où ils seront employés, ou, s'il l'ignore,
à la commission de l'organisation et du mouvement
des armées de terre, qui en fera l'envoi, dans les
trois jours, à l'accusateur militaire dont il vient
d'être parlé. »

Article 4 : « La même forme sera observée à l'é-
gard des témoins de la qualité énoncée en l'article 2,

que le prévenu ou l'accusé voudrait faire entendre pour sa justification, sauf qu'en ce cas, le prévenu ou accusé pourra rédiger lui-même sa série de questions. »

Article 5 : « L'accusateur militaire à qui auront été adressées les questions et observations mentionnées dans les deux articles précédens, les fera, de suite, passer à l'officier de police de sûreté militaire le plus à la portée des témoins à entendre, et il veillera à ce que cet officier reçoive, sans délai et par écrit, leurs déclarations sur chacune des questions qui lui auront été transmises et à ce qu'il les fasse parvenir, sans le moindre retard, à l'officier de police, directeur du jury, ou accusateur public ou militaire, qui aura envoyé les questions et observations ci-dessus. »

Article 6 : « Immédiatement après avoir reçu ces déclarations, l'officier de police, directeur du jury, ou accusateur public ou militaire, les communiquera au prévenu ou accusé. »

Article 7 : « Il tiendra note des observations que le prévenu ou accusé fera sur ces déclarations, et les lui fera signer, ou fera mention de la cause pour laquelle il ne les aura point signées. »

Article 8 : « Le prévenu ou accusé pourra, en conséquence de ces observations, requérir l'officier de police, directeur du jury, ou accusateur public ou militaire, de faire interroger une seconde fois les témoins qui auront donné ces déclarations.

20

» L'officier de police, directeur du jury, ou accusateur public ou militaire, pourra, également d'office, les faire interroger une seconde fois.

» Dans l'un et l'autre cas, les règles prescrites par les articles 3, 4 et 5 pour la première audition, seront observées pour la seconde. »

Article 9 : « Pour l'exécution des articles précédens, les tribunaux criminels sont autorisés, nonobstant les articles 21 et 22 du titre 6 de la seconde partie du décret du 16 septembre 1792, à prononcer tous les délais nécessaires, soit sur la demande des accusés, soit sur les réquisitions des accusateurs publics. »

Article 10 : « Les déclarations données par écrit de la manière qui vient d'être déterminée, seront considérées comme dépositions orales par les officiers de police, par les tribunaux de police correctionnelle, par les directeurs du jury, par les jurés d'accusation. »

Article 11 : « Dans les affaires portées devant les jurés de jugement, ces déclarations et les observations faites par l'accusé, en conséquence des articles 3 et 7, seront lues publiquement lors des débats. »

Articles 12 : « Après les débats et la position des questions auxquelles ils donneront lieu, le président demandera aux jurés de jugement s'ils sont en état de prononcer sans entendre oralement les témoins, soit militaires, soit attachés aux armées ou employés à leur suite., dont les déclarations auront été lues. »

Article 13 : « Les jurés se retireront dans leur chambre, et décideront d'abord cette dernière question à la pluralité absolue des voix. »

Article 14 : « S'ils la décident pour l'affirmative, ils passeront de suite à l'examen des questions du fond, telles qu'elles auront été posées par le président. »

Article 15 : « S'ils la décident pour la négative, ils rentreront sur-le-champ dans l'audience, et annonceront dans la forme ordinaire le résultat de leur délibération. »

Article 16 : « Dans ce cas, s'il s'agit d'un délit contre-révolutionnaire, le tribunal ordonnera que les témoins, soit militaires, soit attachés aux armées ou employés à leur suite, seront assignés à comparaître en personne, et que le débat sera entièrement recommencé devant les mêmes jurés et à jour fixe. »

Article 17 : « Il ne pourra néanmoins faire citer les généraux en chef ou de division qu'après y avoir été autorisé par le comité de salut public. »

Article 18 : « S'il s'agit d'un délit ordinaire, le tribunal déclarera qu'il est sursis à prononcer sur l'acte d'accusation jusqu'à ce que les témoins, dont l'audition orale aura été jugée nécessaire, cessent d'être employés activement à l'armée, ou jusqu'à ce que le comité de salut public ait déclaré qu'ils peuvent être assignés à comparaître en personne. »

Article 19 : « Les dispositions ci-dessus seront observées, même dans les procès commencés avant la publication du présent décret. »

Les dispositions de cette loi sont assez claires, assez précises pour que nous puissions nous dispenser de tout commentaire. Nous ferons remarquer seulement que, dans leur application, elles doivent être mises en harmonie avec notre nouvelle organisation judiciaire et administrative, soit à l'égard des magistrats civils ou militaires chargés de l'instruction préliminaire, soit à l'égard des cours et tribunaux, soit enfin en ce qui concerne les autorisations requises, dans certains cas, pour la comparution des témoins militaires en personne. (Voy., sur cette matière, MM. Legraverend, t. 1, p. 280, 281, 282 et 283; Carnot, t. 1, p. 394 et suiv.; Merlin, aux mots *témoins judiciaires;* et Dalloz, t. 12, p. 596.)

Une circulaire du ministre de la justice du 15 septembre 1820, prescrit de nouvelles formalités pour l'audition des témoins militaires présens à leur corps. Cette circulaire, que nous croyons devoir rapporter, est ainsi conçue :

« Monsieur,

» Divers chefs de corps se sont plaints de ce qu'on
» avait fait donner citation, sans les en prévenir,
» à des militaires sous leurs ordres, dont le témoi-

» gnage en justice avait été jugé nécessaire. M. le
» ministre de la guerre a appelé mon attention sur
» cette irrégularité, et m'a invité à prendre des
» mesures pour parer aux inconvéniens qui peu-
» vent en résulter.

» La discipline militaire ne permet pas, en effet,
» que des soldats puissent s'absenter sans la per-
» mission de leurs chefs. Il convient donc, lorsque
» les magistrats sont dans le cas de faire donner
» citation à des militaires présens à leur corps, que
» le ministère public en donne avis au chef du
» corps, vingt-quatre heures avant la notification
» de la citation, et qu'il l'invite à donner des ordres
» pour que les témoins cités obéissent à la justice.
» Lorsque le témoin appartiendra à la gendarmerie
» royale, il suffira de prévenir l'officier qui com-
» mande l'arme au chef-lieu de l'arrondissement
» dans lequel le témoin sera employé, ou celui
» sous les ordres duquel il se trouve.

» Dans tous les cas, les citations doivent être no-
» tifiées dans la forme ordinaire. »

SECTION X.

SOMMAIRE.

De la manière de recevoir les dépositions des princes, princesses, des grands dignitaires, des ministres et de certains
autres fonctionnaires.

———

La loi a déterminé des formes toutes particulières
pour recevoir, en matière criminelle, correctionnelle et de police, les dépositions des princes, princesses, des grands dignitaires de l'État, des ministres et de quelques autres fonctionnaires. Cette
exception à la règle commune n'a pas été introduite
par le code d'instruction criminelle, et il existait
déjà, sous la législation antérieure, des dispositions
analogues que le code et successivement un décret
du 4 mai 1812 n'ont fait qu'étendre ou modifier,
par suite des changemens politiques qui se sont
opérés depuis cette époque.

La loi du 20 thermidor an IV était ainsi conçue :

Article 1er : « Lorsqu'il y aura lieu de citer en
témoignage, soit en matière civile, soit en matière
criminelle, des membres du corps législatif, ou du
directoire exécutif, ou des ministres de la républi-
que, ou ses agens auprès des nations étrangères,
devant des tribunaux autres que ceux séant dans la

commune où ils résident pour l'exercice de leurs
fonctions, ou dans la commune où ils se trouveraient casuellement, le juge civil ou officier de police, ou directeur de jury, ou président du tribunal
criminel devant lesquels on voudra les produire en
témoins, adresseront au juge civil ou directeur du
jury du lieu de la résidence desdits représentans,
directeurs, ministres et agens, un état des faits,
demandes et questions sur lesquels les parties civiles, l'accusé ou l'accusateur public, désirent leur
témoignage. Les officiers de police et juges civils
ou criminels, auxquels cet état sera adressé, feront
assigner devant eux lesdits représentans, directeurs, ministres et agens, et ils recevront leurs déclarations par écrit. »

Article 2 : « Ces déclarations seront envoyées,
dûment scellées et cachetées, au greffe du tribunal
requérant. En matière civile, elles seront communiquées aux parties. En matière criminelle, elles le
seront à l'accusateur public et à l'accusé, conformément aux articles 318 et 319 du code des délits
et des peines. »

Article 3 : « Dans l'examen du jury de jugement,
ces déclarations seront lues publiquement ; elles
seront débattues par l'accusé et par ses conseils, et
les jurés y auront tel égard que de raison. »

Un arrêté du gouvernement du 14 germinal an
VIII, étendit aux membres du conseil d'État les dispositions exceptionnelles de la loi du 20 thermidor
an IV.

Un arrêté du 7 thermidor an ix, les déclara applicables aux sénateurs : ce même arrêté avait statué que les préfets les sous-préfets et les maires
jouiraient du même avantage. Toutefois l'article 4
portait que si le juge regardait le déplacement de
ces témoins comme indispensable, il devait en faire
part au ministre de la justice, en lui communiquant
les motifs de cette opinion, et que ce ministre pouvait accorder ou refuser l'autorisation de les citer
en personne.

Enfin, un décret du 20 juin 1806 avait rangé
les commissaires généraux de police et leurs délégués dans la même classe que les préfets, sous-
préfets et maires.

Le code d'instruction criminelle a substitué à ces
dispositions les suivantes :

Article 510 : « Les princes ou princesses du sang
royal, les grands dignitaires et le ministre de la
justice, ne pourront jamais être cités comme témoins, même pour les débats qui ont lieu en présence du jury, si ce n'est dans le cas où le roi, sur
la demande d'une partie et le rapport du ministre
de la justice, aurait, par une ordonnance spéciale,
autorisé cette comparution. »

Article 511 : « Les dépositions des personnes de
cette qualité seront, sauf l'exception ci-dessus prévue, rédigées par écrit et reçues par le premier
président de la cour royale, si les personnes dénom-
mées en l'article précédent résident ou se trouvent

au chef-lieu d'une cour royale ; sinon par le président du tribunal de première instance de l'arrondissement dans lequel elles auraient leur domicile ou se trouveraient accidentellement.

» Il sera, à cet effet, adressé par la cour ou le juge d'instruction saisi de l'affaire, au président ci-dessus nommé, un état des faits, demandes et questions sur lesquels le témoignage est requis.

» Ce président se transportera aux demeures des personnes dont il s'agit, pour recevoir leurs dépositions. »

Article 512 : « Les dépositions ainsi reçues seront immédiatement remises au greffe, ou envoyées, closes et cachetées, à celui de la cour ou du juge requérant, et communiquées sans délai à l'officier chargé du ministère public.

» Dans l'examen devant le jury, elles seront lues publiquement aux jurés et soumises aux débats, sous peine de nullité. »

Article 513 : « Dans le cas où le roi aurait ordonné ou autorisé la comparution de quelques-unes des personnes ci-dessus désignées, devant le jury, l'ordonnance désignera le cérémonial à observer à leur égard. »

Article 514 : « A l'égard des ministres, autres que le ministre de la justice, des grands officiers de la couronne, conseillers d'État chargés d'une partie dans l'administration publique, généraux en chef actuellement en service, ambassadeurs ou autres

21

agens du roi accrédités près les cours étrangères, il sera procédé comme il suit:

» Si leur déposition est requise devant la cour d'assises, ou devant le juge d'instruction du lieu de leur résidence ou de celui où ils se trouveraient accidentellement, ils devront la fournir dans les formes ordinaires;

» S'il s'agit d'une déposition relative à une affaire poursuivie hors du lieu où ils résident pour l'exercice de leurs fonctions et de celui où ils se trouveraient accidentellement, et si cette déposition n'est pas requise devant le jury, le président ou le juge d'instruction, saisi de l'affaire, adressera à celui du lieu où résident ces fonctionnaires à raison de leurs fonctions, un état des faits, demandes et questions sur lesquels leur témoignage est requis;

» S'il s'agit du témoignage d'un agent résidant auprès d'un gouvernement étranger, cet état sera adressé au ministre de la justice, qui en fera le renvoi sur les lieux et désignera la personne qui recevra la déposition. »

Article 515 : « Le président ou le juge d'instruction auquel sera adressé l'état mentionné en l'article précédent, fera assigner le fonctionnaire devant lui et recevra sa déposition par écrit. »

Article 516 : « Cette déposition sera envoyée close et cachetée au greffe de la cour ou du juge requérant, communiquée et lue, comme il est dit en l'article 512, et sous les mêmes peines. »

Article 517 : « Si les fonctionnaires de la qualité exprimée dans l'article 514, sont cités à comparaître comme témoins devant un jury assemblé hors du lieu où ils résident pour l'exercice de leurs fonctions, ou de celui où ils se trouveraient accidentellement, ils pourront en être dispensés par une ordonnance du roi.

» Dans ce cas, ils déposeront par écrit et l'on observera les dispositions prescrites par les articles 514, 515 et 516. »

Il résulte, des dispositions que nous venons de rappeler, que le code d'instruction criminelle a divisé en deux classes les personnes dont les dépositions ne peuvent être reçues en matière criminelle, correctionnelle et de police, qu'après l'accomplissement de certaines formalités, et que cette exception au droit commun est plus ou moins étendue, selon la qualité ou le rang de ces mêmes personnes.

La première classe comprend les princes et princesses du sang royal, les grands dignitaires et le ministre de la justice.

L'exception à leur égard est pleine et entière, c'est-à-dire qu'ils ne peuvent jamais être cités comme témoins, même pour les débats qui ont lieu en présence du jury, si ce n'est dans le cas où le roi, sur la demande d'une partie et le rapport du ministre de la justice, aurait autorisé leur comparution par une ordonnance spéciale.

La seconde classe renferme les ministres, autres

que le ministre de la justice, les grands officiers de la couronne, les conseillers d'État chargés d'une partie dans l'administration publique, les généraux en chef actuellement en service et les ambassadeurs ou autre agens du roi accrédités près les cours étrangères.

L'exception établie en faveur des fonctionnaires de cette classe, autres que les agens français auprès des gouvernemens étrangers, ne s'éloigne que fort peu de la règle commune : lorsque leur témoignage est requis devant la cour d'assises ou devant le juge d'instruction de leur résidence habituelle ou momentanée, ils ne peuvent se dispenser de comparaître en personne. S'il s'agit de déposer devant un jury assemblé hors du lieu de leur résidence, ils ne peuvent être dispensés de se présenter aux débats que par une ordonnance royale.

Un décret du 4 mai 1812 a modifié, sous quelques rapports, les dispositions du code d'instruction criminelle; ce décret porte :

Article 1er : « Nos ministres ne pourront être entendus comme témoins, que dans le cas où, sur la demande du ministère public ou d'une partie, et sur le rapport de notre grand juge ministre de la justice, nous aurions, par un décret spécial, autorisé leur audition. »

Article 2 : « Le décret portant cette autorisation règlera en même temps la manière dont nos ministres seront entendus, et le cérémonial à observer à leur égard. »

Article 3 : « Dans les affaires où nos préfets auront agi en vertu de l'article 10 de notre code d'instruction criminelle, si le bien de la justice exige qu'il leur soit demandé de nouveaux renseignemens, les officiers chargés de l'instruction leur demanderont, par écrit, ces renseignemens, et nos préfets seront tenus de les donner dans la même forme. »

Article 4 : « Dans les affaires autres que celles spécifiées au précédent article, si nos préfets ont été cités comme témoins et qu'ils allèguent, pour s'en excuser, la nécessité de notre service, il ne sera pas donné de suite à la citation.

» Dans ce cas, les officiers chargés de l'instruction, après qu'ils se seront entendus avec eux sur le jour et l'heure, viendront dans leur demeure pour recevoir leurs dépositions, et il sera procédé, à cet égard, ainsi qu'il est prescrit à l'article 516 de notre dit code. »

Article 5 : « Lorsque nos préfets, cités comme témoins, ne s'excuseront pas, ainsi qu'il est dit à l'article précédent, ils seront reçus par un huissier à la première porte du palais de justice, introduits dans le parquet et placés sur un siége particulier.

» Ils seront reconduits de la même manière qu'ils auront été reçus. »

Article 6 : « Les dispositions des deux articles précédens sont déclarées communes aux grands officiers de l'empire, aux présidens de notre conseil

d'État, aux ministres d'État et conseillers d'État lorsqu'ils sont chargés d'une administration publique,
à nos généraux actuellement en service, à nos ambassadeurs et autres agens diplomatiques près les
cours étrangères. »

Il est essentiel de remarquer que ce décret ne
s'explique à l'égard des fonctionnaires qu'il désigne
(autres que les ministres à porte-feuille), que pour
le cas où ils sont cités comme témoins dans le cours
de l'instruction préliminaire, et que dès-lors les
dispositions du code d'instruction criminelle doivent seules être observées lorsque ces mêmes fonctionnaires sont appelés comme témoins devant une
cour d'assises, sauf l'observation du cérémonial
réglé par le décret. (Voy. M. Legraverend, t. i,
p. 276 et 277; M. Carnot, t. 3, p. 411 et suiv.;
M. Bourguignon, sur l'art. 510.)

Si c'est un ambassadeur ou un autre agent du roi
accrédité près d'une cour étrangère qui doit porter
témoignage, le juge d'instruction doit adresser au
ministre de la justice l'état des faits, des demandes
et des questions à faire au témoin; et ce chef de la
magistrature le transmet au juge délégué sur les
lieux pour recevoir la déposition. (Voy. M. Carnot,
t. 3, p. 413.)

Le décret du 4 mai 1812 a-t-il pu déroger au code
d'instruction criminelle? Telle est la question que
nous pourrions soulever et qui rentre dans celle de
l'inconstitutionnalité des décrets agitée de nos jours,

et diversement résolue par les cours et tribunaux. MM. Legraverend et Bourguignon se décident pour la négative; mais, quoique partageant leur opinion, nous pensons, qu'en l'état, il faut se conformer à la jurisprudence établie par la cour de cassation et reconnaître que les décrets doivent avoir force de loi, parce qu'un système contraire, s'il était adopté, pourrait avoir de trop funestes conséquences. Tel est aussi l'avis de M. Carnot, t. 3, p. 407.

Tous les fonctionnaires qui ne se trouvent compris ni dans les exceptions du code d'instruction criminelle, ni dans celles introduites par le décret du 4 mai 1812, rentrent dans la classe commune des citoyens, et ils ne peuvent se dispenser de satisfaire aux citations qui leur sont données pour déposer comme témoins.

Il en est de même à l'égard des pairs de France et des députés pour lesquels il n'existe, en l'état, aucune exception.

2° La désignation du lieu où se fait l'information;

3° Les nom, prénom et qualité du magistrat qui y procède;

4° Les nom et prénom du greffier ou du commis-greffier assermenté qui assiste le juge instructeur;

5° Une analyse précise et succincte des faits de la dénonciation ou de la plainte qui sert de base aux poursuites, et la date de cette dénonciation ou de cette plainte;

6° L'énonciation de l'ordonnance en vertu de laquelle l'information est faite, et les nom et prénom du magistrat qui l'a rendue;

7° En cas de commission rogatoire, le préambule doit énoncer les nom, prénom et qualité du magistrat de qui elle émane; la date, les causes et l'objet de la délégation.

Immédiatement après ce préambule, les dépositions des témoins doivent être transcrites les unes à la suite des autres, avec toutes les formalités que nous avons indiquées dans la section IV du présent chapitre.

Si, comme cela arrive le plus souvent, tous les témoins ne peuvent être entendus le même jour, chaque séance doit faire l'objet d'un procès-verbal, qui doit commencer par un préambule énonçant :

1° L'année, le jour et l'heure de la continuation de l'information;

2° Le lieu où elle est continuée;

3° Les nom, prénom et qualité du magistrat qui opère;

4° Les nom et prénom du greffier ou du commis-greffier assermenté dont il est assisté.

Les témoins doivent être classés par premier, deuxième, troisième, etc., sans avoir égard aux différentes séances dans lesquelles ils ont été entendus.

Si l'information porte sur plusieurs faits, le juge d'instruction doit, autant que la chose lui est possible, faire citer et entendre les témoins de manière que tous ceux qui déposent sur le même fait soient, dans le cahier d'information, à la suite les uns des autres. Ce mode de procéder a le double avantage d'introduire de la méthode dans l'information et de rendre plus facile l'appréciation des charges qui en résultent contre les personnes inculpées.

Chaque page du cahier d'information doit être signée par le juge qui informe et par le greffier, à peine de cinquante francs d'amende contre ce dernier, et même, s'il y a lieu, de prise à partie contre le juge. (Voy. les art. 76 et 77 du c. d'inst. crim.)

Tout récemment quelques magistrats ont pensé qu'il était plus convenable de recevoir chaque déposition de témoin sur une feuille séparée, et déjà ce nouveau mode de procéder a été prescrit dans les ressorts des cours royales de Paris et de Grenoble. Il est loin de notre pensée de vouloir critiquer une mesure qui, en permettant d'écarter de l'information tout ce qui est superflu ou inutile et de classer chaque déposition, soit d'après son importance, soit d'après le fait ou l'inculpé qu'elle concerne, fera régner l'ordre et la méthode là où il était souvent impossible de les introduire, et facilitera les recherches en les rendant plus simples ; mais nous ne pouvons cependant nous empêcher de nous demander si ces procès-verbaux isolés pour chaque audition de témoin sont la stricte exécution de la loi qui veut que l'information forme un cahier, et nous sommes forcé d'avouer qu'il nous reste quelques doutes à cet égard. (Voy. l'art. 76 du c. d'inst. crim.)

CHAPITRE X.

DE LA TAXE ET DE L'INDEMNITÉ QUI DOIVENT ÊTRE ACCORDÉES AUX TÉMOINS.

SECTION I.

SOMMAIRE.

Ni la taxe ni l'indemnité ne peuvent être accordées d'office; il faut qu'elles soient requises par le témoin. — De quelle manière la taxe et l'indemnité sont réglées pour les témoins en général. — Les témoins qui comparaissent dans un état de maladie ou d'infirmité n'ont plus droit au double de la taxe accordée aux autres témoins. — Cas dans lesquels il est accordé double taxe à l'enfant mâle au-dessous de seize ans, et à la fille au-dessous de vingt. — Les témoins n'ont plus droit à une augmentation de taxe pendant les mois de novembre, décembre, janvier et février. — Dans quels cas les gardes champêtres, les gardes forestiers et les gendarmes ont droit à la taxe. — Les militaires en activité de service ont droit à une indemnité pour séjour forcé. — Sur qui doivent être délivrés les mandats accordés aux témoins. — Distinctions.

La loi en imposant à tout citoyen l'obligation de comparaître sur la citation qui lui est donnée pour déposer comme témoin, n'a pas voulu qu'il supportât, en pure perte, les frais que son déplacement ou son séjour peuvent lui occasionner, et, à cet effet, elle a accordé, suivant les circonstances, une taxe et une indemnité à chaque témoin.

« Chaque témoin qui demandera une indemnité, » porte l'article 82 du code d'instruction criminelle, » sera taxé par le juge d'instruction. »

Il résulte, des termes de cet article, que la taxe ou l'indemnité ne peuvent jamais être accordées d'office, et qu'il faut nécessairement qu'elles soient requises par le témoin.

La taxe et l'indemnité auxquelles les témoins peuvent avoir droit, sont réglées de la manière suivante :

Pour chaque jour que le témoin, du sexe masculin, aura été détourné de son travail ou de ses affaires, il pourra lui être accordé, savoir :

Dans la ville de Paris . . . .   2 fr. 00 c.

Dans les villes de 40,000 habitans
et au-dessus . . . .   1 fr. 50 c.

Dans les autres villes et communes   1 fr. 00 c.
(Voy. l'art. 27 du déc. du 18 juin 1811.)

Les témoins du sexe féminin, admis à déposer, et les enfans de l'un et de l'autre sexe au-dessous de l'âge de quinze ans, entendus par forme de déclarations, recevront, savoir :

A Paris . . . .   1 fr. 25 c.

Dans les villes de 40,000 habitans
et au-dessus . . . .   1 fr. 00 c.

Dans les autres villes et communes   o fr. 75 c. (Voy. l'art. 28 du déc. du 18 juin 1811.)

Les témoins qui ne sont pas domiciliés à plus d'un myriamètre du lieu où ils sont entendus, n'ont droit à aucune indemnité de voyage : il ne peut leur être alloué que la taxe fixée par les articles 27 et 28 du réglement du 18 juin 1811, dont nous venons de rappeler les dispositions. (Voy. l'art. 2 du déc. du 7 avril 1813.)

Les témoins de l'un et de l'autre sexe qui se transportent à plus d'un myriamètre de leur domicile, mais néanmoins dans leur arrondissement, ont droit, quel que soit leur état ou leur profession, à une indemnité de voyage, fixée à *un franc* par myriamètre parcouru en allant, et autant pour le retour.

S'ils sont appelés hors de leur arrondissement, cette indemnité est d'*un franc cinquante centimes*.

Dans ces deux cas, la taxe déterminée par les articles 27 et 28 du réglement sus-énoncé ne doit pas être allouée, et il n'est dû que des frais de séjour. (Voy. l'art. 2 du déc. du 7 avril 1813.)

L'indemnité accordée aux témoins, est réglée par myriamètre et demi-myriamètre. Les fractions de huit ou neuf kilomètres sont comptées pour un myriamètre, et celles de trois à sept kilomètres pour un demi-myriamètre. (Voy. l'art. 92 du déc. du 18 juin 1811.)

La réduction des kilomètres en myriamètres ne

doit pas se faire isolément, d'abord sur les kilomètres parcourus en allant, puis sur les kilomètres en revenant; mais sur les kilomètres *réunis, tant de l'aller que du retour*. Ainsi, lorsque le domicile du témoin est éloigné d'un myriamètre trois kilomètres, on ne doit pas compter un myriamètre et demi pour l'aller et un myriamètre et demi pour le retour; mais il faut réunir les trois kilomètres parcourus en allant avec les trois kilomètres parcourus en revenant, et compter en tout deux myriamètres six kilomètres, c'est-à-dire deux myriamètres et demi. (Voy. l'inst. gén. sur les frais de justice, p. 99.)

Dans tous les cas, la taxe doit indiquer d'une manière exacte la distance, et toujours en se conformant au tableau des distances, dressé en exécution de l'article 93 du réglement du 18 juin 1811 ainsi conçu :

« Pour faciliter le réglement de cette indemnité, » les préfets feront dresser un tableau des distan- » ces, en myriamètres et kilomètres, de chaque » commune au chef-lieu du canton, au chef-lieu » d'arrondissement et au chef-lieu de département.

« Ce tableau sera déposé aux greffes des cours » royales, des tribunaux de première instance et » des justices de paix. Il sera transmis à notre mi- » nistre de la justice. »

Le tableau des distances est obligatoire pour tous les magistrats, et il ne doit jamais être accordé plus de myriamètres parcourus que ne le porte ce tableau ; sauf, s'il y a des erreurs, à les indiquer aux officiers du ministère public pour les faire rectifier. (Voy. l'inst. gén. sur les frais de justice crim., p. 99.)

Lorsque les témoins sont arrêtés, dans le cours de leur voyage, par force majeure, ils ont droit, pour chaque jour de séjour forcé et quel que soit le lieu de ce séjour, à une indemnité d'*un franc cinquante centimes.*

Dans ces cas, les témoins sont tenus de faire constater, par le juge de paix ou ses suppléans, ou par le maire ou, à son défaut, par ses adjoints, la cause du séjour forcé en route, et d'en représenter le certificat à l'appui de leur demande en taxe. (Voy. l'art. 95 du déc. du 18 juin 1811.)

Si les témoins sont obligés de prolonger leur séjour dans la ville où se fait l'instruction de la procédure et qui n'est pas celle de leur résidence, il doit leur être alloué pour chaque jour de séjour une indemnité fixée ainsi qu'il suit :

A Paris . . . . 3 fr. 00 c.

Dans les villes de 40,000 habitans et au-dessus , ... 2 fr. 00 c.

Dans les autres villes et communes 1 fr. 50 c.

Cette indemnité tient lieu aux témoins de la taxe déterminée par les articles 27 et 28 du décret du 18 juin 1811. (Voy. l'art. 30 et 96 de ce déc.)

Toutes les fois que le témoin est entendu et qu'il peut recevoir le montant de sa taxe le jour même

indiqué dans la citation, à quelque heure que ce
soit, il n'a droit à aucune indemnité de séjour.

L'éloignement du domicile du témoin ne change
rien à ce principe; car il reçoit des frais de voyage
proportionnés au nombre de myriamètres qu'il a
parcourus.

Cependant, s'il arrive que l'audition du témoin
ne soit terminée que très-tard et après la clôture du
bureau de l'enregistrement, comme il est forcé
d'attendre au lendemain pour recevoir le montant
de sa taxe, il peut être accordé un jour de séjour;
mais il est indispensable d'énoncer cette circonstance dans la taxe.

Ce cas doit au surplus se présenter rarement
parce que, d'après une décision du ministre des
finances, en date du 24 septembre 1808, les taxes
doivent être payées par les receveurs *à tout instant
et tous les jours*, depuis une heure avant le lever et
jusqu'à une heure après le coucher du soleil. (Voy.
l'inst. gén. sur les frais de justice, p. 41 et 101.)

Les officiers de justice doivent énoncer, dans les
mandats qu'ils délivrent au profit des témoins, que
la taxe a été requise. Si cette formalité n'était pas
remplie, la taxe serait rejetée. (Voy. l'art. 36 du
déc. du 18 juin 1811, et l'inst. gén. sur les frais de
justice, p. 47.)

Les taxes doivent toujours être écrites par les
greffiers eux-mêmes ou par leurs commis assermentés; les écritures de ce genre rentrent dans la

classe de celles qui, aux termes de l'article 163 du
réglement, doivent être faites gratuitement par ces
officiers, sous la dictée et l'inspection des magistrats. (Voy. la circ. du 16 juin 1823, et l'inst. gén.
sur les frais de justice, p. 41.)

D'après l'article 29 du décret du 18 juin 1811,
les témoins qui comparaissent en justice dans un
état de maladie ou d'infirmité dûment constaté,
avaient droit au double de la taxe accordée aux
témoins valides; mais cette disposition a été abro-
gée par l'article 1er du décret du 7 avril 1813.

La taxe des indemnités de voyage et de séjour est
double pour les enfans mâles au-dessous de l'âge de
quinze ans, et pour les filles au-dessous de l'âge de
vingt-un ans, lorsqu'ils sont appelés en témoignage
et qu'ils sont accompagnés, dans leur route et séjour, par leur père, mère, tuteur ou curateur, à la
charge par ceux-ci de justifier de leur qualité. (Voy.
l'art. 97 du déc. du 18 juin 1811.)

L'augmentation de taxe accordée aux témoins
pour frais de voyage, par l'article 94 du décret du
18 juin 1811, pendant les mois de novembre, décembre, janvier et février, a été supprimée par l'article 4 du décret du 7 avril 1813.

Il n'est dû aucuns frais de voyage aux gardes
champêtres ou forestiers, tant pour la remise qu'ils
sont tenus de faire de leurs procès-verbaux, conformément aux articles 18 et 20 du code d'instruction criminelle, que pour la conduite des personnes

par eux arrêtées, devant l'autorité compétente.

Mais lorsque ces gardes sont appelés en justice, soit pour être entendus comme témoins lorsqu'ils n'auront point dressé de procès-verbaux, soit pour donner des explications sur les faits contenus dans les procès-verbaux qu'ils auront dressés, ils ont droit aux mêmes taxes que les témoins ordinaires.

Il en est de même des gendarmes.

Toutefois, comme les distances se comptent du chef-lieu du canton, de l'arrondissement ou du département, au chef-lieu de la commune où se fait l'opération, il ne leur est dû aucune indemnité quand ils ne sortent pas de la commune où ils résident. (Voy. l'art. 3 du déc. du 7 avril 1813, et l'inst. gén. sur les frais de justice, p. 97.)

La loi n'accorde aucune taxe aux militaires en activité de service, lorsqu'ils sont appelés en témoignage; mais ils ont droit à une indemnité pour leur séjour forcé hors de leur garnison ou cantonnement. Cette indemnité est fixée ainsi qu'il suit :

Pour les officiers de tout grade et pour chaque jour de séjour forcé,

A Paris . . . . 3 fr. 00 c.

Dans les villes de 40,000 habitans et au-dessus . . . . 2 fr. 00 c.

Dans les autres villes et communes . 1 fr. 50 c.

Pour les sous-officiers et soldats,

A Paris . . . . 1 fr. 50 c.

Dans les villes de 40,000 habitans et au-dessus . . . . 1 fr. 00 c.

Dans les autres villes et communes   o fr. 75 c.

Le jour de l'arrivée, ni celui du départ ne doivent être compris dans la taxe. (Voy. les art. 31 et 96 du déc. du 18 juin 1811, et l'inst. gén. sur les frais de justice, p. 45.)

En règle générale, tous les témoins qui reçoivent un traitement quelconque à raison d'un service public, n'ont droit qu'au remboursement des frais de voyage, s'il y a lieu et s'ils le requièrent, sur le pied réglé pour les autres témoins. (Voy. l'art. 32, et le chap. 8 du déc. du 18 juin 1811, et les art. 2 et 3 du déc. du 7 avril 1813.)

« On doit entendre par un traitement quelcon-
» que, porte l'instruction générale sur les frais de
» justice, p. 45, tout ce qui est payé, soit sur les
» fonds du trésor royal, soit sur les fonds départe-
» mentaux, municipaux ou communaux, et à quel-
» que titre et sous quelque dénomination que ce
» soit. »

L'administration de l'enregistrement est chargée de faire l'avance de tous les frais de justice crimi-nelle; toutefois avec les distinctions suivantes :

Les frais de justice dans les procès poursuivis à la requête et dans l'intérêt des administrations pu-bliques dépendantes du ministère des finances, ainsi que les frais de procédures instruites pour crimes et délits commis dans les bois des commu-nes, hospices et autres établissemens qui concer-nent l'administration des eaux et forêts, doivent être avancés, pour le compte de ces administrations ou établissemens, par *les préposés* de la régie de l'enregistrement et des domaines, qui, pour s'en faire rembourser le montant, tiennent un compte ouvert avec chacun de ces administrations ou établissemens.

A l'égard des frais de procédures instruites à la requête de l'administration des contributions indirectes, en matière criminelle et correctionnelle, ils doivent être avancés par ses préposés.

Cependant, ces administrations et établissemens publics ne sont point tenus des frais de poursuites dans les affaires qui peuvent donner lieu à des peines afflictives ou infamantes, parce que ces poursuites ont pour objet la répression des crimes qui intéressent essentiellement l'ordre public, quels que soient les intérêts particuliers qui se trouvent lésés. Ainsi les frais de cette nature doivent être avancés pour le compte du ministère de la justice. (Voy. l'art. 1er du déc. du 18 juin 1811 ; les circulaires des 15 juin 1809, 6 octobre 1812, 3 septembre 1822, 3 mai 1825; et l'art. 4 de l'ordonn. royale du 22 mai 1816.)

Ces règles étant établies pour l'ordre de la comptabilité, le juge d'instruction doit toujours s'y conformer dans les différens mandats qu'il délivre au profit des témoins.

CHAPITRE XI.

DES PREUVES PAR ÉCRIT ET DES PIÈCES
DE CONVICTION.

————→⟫⊛⟪←————

SOMMAIRE.

Cas dans lequel il y a lieu de la part du juge d'instruction de procéder à la recherche des preuves par écrit et des pièces de conviction. — Dans quels lieux cette recherche peut être faite. — Les objets saisis doivent être représentés au prévenu quand il est présent. — Le juge d'instruction doit toujours être accompagné du procureur du roi et du greffier du tribunal lorsqu'il se transporte sur les lieux. — Le juge d'instruction est-il obligé de se faire assister du commissaire de police de la commune dans laquelle le crime ou le délit a été commis, ou du maire, ou de l'adjoint du maire, ou de deux citoyens domiciliés dans cette même commune?... — On ne peut se livrer à des perquisitions dans le domicile des citoyens pendant la nuit. — Manière de procéder lorsque les preuves par écrit ou les pièces de conviction se trouvent hors du canton ou hors de l'arrondissement du juge d'instruction. — Délits de la presse.

————

Nous avons vu, en nous occupant du flagrant délit, que lorsque la nature du crime ou du délit est telle que la preuve puisse vraisemblablement être acquise par les papiers ou autres pièces et effets en la possession du prévenu, le juge d'instruction doit se transporter de suite dans le domicile du prévenu pour en faire la recherche; mais le flagrant délit n'est pas le seul cas dans lequel le juge d'instruction soit autorisé par la loi à user de ce moyen. Le code d'instruction criminelle dispose :

Article 87 : « Le juge d'instruction se transportera, s'il en est requis, et pourra même se transporter d'office dans le domicile du prévenu pour y faire la perquisition des papiers, effets et généralement de tous les objets qui seront jugés utiles à la manifestation de la vérité. »

Article 88 : « Le juge d'instruction pourra pareillement se transporter dans les autres lieux où il présumerait qu'on aurait caché les objets dont il est parlé dans l'article précédent. »

Il résulte des dispositions de ces deux articles :

1° Que le transport du juge d'instruction peut être requis par le ministère public, et qu'il peut avoir lieu d'office;

2° Que la recherche des preuves par écrit et des pièces de conviction peut être faite, non-seulement dans le domicile du prévenu, mais dans tout autre lieu où le juge d'instruction présume qu'elles ont été cachées.

M. Carnot, t. 1, p. 375, enseigne que le transport du juge d'instruction dans le domicile du prévenu est forcé toutes les fois qu'il y a réquisition, et il se fonde sur ce que, lorsque l'article 87 parle de réquisition faite, il porte : « le juge d'instruction » *se transportera;* » et que lorsqu'il autorise son transport d'office, il dit simplement : « le juge d'ins- » truction *pourra* se transporter. »

Il nous semble que M. Carnot interprète les dispositions de l'article 87 dans un sens trop absolu. L'on ne peut admettre, en effet, que par ces mots : *se transportera*, le législateur ait voulu rendre le juge d'instruction tellement passif, le lier de telle manière qu'il soit forcé de déférer aveuglément, et, dans tous les cas, à la réquisition qui lui est faite de se transporter dans le domicile du prévenu. Une visite domiciliaire est toujours une mesure rigoureuse, et le système du transport forcé, dès l'instant qu'il y a réquisition, en faisant disparaître la garantie résultant de la part active, raisonnée et indépendante que le magistrat inamovible doit toujours avoir dans les poursuites, pourrait donner naissance à de trop graves abus. Nous pensons donc que dans cette circonstance, comme dans toutes les autres, le juge d'instruction conserve son droit d'examen sur l'opportunité de la mesure requise; mais que cependant l'existence de la réquisition doit exercer une grande influence sur la détermination qu'il est appelé à prendre, et que son refus d'y obtempérer ne peut être basé que sur de graves et puissans motifs.

M. Carnot, t. 1, p. 375, examine la question de

24

savoir si le juge d'instruction est tenu de déférer non-seulement à la réquisition du ministère public, mais aussi à celle de la partie civile et du prévenu.

« Si, dit-il, l'on s'en tient rigoureusement aux
» termes de l'article 87, il suffit qu'il y ait réquisi-
» tion, de quelque part qu'elle vienne, pourvu
» qu'elle procède d'une personne intéressée dans
» l'affaire.

» Si cependant elle était faite par la partie civile
» ou par le prévenu, le juge d'instruction devrait
» commencer par en ordonner la communication
» au procureur du roi.

» Mais s'il paraissait évident au procureur du
» roi et au juge d'instruction que la réquisition
» émanée de la partie civile ou du prévenu ne
» pourrait avoir aucun objet d'utilité réelle, nous
» ne pensons pas que le juge d'instruction fût dans
» la nécessité d'y déférer. »

Nous pensons, avec M. Carnot, que la partie civile et le prévenu, qui sont personnellement intéressés dans les poursuites, ont le droit de réquisition, puisque la loi ne leur l'a pas formellement refusé ; mais nous ferons remarquer qu'alors même que le ministère public se joindrait à la partie civile ou au prévenu, le juge d'instruction conserve encore le droit d'apprécier l'opportunité et l'utilité de la visite demandée.

Si le juge d'instruction n'est pas tenu de déférer aveuglément aux réquisitions qui lui sont faites pour provoquer son transport dans le domicile du prévenu, à plus forte raison doit-il en être ainsi lorsque les réquisitions ont pour objet de le faire transporter dans tout autre lieu. Le respect dû au domicile de citoyens contre lesquels aucune prévention ne plane encore, lui fait un devoir de ne recourir à cette mesure que lorsqu'elle est commandée par une impérieuse nécessité. La loi s'en remet, à cet égard, entièrement à sa sagesse et à sa prudence.

Dans tous les cas, le juge d'instruction doit apporter dans ses recherches tous les ménagemens, tous les égards compatibles avec leur objet.

La forme de la réquisition n'est pas déterminée par la loi ; il suffit qu'elle soit faite par écrit et qu'elle énonce clairement le lieu où les recherches doivent être faites, et les preuves par écrit ou les pièces de conviction qui doivent être recherchées.

Le prévenu devant être présent aux perquisitions lorsqu'il veut y assister, soit par lui-même, soit par un fondé de pouvoir, le procureur du roi doit donner les ordres nécessaires pour qu'il soit amené sur les lieux avec une escorte suffisante pour que son évasion ne soit pas à craindre.

Dans le cours de ses perquisitions, le juge d'instruction doit se saisir des papiers et effets pouvant servir de preuves par écrit ou de pièces de conviction et généralement de tout ce qu'il juge utile à la manifestation de la vérité. (Voy. l'art. 87 du c. d'inst. crim.)

Le juge d'instruction doit fidèlement décrire les objets saisis et constater, avec le plus grand soin, l'état dans lequel ils sont trouvés.

Ainsi, par exemple, s'il saisit un fusil, un pistolet, il doit vérifier et constater s'il a été récemment tiré, s'il est chargé et de quelle nature est la charge; un poignard, s'il est émoussé, teint de sang; des papiers, quel est leur état matériel, leur contenu, etc., etc.

Enfin, aucuns détails, aucunes circonstances, pouvant servir à établir le crime et conduire à la découverte ou à la conviction du coupable ne doivent être négligés.

Les objets saisis doivent ensuite être clos et cachetés, si faire se peut, ou, s'ils ne sont pas susceptibles de recevoir des caractères d'écriture, ils doivent être mis dans un vase ou dans un sac, sur lequel le juge d'instruction attache une bande de papier qu'il scelle de son sceau.

Ces différentes opérations doivent être faites en présence du prévenu, s'il a été arrêté; et s'il ne veut ou ne peut y assister, en présence d'un fondé de pouvoir qu'il est autorisé à nommer.

Au fur et à mesure qu'ils sont trouvés et saisis, les objets doivent être représentés au prévenu ou à son fondé de pouvoir pour qu'il les reconnaisse, s'explique sur chacun d'eux et les paraphe, s'il y a lieu; au cas de refus ou d'impossibilité de le faire, le procès-verbal doit en faire mention. (Voy. les art. 35, 36, 37, 38, 39 et 89 du c. d'inst. crim.)

Le juge d'instruction qui peut opérer seul et sans l'assistance du procureur du roi, dans le cas de flagrant délit, doit toujours être accompagné de ce magistrat et du greffier du tribunal lorsqu'il se transporte sur les lieux, dans le cours de l'instruction : les termes de l'article 62 du code d'instruction criminelle sont impératifs à cet égard.

La raison de cette différence dans la manière de procéder est : que dans le cas de flagrant délit, le juge d'instruction peut faire directement et par lui-même tous les actes attribués au procureur du roi, tandis que, hors ce cas exceptionnel, il ne peut se livrer à aucun acte d'instruction et de poursuite sans communication préalable des pièces au procureur du roi. (Voy. les art. 59 et 61 du c. d'inst. crim.)

Si le procureur du roi ou son substitut ne pouvaient accompagner le juge d'instruction, ce magistrat devrait agir comme si l'un d'eux était présent, en ayant soin de constater, dans son procès-verbal, les motifs qui ont empêché l'exécution de l'article 62. (Voy. M. Carnot, t. 1, p. 299.)

Le greffier peut se faire remplacer par un commis-greffier assermenté.

Mais si, par des circonstances que l'on ne peut prévoir, ni le greffier, ni ses commis assermentés, ne pouvaient accompagner le juge d'instruction, dans ce cas, la loi autorise ce magistrat à les remplacer par tout citoyen français, âgé de vingt-cinq ans au moins. L'individu ainsi désigné doit préalablement prêter, entre les mains du juge d'instruction, le serment de bien et fidèlement remplir les fonctions qui lui sont confiées, et le procès-verbal doit faire mention des causes qui ont nécessité cette mesure.

L'article 42 du code d'instruction criminelle qui prescrit au procureur du roi et au juge d'instruction lorsqu'ils procèdent directement, en cas de flagrant délit, de se faire assister du commissaire de police de la commune dans laquelle le crime ou le délit a été commis, ou du maire, ou de l'adjoint du maire, ou de deux citoyens domiciliés dans la même commune, avait fait douter si cette formalité ne devait pas être observée dans les cas ordinaires et lorsque, dans le cours de l'instruction, le juge instructeur procède avec l'assistance du procureur du roi; mais il est constant, aujourd'hui, que cette formalité n'est ni nécessaire, ni commandée par la loi. Nous avons déjà fait remarquer, au chapitre *Du Flagrant Délit*, section III, que l'assistance d'un fonctionnaire ou de deux citoyens du lieu où le crime a été commis n'est nécessaire que lorsque le procureur du roi ou le juge d'instruction agissent isolément, et que la présence de ces deux magistrats rend cette formalité tout-à-fait superflue, parce que les citoyens et la justice trouvent dans leurs concours une garantie suffisante. Nous ajouterons, à ces considérations, que la loi, en autorisant les visites domiciliaires pour la recherche des preuves par écrit et des pièces de conviction, n'a rendu communes à cette opération que les dispositions du flagrant délit relatives à la saisie et à la conservation des objets dont la perquisition est faite, d'où il faut conclure que toutes les autres y doivent demeurer étrangères. (Voy. art. 89 du c. d'inst. crim.)

Les perquisitions ne peuvent être faites dans le domicile des citoyens pendant la nuit, l'article 76 de la constitution de l'an VIII s'y oppose formellement, ainsi que nous l'avons établi au chapitre *Du Flagrant Délit*, section III. Tel est aussi l'avis de MM. Legraverend, t. 1, p. 247; et Bourguignon, sur l'article 36.

Le temps de nuit pendant lequel il est défendu de pénétrer dans le domicile des citoyens, est réglé ainsi qu'il suit : depuis le premier octobre jusqu'au trente-un mars, avant *six* heures du matin, ni après *six* heures du soir; et depuis le premier avril jusqu'au trente septembre, avant *quatre* heures du matin, ni après *neuf* heures du soir. (Voy. le déc. du 4 août 1816; l'art. 1037 du c. de proc. civ.; l'art. 184 de l'ordonn. du 29 octobre 1820, sur le service de la gendarmerie; un arr. de la cour de cass. du 14 avril 1815; l'art. 235 de la loi du 28 avril 1816, qui établit une exception pour la visite des brasseries, des distilleries et des débits de boissons.)

Si les perquisitions ont été commencées pendant

le jour, nul doute qu'elles peuvent être continuées pendant la nuit.

Mais lorsque le juge d'instruction n'est informé de l'existence de pièces de conviction, dans le domicile d'un citoyen, qu'après le moment où il pourrait s'en faire ouvrir légalement les portes, il doit se borner à faire cerner et surveiller la maison pendant la nuit, sauf à se présenter lui-même au point du jour pour procéder à la recherche et à la saisie desdites pièces.

Si les preuves par écrit et les pièces de conviction se trouvent ou sont présumées se trouver hors du canton du juge d'instruction, mais dans son arrondissement, la loi lui impose-t-elle l'obligation de se transporter sur les lieux? M. Carnot, t. 1, p. 374, s'exprime ainsi sur cette question :

« Le juge d'instruction doit se transporter personnellement sur le lieu, lorsqu'il est situé dans » son arrondissement.

» Il ne pourrait commettre un autre officier de » police judiciaire pour le suppléer dans cette partie de ses fonctions, ainsi qu'il est autorisé à le » faire lorsqu'il s'agit d'une simple audition de témoins. Cela résulte de la combinaison des articles » 87, 88, 89 et 90, et principalement de ce que » l'article 89, en renvoyant à divers articles pour » son exécution, ne renvoie pas à l'article 52, relatif aux délégations. »

Nous pensons que M. Carnot donne aux articles

87, 88, 89 et 90 du code d'instruction criminelle, un sens trop absolu et trop exclusif. La loi, il est vrai, n'autorise pas, en termes exprès, le juge d'instruction lorsque les preuves par écrit ou les pièces de conviction se trouvent hors de son canton et dans son arrondissement, à déléguer le juge de paix des lieux pour les rechercher; mais elle ne lui refuse pas formellement cette faculté, et, en l'absence d'une disposition précise, il faut s'en référer à l'ensemble des dispositions du code sur l'instruction préliminaire et reconnaître que, dans cette circonstance, le juge d'instruction a le même droit que dans le cas de flagrant délit, puisque d'ailleurs l'exercice de ce droit, loin de présenter des inconvéniens, n'offre que des avantages. En effet, des commissions rogatoires données avec sagesse et discernement, économisent les frais de justice, empêchent que les déplacemens trop multipliés et souvent infructueux du juge d'instruction ne nuisent au bien du service, et rendent quelquefois les recherches plus efficaces, parce que la présence du juge de paix éveille moins l'attention du prévenu ou des personnes chez lesquelles il peut avoir déposé les instrumens ou les produits du crime.

Sous un autre rapport, il est démontré par la pratique que, dans la plupart des procédures, l'on ne peut espérer de parvenir à la découverte et à la saisie des preuves par écrit et des pièces de conviction qu'en les faisant rechercher simultanément dans différens lieux; or, si le juge d'instruction pouvait seul procéder à des perquisitions dans son arrondissement, si la faculté de déléguer cette partie de ses fonctions au magistrat des lieux lui était interdite, la justice se trouverait paralysée dans ses recherches et privée d'un moyen puissant d'instruction. Notre opinion, au surplus, est conforme à celle de M. Legraverend, t. 1, p. 246, et à ce qui se pratique dans tous les ressorts.

Si les papiers ou effets dont il y a lieu de faire la perquisition sont hors de l'arrondissement du juge d'instruction, il doit requérir le juge d'instruction du lieu où l'on peut les trouver, de procéder à leur recherche et à leur saisie. (Voy. l'art. 90 du c. d'inst. crim.)

Le juge d'instruction ainsi requis doit se transporter sur les lieux, ou commettre, à cet effet, le juge de paix du canton, comme le juge d'instruction saisi aurait pu le faire, si le transport avait dû s'effectuer dans son arrondissement.

Lorsqu'il s'agit du crime de fabrication ou de distribution de fausse monnaie, de faux papiers nationaux, de faux billets de la banque de France, de celles des départemens, ou de contrefaction du sceau de l'État, le code d'instruction criminelle, article 464, autorise le juge d'instruction à se transporter hors de son arrondissement pour continuer la recherche des pièces de conviction.

Remarquons cependant que le juge d'instruction

ne doit s'éloigner de son ressort que lorsque les circonstances particulières de l'affaire nécessitent impérieusement cette mesure; car un usage trop fréquent de la faculté accordée par l'article 464 dégénèrerait en abus.

Sous l'empire du code des délits et des peines, l'officier de police judiciaire qui voulait procéder à des perquisitions était tenu, avant de pénétrer dans le domicile où il se proposait de les faire, de rendre une ordonnance portant qu'une visite domiciliaire aurait lieu à tel domicile et pour tel objet. Cette formalité n'est plus exigée aujourd'hui. (Voy. les art. 108 et 125 du c. des délits et des peines.)

En matière de délits de la presse, le juge d'instruction, après avoir reçu le réquisitoire du ministère public ou la plainte de la partie plaignante, peut ordonner la saisie des écrits, imprimés, placards, dessins, gravures, peintures, emblèmes ou autres instrumens de publication.

Mais l'ordre de saisir et le procès-verbal de saisie doivent être notifiés, dans les trois jours de ladite saisie, à la personne entre les mains de laquelle la saisie a été faite, à peine de nullité. (Voy. l'art. 7 de la loi du 26 mai 1819.)

CHAPITRE XII.

DES MANDATS.

⸺⸺⸺

OBSERVATIONS PRÉLIMINAIRES.

L'instruction préliminaire ayant pour objet de constater les crimes et délits, et d'en rechercher les auteurs et complices, l'on conçoit aisément combien il eût été difficile d'atteindre ce but, si la loi n'avait pas investi le magistrat chargé de cette importante mission du pouvoir de contraindre les personnes inculpées à se présenter devant lui toutes les fois qu'il le juge convenable, et si elle ne lui avait pas en outre attribué le droit de les placer, dans certains cas, sous la main de la justice.

Le code du 3 brumaire an iv et la loi du 7 pluviôse an ix conféraient aux juges de paix, aux magistrats de sûreté, aux directeurs du jury et aux officiers de gendarmerie, le droit de faire arrêter les personnes prévenues de crimes ou délits.

Aujourd'hui le droit d'arrestation appartient essentiellement au juge d'instruction ou aux magistrats, qui, dans certains cas, en remplissent les fonctions.

Les ordres émanés de l'autorité judiciaire pour

la comparution ou l'arrestation préalable des prévenus, se nomment mandats.

Le code de brumaire ne reconnaissait que trois
espèces de mandats : le mandat d'amener, le mandat de comparution et le mandat d'arrêt.

Le mandat d'amener était l'ordre donné par le
juge de paix à l'effet de faire comparaître devant
lui l'individu contre lequel il existait des preuves
ou des présomptions de délit. (Voy. les art. 56 et 57
du c. de brumaire.)

Le mandat de comparution était l'ordre donné
au prévenu, par le juge de paix, de comparaître à
jour fixe devant le directeur du jury d'accusation
de l'arrondissement dans lequel le délit avait été
commis.

Ce mandat ne devait être employé que lorsque
le délit était de nature à n'être puni que d'une
amende au-dessus de la valeur de trois journées de
travail. (Voy. l'art. 69 du c. de brumaire.)

Le mandat d'arrêt était l'ordre délivré par le juge
de paix pour faire conduire le prévenu en la maison d'arrêt du lieu où siégeait le directeur du jury
d'accusation dans l'arrondissement duquel le délit
avait été commis.

Ce mandat devait être décerné toutes les fois que
le délit était de nature à être puni, soit d'un emprisonnement de plus de trois jours, soit d'une
peine infamante ou afflictive. (Voy. l'art. 70 du c.
de brumaire.)

La loi du 7 pluviôse an ix créa une nouvelle espèce de mandats sous le nom de mandats de dépôt.

Le code d'instruction criminelle distingue quatre sortes de mandats :

Le mandat de comparution,

Le mandat d'amener,

Le mandat de dépôt,

Le mandat d'arrêt.

Nous allons examiner successivement ces différens mandats dans leur forme, dans leurs effets, dans le mode de leur mise à exécution, et nous déterminerons les cas où leur délivrance est facultative ou forcée.

Il ne peut être décerné aucun mandat en matière de simple police.

SECTION I.

DU MANDAT DE COMPARUTION.

SOMMAIRE.

Définition et objet du mandat de comparution. — Circonstances dans lesquelles il peut être décerné.

L'acte par lequel le juge d'instruction ordonne de citer un citoyen à comparaître, à jour et heure fixes, devant lui, pour s'expliquer sur les inculpations qui lui sont faites, se nomme mandat de comparution.

Ce mandat peut être assimilé au *décret d'assigné pour être ouï*, de l'ordonnance de 1670. (Voy. l'art. 2, tit. 10 de cette ordonn.)

Les circonstances dans lesquelles le mandat de comparution peut être employé sont déterminées par l'article 91 du code d'instruction criminelle.

« Lorsque l'inculpé sera domicilié, porte cet ar-
» ticle, et que le fait sera de nature à ne donner
» lieu qu'à une peine correctionnelle, le juge d'ins-
» truction pourra, s'il le juge convenable, ne décer-
» ner contre l'inculpé qu'un mandat de comparu-
» tion, sauf, après l'avoir interrogé, à convertir le
» mandat en tel autre mandat qu'il appartiendra...»

Il résulte, des termes de cet article, que toutes les fois que le domicile de l'inculpé offre une première garantie de sa comparution au jour et à l'heure indiqués, et que d'ailleurs le fait, par son peu de gravité, n'entraîne qu'une peine correctionnelle, le mandat de comparution peut et doit même être décerné ; mais que la réunion de ces deux circonstances est absolument nécessaire.

Ainsi le juge d'instruction ne peut faire usage du mandat de comparution, soit contre le vagabond inculpé d'un délit qui n'est puni que de peines correctionnelles, soit contre le citoyen domicilié, inculpé d'un délit emportant peine afflictive ou infamante. Le motif du législateur est facile à comprendre : d'une part, la difficulté et souvent l'impossibilité de s'assurer plus tard de l'individu qui n'a pas de domicile connu; d'autre part, la gravité de l'inculpation, s'opposent également à ce que l'on emploie, en pareille circonstance, une mesure qui ne place pas au moment même l'inculpé sous la main de la justice.

Dans tous les cas où la loi autorise l'emploi du mandat de comparution, le juge d'instruction conserve la faculté de choisir, à son gré, entre ce mandat et le mandat d'amener; cependant le respect dû à la liberté individuelle lui fait un devoir de se servir de préférence du mandat de comparution, sans acception de personne, et aussi souvent que les moyens de contrainte ne sont pas impérieusement commandés par les circonstances. « La faculté » de choisir, à son gré, entre le mandat de comparution et le mandat d'amener, disait le rapporteur de la commission du corps législatif, n'a pas » pour objet des distinctions relatives aux personnes : elle est dictée par les égards qui sont dus à » l'honneur français, et, sans doute, ce sentiment » de l'honneur a produit d'assez belles actions dans » toutes les classes de citoyens, pour mériter d'être » pris en considération dans le système d'administrer la justice. »

§ II.

Le mandat de comparution doit renfermer :

1° Les nom et prénom du juge d'instruction ;

2° L'ordre aux huissiers ou agens de la force publique de citer la personne inculpée ;

3° Les nom, prénom, profession et demeure de cette personne ;

4° Le jour, l'heure et le lieu de la comparution ;

5° Le mandat doit être daté, signé par le juge d'instruction et muni de son sceau. (Voy. l'art. 95 du c. d'inst. crim.)

La loi n'exige pas d'une manière formelle que les mandats soient datés ; mais cette formalité est la conséquence nécessaire de l'ensemble des dispositions du code d'instruction criminelle relatives aux mandats, et notamment des articles 93, 100, 101 et 110. Au surplus, il est de principe que tous les actes d'une procédure doivent être datés du jour où ils sont faits. (Voy. MM. Carnot, t. 1, p. 403 ; et Legraverend, t. 1, p. 334.)

Le mandat de comparution n'a pas besoin d'être précédé de conclusions du procureur du roi. Le

26

code, nous devons l'avouer, ne le dit nulle part; mais cela résulte de l'article 61, qui autorise le juge d'instruction à décerner le mandat d'amener et même le mandat de dépôt, sans communication préalable de la procédure au procureur du roi, et de l'article 94 qui exige formellement cette communication pour le mandat d'arrêt : en effet, l'on ne peut supposer que le législateur ait voulu entourer le simple mandat de comparution de plus de formalités que les mandats d'amener et de dépôt, et il est évident que si telle avait été sa pensée, il l'aurait clairement exprimée ainsi qu'il l'a fait pour le mandat d'arrêt. Tel est aussi l'avis de MM. Legraverend, t. 1, p. 335; et Carnot, t. 1, p. 296.

Le mandat de comparution peut être notifié par un huissier ou par un agent de la force publique, lequel en fait l'exhibition à l'inculpé et lui en délivre copie. (Voy. l'art. 97 du c. d'inst. crim.) Mais ce mandat n'étant, en quelque sorte, qu'une citation à comparaître, il est plus convenable d'en confier la notification à un huissier.

Le mandat de comparution ne peut donner lieu à aucune mesure coercitive contre l'inculpé; toutefois, s'il refuse d'y obtempérer, cette désobéissance aux ordres de la justice doit être aussitôt réprimée, et, à cet effet, la loi autorise le juge d'instruction à le contraindre à se présenter, en décernant contre lui un mandat d'amener. (Voy. l'art. 91 du c. d'inst. crim.)

Le mandat de comparution emportant citation à l'inculpé de se présenter au jour et à l'heure indiqués, le juge d'instruction doit procéder à son interrogatoire aussitôt qu'il comparaît devant lui. (Voy. art. 93 du c. d'inst. crim.)

Le mandat de comparution n'emporte pas nécessairement après lui le mandat de dépôt ou le mandat d'arrêt; les réponses de l'inculpé, les circonstances particulières de l'affaire, doivent seules indiquer au juge d'instruction les mesures qu'il convient de prendre.

Ainsi, si l'interrogatoire de l'inculpé a fait disparaître les charges qui s'élevaient contre lui, le juge d'instruction doit le renvoyer libre; il s'est justifié.

Si la prévention existe encore, après l'interrogatoire, le juge d'instruction doit, avant de prendre une détermination, examiner de quelle nature est cette prévention et quelle est la force et la gravité des preuves ou des présomptions qui s'élèvent contre l'inculpé.

Si le fait est de nature à n'entraîner qu'une peine correctionnelle, et si l'inculpé est domicilié, le juge instructeur, bien que les charges soient graves et nombreuses, peut le laisser libre, à la charge par lui de se présenter lorsqu'il en sera requis.

Si, au contraire, le fait de la prévention peut donner lieu à des peines afflictives ou infamantes, et, dans tous les cas où l'inculpé n'a pas de domicile connu, le juge d'instruction est obligé de convertir, immédiatement après l'interrogatoire, le mandat de comparution *en tel autre mandat qu'il appartiendra*, ainsi que le prescrit l'article 91 du code d'instruction criminelle. Par ces mots : *en tel autre mandat qu'il appartiendra*, le législateur n'a voulu et n'a pu entendre que le mandat de dépôt ou le mandat d'arrêt; car l'inculpé ayant satisfait au mandat de comparution, le mandat d'amener serait sans objet puisqu'il n'a pour effet que de faire comparaître l'inculpé devant le juge d'instruction pour être interrogé, et que, dans aucun cas, il ne peut le constituer en état d'arrestation. (Voy. l'art. 91 du c. d'inst. crim.)

SECTION II.

DU MANDAT D'AMENER.

§ Ier.

SOMMAIRE.

Définition et objet du mandat d'amener. — Dans quelles circonstances et par quels magistrats peut être décerné ce mandat. — Contre quelles personnes. — Exceptions dans le cas de flagrant délit.

————

L'ordre donné par un officier de police judiciaire aux huissiers ou agens de la force publique d'amener devant lui, pour être interrogée, la personne inculpée d'un délit ou d'un crime, est un mandat d'amener.

Le mandat d'amener a le même objet que le mandat de comparution, celui de faire comparaître l'inculpé devant le magistrat; mais il en diffère en ce qu'il emporte contrainte contre l'inculpé qui refuse d'y obéir. (Voy. l'art. 99 du c. d'inst. crim.)

Le droit de décerner le mandat d'amener est spécialement attribué au juge d'instruction; cependant ce mandat peut encore être décerné :

1° Par le procureur du roi et ses auxiliaires, dans le cas de flagrant délit. (Voy. les art. 40, 49 et 50 du c. d'inst. crim.)

2° En matière de faux incident civil, par le président du tribunal, lorsqu'il résulte de la procédure des indices de faux ou de falsification, et que les auteurs ou complices sont vivans et la poursuite du crime non éteinte par la prescription, d'après les dispositions du code pénal. (Voy. l'art. 239 du c. de proc. civ.)

3° Par les cours et tribunaux, par le président et même par l'officier du ministère public, quand ils trouvent dans la visite d'un procès, même civil, des indices sur un faux et sur la personne qui l'a commis. (Voy. art. 462 du c. d'inst. crim.)

Revenons au juge d'instruction.

L'emploi du mandat d'amener est pour ce magistrat *facultatif* ou *obligé*, selon les circonstances.

Il est *facultatif*, lorsque l'inculpé est domicilié et

que le fait qui lui est imputé ne peut donner lieu qu'à des peines correctionnelles, puisque, dans ce cas, l'article 91 du code d'instruction criminelle laisse au juge d'instruction la faculté de choisir entre le mandat d'amener et le mandat de comparution.

Il est *obligé*, lorsque l'inculpé n'a pas de domicile, ou lorsque le fait de la prévention emporte peine afflictive ou infamante.

« Le juge d'instruction, porte l'article 91, *décer-* » *nera* mandat d'amener contre toute personne, de » quelque qualité qu'elle soit, inculpée d'un délit » emportant peine afflictive ou infamante. »

Cette mesure est extrêmement sage ; car on comprend facilement que le mandat de comparution qui n'entraîne aucune mesure coercitive contre l'inculpé, deviendrait, le plus souvent, dans les affaires graves, tout-à-fait illusoire, en laissant à la personne citée les moyens et le temps nécessaire pour se soustraire, par la fuite, aux poursuites de la justice. Le législateur a voulu prévenir cet inconvénient en prescrivant formellement l'emploi du mandat d'amener.

Toutefois, la cour de cassation a décidé, par un arrêt du 8 novembre 1834, que le juge d'instruction peut ne décerner qu'un mandat de comparution, au lieu d'un mandat d'amener, contre une personne inculpée d'un crime. Voici les motifs de cet arrêt :

« Attendu qu'il résulte, de la combinaison des
» articles 40 et 91 du code d'instruction criminelle,
» que l'appréciation des circonstances dans les-
» quelles le mandat d'amener doit être décerné
» contre la personne inculpée, est abandonné aux
» lumières et à la conscience du juge d'instruc-
» tion.... »

La doctrine de la cour suprême est, nous devons
en convenir, beaucoup plus favorable à la liberté
individuelle que l'interprétation rigoureuse que
nous donnons à l'article 91, et, sous ce rapport, elle
doit être à l'abri de toute critique ; cependant, les
termes de cet article sont tellement précis, tellement impératifs, que nous ne pouvons admettre
qu'en les employant, le législateur ait voulu laisser
au juge d'instruction la faculté de choisir, entre le
mandat d'amener et le mandat de comparution. Le
rapprochement des trois paragraphes qui compo-
sent l'article 91, l'opposition notable qui existe entre
les expressions, la différence des cas qu'ils prévoient, ne peuvent laisser, selon nous, aucun doute
à cet égard.

Nous invoquons, au surplus, à l'appui de notre
opinion celle de MM. Carnot et Legraverend.

« En matière correctionnelle, dit M. Carnot, t. 1,
» p. 384, le juge d'instruction peut se borner à dé-
» cerner un mandat de comparution, lorsque le
» prévenu est domicilié, lors même qu'il aurait son
» domicile hors de l'arrondissement.

» Mais lorsqu'il s'agit de crime emportant peine
» afflictive ou infamante, la même faculté n'est pas
» accordée au juge d'instruction.

» Il doit nécessairement décerner un mandat d'a-
» mener contre le prévenu, sans avoir aucun égard
» à sa qualité de domicilié. »

M. Legraverend, t. 1, p. 326, s'exprime, sur cette
question, de la manière suivante :

« Le prévenu d'un délit correctionnel, qui n'a
» point de domicile fixe, doit nécessairement être
» appelé devant la justice, lorsqu'il y a lieu, en
» vertu d'un mandat d'amener; il en est de même
» du prévenu de crime, quoiqu'il ait un domicile
» connu, et quelle que soit sa qualité; le magis-
» trat, comme on vient de le voir, n'a pas alors la
» la liberté du choix entre les mandats de comparu-
» tion et d'amener. »

Mais que faut-il entendre par ces mots : *toute personne inculpée*, qui se trouvent dans l'article 91 ?...
Quel degré de force et de vérité doit avoir l'inculpation? De quelle nature doivent être les présomptions ou les preuves pour motiver le mandat d'a-
mener? Une simple dénonciation, une plainte isolée, est-elle suffisante pour autoriser cette mesure?
La loi trace à cet égard une règle protectrice de la
liberté des citoyens, de laquelle le juge d'instruction ne doit pas s'écarter.

« La dénonciation seule, porte l'article 40 du
» code d'instruction criminelle, ne constitue pas

» une présomption suffisante pour décerner un
» mandat d'amener contre un individu ayant do-
» micile. »

Par une conséquence qui découle naturellement
de ce principe, la présomption qui naît de la plainte
est encore plus faible, parce que la partie plaignante étant personnellement intéressée à la faire
admettre, son assertion mérite moins de confiance
que celle du dénonciateur.

Pour qu'il y ait lieu à décerner un mandat d'a-
mener contre un individu ayant domicile, il faut
absolument que la dénonciation ou la plainte soit
corroborée par des indices, des présomptions et
un commencement de preuve qui la rendent vrai-
semblable et nécessitent l'interrogatoire de l'inculpé.

Dans le cas contraire, la loi fait un devoir au
magistrat de s'abstenir jusqu'à ce qu'il en ait recueilli de plus graves, dans la crainte que, par trop
de précipitation, il ne devint quelquefois l'instru-
ment de la haine et des passions, et ne portât le trouble au sein des familles en privant momentanément
de sa liberté un citoyen paisible et innocent. (Voy.
MM. Bourguignon, sur l'article 91; Legraverend,
t. 1, p. 326 et 327; Carnot, t. 1, p. 248.)

La dénonciation ou la plainte peuvent être suffisantes pour motiver la délivrance d'un mandat
d'amener contre un inconnu ou un vagabond.

Les règles ci-dessus sont applicables, soit dans

27

le cas de flagrant délit, soit dans le cours de l'instruction.

La qualité de la personne inculpée d'un délit emportant peine afflictive ou infamante, le rang qu'elle
occupe dans la société, ne sont pas des motifs suffisans pour dispenser le juge d'instruction de décerner le mandat d'amener, lorsque l'inculpation lui
paraît d'ailleurs justifiée, et l'article 91 du code
d'instruction criminelle, proclame, à cet égard, le
grand principe d'égalité devant la loi. C'est dans les
cas de ce genre que le magistrat instructeur, com-
prenant toute l'importance de sa haute mission,
doit agir avec fermeté et indépendance. Ministre
de la loi, il doit être impassible comme elle !

Toutefois, l'article 91 reçoit exception en faveur
des dignitaires, fonctionnaires de l'ordre adminis-
tratif ou judiciaire, agens du gouvernement, etc.,
que la charte ou des lois particulières couvrent
d'une garantie spéciale, quand il n'y a pas flagrant
délit. (Voy., à cet égard, les art. 29 et 44 de la charte
constit.;

L'art. 61 de la loi du 15 décembre 1789; l'art. 13,
tit. 2 de la loi du 24 août 1790;

L'art. 3, chap. 5, de la constit. des 3 et 14 septembre 1791;

L'art. 9, tit. 3, chap. 4, sect. 3, de la loi du 5 septembre 1791;

La loi du 1er vendémiaire an IV;

La constit. du 22 frimaire an VIII, art. 47, 70,
74, 75, 85, etc.;

La loi du 27 ventôse an VIII, art. 80 et suiv. ;

Le sénatus-consulte du 28 floréal an XII;

Les art. 479, 480, 481, 482, 483 et suiv. du c. d'inst. crim.;

Les art. 127, 128 et suiv. du c. pén.;

L'art. 10 de la loi du 20 avril 1810 ;

Modifications apportées à l'art. 75 de la constit. du 22 frimaire an VIII;

Voy. trois arrêtés du 9 pluviôse an VIII, relatifs aux agens de l'administration de l'enregistrement et des domaines, aux agens de la loterie nationale, aux agens de l'administration des postes;

L'arrêté du 16 floréal an X, relatif aux percepteurs des contributions directes ;

L'arrêté du 28 pluviôse an XII, relatif aux agens de l'administration des forêts, et les art. 7 et 39 de l'ordonn. d'exécution du c. forest.;

L'arrêté du 18 thermidor an XI, concernant l'administration des monnaies ;

L'arrêté du 29 thermidor an XI, relatif aux préposés des douanes, et l'art. 55, tit. 5, de la loi des douanes du 28 avril 1816;

Le décr. du 28 messidor an XIII, relatif aux préposés de la régie des droits réunis, et l'article 244 de la loi du 28 avril 1816 ;

Le décr. du 29 février 1806, relatif aux préposés des poudres et salpêtres;

Les décr. des 11 juin et 9 août 1806, qui déterminent la manière dont l'art. 75 de la constit. de l'an VIII doit être exécuté;

Le décr. du 17 mai 1809, relatif aux préposés de l'octroi;

Voy., enfin, MM. Carnot. t. 1, p. 385 et suiv.; Legraverend, t. 1, p. 504 et suiv.; Bourguignon, sur l'art. 91; Dalloz, au mot *fonctionnaire*.)

L'état actuel de la législation sur ce point, présente de graves inconvéniens. Il est, en effet, démontré par la pratique que les longueurs, suite inévitable de l'autorisation qu'il faut obtenir pour diriger des poursuites contre certains fonctionnaires ou agens du gouvernement, entravent toujours le cours de la justice, et que, lorsque le refus d'autorisation vient paralyser son action, ce qui malheureusement arrive trop souvent, elle reste quelquefois impuissante et désarmée en présence d'un coupable. Il est à désirer que la loi sur *la responsabilité des ministres et des autres agens du pouvoir*, promise par la charte, vienne nous faire bientôt jouir des améliorations réclamées si unanimement et depuis si long-temps.

Le juge d'instruction peut enfin donner des mandats d'amener contre les témoins qui refusent de comparaître sur la citation à eux donnée, conformément à l'article 80 du code d'instruction criminelle, et sans préjudice de l'amende portée en cet article. (Voy. l'art. 92 du c. d'inst. crim.; et le chap. *De l'Audition des témoins*, sect. VI.) Cette disposition n'est pas applicable aux témoins militaires. (Voy. la loi du 18 prairial an II; et M. Carnot, t. 1, p. 394 et suiv.)

Tout dépositaire de la force publique, et même tout citoyen, est tenu de saisir le prévenu surpris en flagrant délit, ou poursuivi, soit par la clameur publique, soit dans les cas assimilés au flagrant délit, et de le conduire devant le procureur du roi, sans qu'il soit besoin de mandat d'amener, si le crime ou délit emporte peine afflictive ou infamante. (Voy. l'art. 106 du c. d'inst. crim.)

Mais pour pouvoir attenter ainsi à la liberté d'un citoyen sans observer les formes ordinaires, suffit-il qu'il soit prévenu d'un simple délit flagrant?.....

Nous ne le pensons pas, bien que le législateur ait employé le mot *délit* dans l'article 106, car l'ensemble de cet article indique suffisamment que le mot délit n'y a été inséré que comme l'équivalent du mot crime, et qu'il faut nécessairement que le fait de la prévention emporte peine afflictive ou infamante. Notre opinion au surplus est conforme à celle de MM. Bourguignon, Carnot et Legraverend.

« Pour qu'un prévenu, dit M. Bourguignon, sur
» l'article 106, puisse être saisi et conduit devant le
» procureur du roi, sans aucun mandat, par un
» agent de la force publique, ou toute autre per-
» sonne, il faut :

» 1° Que ce prévenu soit surpris en flagrant délit,
» ou poursuivi, soit par la clameur publique, soit
» dans les cas assimilés au flagrant délit;

» 2° Que le crime ou délit emporte peine afflic-
» tive ou infamante.

» Si ces deux circonstances ne se trouvent pas
» réunies, la personne qui saisirait sans mandat un
» citoyen, se rendrait coupable d'une arrestation
» arbitraire et répréhensible. »

M. Carnot, t. 1, p. 428 et 429, après avoir rappelé
l'opinion de M. Bourguignon, qu'il adopte entièrement, ajoute : « En donnant à la force publique et
» aux particuliers le droit d'arrestation, lorsqu'il y
» a flagrant délit, sans qu'il soit besoin de mandat
» préalable, l'article 106 décide suffisamment qu'ils
» n'ont pas ce droit, hors le cas de flagrant délit; et
» en effet toute arrestation qui se ferait dans un
» autre cas serait arbitraire, si elle ne l'était pas en
» exécution du mandat régulier, d'une ordonnance
» de prise de corps ou d'un jugement.

» Le 30 mai 1823, continue le savant magistrat,
» dans ses *Observations additionnelles*, p. 430, la
» cour de cassation rendit un arrêt de doctrine
» sur la manière d'entendre et d'appliquer l'article
» 106 du code d'instruction criminelle; en voici
» les considérans :

» Attendu que ledit article a dérogé, pour les cas
» qu'il a prévus, aux lois des 10 juillet et 3 août
» 1791, d'après lesquelles la force armée ne peut
» *jamais* agir *dans l'intérieur* que sur une réquisi-
» tion *écrite* de l'autorité civile; que cet article a
» établi une réquisition *légale* et *permanente*, qui
» dispense de la réquisition écrite des magistrats
» civils, dans les circonstances urgentes qui n'ont

» pas été prévues et qu'il détermine; que, d'après
» ces dispositions, tous dépositaires de la force
» publique, quoique non *requis* par un officier
» civil, sont tenus d'agir et de prêter main-forte
» dans le cas d'un délit flagrant, soit que les faits
» de ce délit emportent peine afflictive ou infa-
» mante, soit que les faits de ce délit ne soient
» passibles que de peines *correctionnelles;* qu'ils
» doivent aussi déployer la même action dans les
» cas que la loi a assimilés au délit actuellement
» flagrant, mais seulement alors si les faits du délit
» sont de nature à être punis de peines afflictives
» ou infamantes. »

M. Carnot, après avoir rapporté cet arrêt, fait
les réflexions suivantes que nous trouvons extrêmement justes : « L'application de l'article 106,
» dans le sens de l'arrêt dont nous venons de rap-
» porter les considérans, peut sans doute produire
» de bons effets; mais comment ne pas voir aussi
» que cette application peut conduire à de fâcheux
» résultats?..... L'arrêt n'a-t-il pas d'ailleurs été
» trop loin en assimilant *les simples délits* aux *cri-*
» *mes*, lorsque l'article 106 n'a disposé que pour
» le cas où le crime ou le délit emporte peine af-
» flictive ou infamante?..... »

Enfin, M. Legraverend, t. 1, p. 190, s'exprime,
sur cette question, en ces termes : « Tout déposi-
» taire de la force publique, et même toute per-
» sonne, est tenu de saisir le prévenu surpris en

» flagrant délit ou dans les cas assimilés au flagrant
» délit, ou poursuivi par la clameur publique,
» et de le conduire devant le procureur du roi,
» sans qu'il soit besoin de mandat d'amener, *si le*
» *crime ou le délit emporte peine afflictive ou infa-*
» *mante* ..... etc. »

Nous ne pouvons nous dissimuler que l'article
106, avec l'interprétation qui lui est donnée par
MM. Bourguignon, Carnot et Legraverend, peut,
dans son exécution, donner naissance à de graves
difficultés; mais il nous semble que ces difficultés
disparaissent devant les règles pleines de sagesse
que M. Legraverend, t. 1, p. 191, trace à cet égard:

« On sent, dit cet auteur, que le législateur en
» faisant, dans le cas de flagrant délit, une excep-
» tion aux règles qui doivent ordinairement être
» suivies pour l'arrestation des citoyens, a voulu
» prévenir l'abus qu'on pourrait faire de cette
» exception, en la restreignant dans des limites étroi-
» tes, et qu'il a voulu concilier, autant que possi-
» ble, les moyens que réclame la raison pour pro-
» téger la sûreté et la tranquillité publiques, avec
» les principes sacrés de la liberté individuelle.
» Cette sage circonspection du législateur peut
» toutefois laisser les fonctionnaires et les citoyens
» dans un état pénible d'incertitude relativement à
» leurs droits et à leurs devoirs; il est, en effet,
» assez difficile de distinguer, dans le premier ins-
» tant où se commet un fait punissable, si ce fait à

» les caractères d'un crime, ou seulement ceux d'un
» délit, et de s'assurer tout d'abord s'il emporte
» peine afflictive ou infamante : ce sont cependant
» ces caractères seuls du fait qui peuvent conférer
» aux magistrats des pouvoirs extraordinaires; ce
» sont ces caractères qui peuvent autoriser les dé-
» positaires de la force publique et les simples
» citoyens à arrêter les prévenus sans mandat de
» justice, dans les cas de flagrant délit.

   » Dans le doute, il faut adopter le parti le plus
» favorable à la liberté des citoyens; on est sûr de
» se diriger d'après les termes et l'esprit de la loi,
» qui n'a pas voulu que, pour des contraventions
» ou des délits peu importans, on pût à chaque ins-
» tant être arrêté par le premier venu..... »

   Tenons donc pour certain que pour qu'un citoyen
puisse être arrêté légalement, sans mandat de justice, il faut nécessairement:

   1° Qu'il y ait flagrant délit, ou cas assimilé au
flagrant délit, ou clameur publique;

   2° Que le fait de la prévention emporte peine
afflictive ou infamante.

   Et que lorsqu'il y a doute sur la nature de la
peine que le fait de la prévention doit entraîner, il
faut adopter, comme l'enseigne M. Legraverend, le
parti le plus favorable à la liberté des citoyens.

§ II.

Le mandat d'amener doit renfermer :

1° Les nom, prénoms et qualité de l'officier de
police judiciaire qui le décerne;

2° L'ordre aux huissiers ou agens de la force
publique d'amener l'inculpé devant lui pour être
interrogé;

3° Les nom, prénoms, profession et demeure de
l'inculpé;

4° La réquisition à la force publique de prêter
main-forte pour son exécution;

5° Ce mandat doit être daté, signé par l'officier
de police judiciaire et muni de son sceau. (Voy.
l'art. 95 du c. d'inst. crim.)

Le mandat d'amener peut être décerné par le

juge d'instruction sans avoir pris les conclusions du procureur du roi. (Voy. l'art. 61 du c. d'inst. crim.)

Il n'est pas nécessaire que ce mandat énonce le fait à raison duquel il est décerné. Cette énonciation n'est exigée que pour le mandat d'arrêt. (Voy. l'art. 96 du c. d'inst. crim.)

Le mandat d'amener doit être notifié par un huissier ou par un agent de la force publique, qui en fait l'exhibition à l'inculpé, lui en délivre copie et lui demande s'il veut y obéir. Si l'inculpé répond affirmativement, il doit être immédiatement conduit devant le magistrat qui a décerné le mandat. Dans le cas contraire, et si l'inculpé refuse d'obéir ou tente de s'évader, l'huissier ou l'agent de la force publique porteur du mandat, doit le contraindre, et, à cet effet, la loi l'autorise à employer, au besoin, la force publique du lieu le plus voisin qui est tenue de marcher sur la réquisition contenue au mandat. (Voy. les art. 97 et 99 du c. d'inst. crim.)

Nous ferons cependant remarquer que la notification des mandats d'amener doit être confiée aux gendarmes de préférence aux huissiers, parce que, d'une part, il y a économie dans les frais, et que, d'autre part, les huissiers étant presque toujours obligés de requérir la force publique, il en résulte quelquefois des lenteurs dans l'exécution des mandats.

Les huissiers ou agens de la force publique doivent toujours agir avec modération et humanité

dans l'exécution forcée des mandats d'amener, et
nous croyons qu'il est utile de rappeler ici les dispositions sages et protectrices de la loi d'instruction du 29 septembre 1791.

« Les mandats d'amener, dit cette loi, doivent
» être portés, soit par les huissiers attachés au tri-
» bunal de paix, soit par les cavaliers de la gen-
» darmerie nationale.

» Le porteur d'un ordre semblable ne doit jamais
» oublier que c'est à des hommes libres qu'il no-
» tifie une évocation légale, et que toute insulte,
» tout mauvais traitement volontaire, sont des cri-
» mes de la part de celui qui agit au nom de la loi.

» Ainsi le porteur de mandat demandera d'abord
» au prévenu s'il entend y obéir; et dans le cas où
» le prévenu consentira et se mettra en devoir d'o-
» béir, le porteur n'aura qu'à l'accompagner et à le
» protéger jusqu'à ce qu'il se soit rendu devant
» l'officier de police.

» Ceux qui refuseraient d'obéir à l'évocation con-
» tenue dans le mandat d'amener, doivent, sans
» doute, être contraints par la force à y obtem-
» pérer; car il est impossible, dans un état bien
» ordonné, que l'obéissance ne demeure à la loi,
» et que la résistance d'un seul ne soit pas vaincue
» par la force publique; mais l'emploi même de
» cette force doit être sagement modéré; elle doit
» contraindre l'individu, mais non pas l'accabler.....

» Ce mandat peut être présenté à un citoyen dans

» sa maison; et s'il en défendait l'entrée, le porteur
» du mandat pourra requérir la force publique
» pour s'y introduire et notifier le mandat au pré-
» venu, même pour l'amener devant l'officier de
» police, s'il était refusant de s'y rendre volontai-
» rement. »

Bien que le mandat d'amener ait pour effet de
contraindre l'inculpé à se présenter devant l'officier
de police judiciaire qui l'a décerné, toutefois aucune disposition législative n'autorise l'huissier ou
l'agent de la force publique qui est chargé de son
exécution à se livrer à des perquisitions dans le
domicile de l'inculpé pour le découvrir quand il ne
s'offre pas à lui volontairement, et, dans ce cas,
il doit se borner à faire viser l'original de l'acte de
notification par le maire, ou par l'adjoint, ou par
le commissaire de police de la commune de la résidence de l'inculpé. (Voy. l'art. 105 du c. d'inst.
crim.; MM. Legraverend, t. 1, p. 339, et Carnot,
t. 1, p. 426.) Cette formalité a été prescrite pour
qu'il fût constaté d'une manière positive que le
porteur du mandat d'amener s'est réellement transporté au domicile de l'inculpé pour le mettre à
exécution, et qu'il n'a pu le faire.

Le mandat d'amener n'étant, à proprement parler, qu'une simple citation à comparaître, nous
estimons, avec M. Carnot, t. 1, p. 427, que lorsque
le domicile de l'inculpé n'est pas connu, le porteur
d'un semblable mandat doit, pour que la notifica-

tion qu'il est chargé de faire soit régulière, suivre ce qui est prescrit par l'article 69 du code de procédure civile, n° 8; c'est-à-dire que la copie de l'exploit de notification doit être par lui affichée à la principale porte de l'auditoire du tribunal saisi.

L'article 69 du code de procédure civile exige encore qu'une seconde copie de l'exploit de citation soit laissée au procureur du roi qui est tenu de viser l'original; mais, dans le cas qui nous occupe, cette formalité devient tout-à-fait inutile, puisque c'est à la requête du procureur du roi que la notification du mandat est faite.

Le mode de procéder enseigné par M. Carnot, quoique plus régulier, n'est ni indiqué dans les instructions, ni employé dans la pratique, et, lorsque l'inculpé ne peut être saisi et n'a pas de domicile connu, les huissiers ou agens de la force publique se bornent à dresser un procès-verbal constatant les causes qui les ont empêchés de notifier le mandat.

La contrainte que le mandat d'amener emporte à l'égard de l'inculpé ne doit pas être exercée, dans tous les cas, de la même manière :

« Néanmoins, porte l'article 100 du code d'ins-
» truction criminelle, lorsqu'après plus de deux
» jours depuis la date du mandat d'amener, le pré-
» venu aura été trouvé hors de l'arrondissement de
» l'officier qui a délivré ce mandat, et à une dis-
» tance de plus de cinq myriamètres du domicile de

» cet officier, ce prévenu pourra n'être pas con-
» traint de se rendre au mandat; mais alors le pro-
» cureur du roi de l'arrondissement où il aura été
» trouvé, et devant lequel il sera conduit, décer-
» nera un mandat de dépôt, en vertu duquel il sera
» retenu dans la maison d'arrêt. »

Les dispositions exceptionnelles de cet article,
qui ne font que rappeler celles de l'article 74 du
code de brumaire an IV, sont toutes favorables au
prévenu, et c'est dans ce sens qu'elles doivent être
exécutées, c'est-à-dire que le mode de contrainte
dépend de sa volonté. (Voy. M. Carnot, t. 1, p. 416
et 417.) En effet, d'une part, il eût été trop rigoureux, dans certaines circonstances, de contraindre,
sur de simples présomptions, un citoyen à faire un
long et pénible trajet pour obéir au mandat; et
d'autre part, il peut souvent importer au prévenu
de ne pas être en état d'arrestation provisoire dans
le lieu où il est trouvé, et de comparaître le plus
promptement possible devant le juge d'instruction
qui a décerné le mandat.

Mais pour que l'individu frappé d'un mandat d'a-
mener puisse invoquer le bénéfice de l'article 100,
il faut nécessairement la réunion des trois circonstances suivantes :

1° Que le mandat d'amener ait plus de deux jours
de date;

2° Que le prévenu soit trouvé hors de l'arrondissement de l'officier qui l'a délivré;

3º Qu'il y ait une distance de plus de cinq myriamètres du domicile de cet officier au lieu où le
prévenu a été trouvé.

En l'absence de l'une de ces trois circonstances,
le mandat d'amener doit recevoir sa pleine et entière exécution.

Il en est de même, bien que les trois circonstances se trouvent réunies, si le prévenu a été trouvé
muni d'effets de papiers ou d'instrumens qui font
présumer qu'il est auteur ou complice du délit
pour raison duquel il est recherché (Voy. le 2ᵉ § de
l'art. 100.), parce que la possession de ces objets le
place dans un état qui peut être assimilé à celui de
flagrant délit. (Voy. l'art. 41 du c. d'inst. crim.)

Le procureur du roi qui est appelé à décerner un
mandat de dépôt contre le prévenu, dans le cas
prévu par l'article 100 du code d'instruction criminelle, doit, dans les vingt-quatre heures qui suivent
l'exécution de ce mandat, en donner avis à l'officier
qui a décerné le mandat d'amener, et lui transmettre les procès-verbaux, s'il en a été dressé. (Voy.
l'art. 101 du c. d'inst. crim.) Ce délai n'est pas de
rigueur, mais la négligence du procureur du roi,
en semblable circonstance, serait un véritable attentat porté à la liberté individuelle, et c'est ce que
le législateur a voulu prévenir en déterminant un
délai.

« L'officier qui a délivré le mandat d'amener,
» porte l'article 102 du code d'instruction crimi-

» nelle, et auquel les pièces sont ainsi transmises,
» communiquera le tout, dans un pareil délai, au
» juge d'instruction près duquel il exerce; ce juge
» se conformera aux dispositions de l'article 90. »

La rédaction de cet article divise les auteurs.

« Il paraît, dit M. Bourguignon, que c'est par une
» faute d'impression que l'on a relaté, dans cet
» article de l'édition officielle, l'article 90 au lieu
» de l'article 60; il ne faut, en effet, qu'un peu d'at-
» tention pour se convaincre que l'article 90 ne
» doit être exécuté que lorsqu'il y a lieu de faire
» une perquisition hors de l'arrondissement, et non
» dans le cas de l'article 102, puisqu'il n'y est point
» question de perquisitions à faire. »

M. Legraverend, t. 1, p. 337, note 1re, combat
l'opinion de M. Bourguignon en ces termes:

« M. Bourguignon veut qu'on substitue, dans le
» renvoi indiqué par l'article 102, l'article 60 à
» l'article 90; mais cette opinion ne me paraît pas
» fondée. L'article 102 est la suite, la conséquence
» de l'article 101 : le prévenu reste en état de dé-
» pôt dans le lieu où il est trouvé, et il est bien
» clair, à mon avis, que le législateur, supposant
» qu'il peut y avoir alors des perquisitions à faire
» hors de l'arrondissement de l'officier qui a décer-
» né le mandat d'amener, a dû renvoyer à l'arti-
» cle 90; l'article 103 le prouve de plus en plus. »

M. Carnot, comme M. Legraverend, combat l'o-
pinion de M. Bourguignon, mais par des motifs

29

différens et que nous croyons devoir rappeler :

« L'auteur du *Manuel d'instruction criminelle*,
» dit M. Carnot, t. 1, p. 422, pense qu'il y a faute
» d'impression dans l'article 102 en ce qu'il ren-
» voie à l'article 90 au lieu de renvoyer à l'article
» 60, attendu que l'article 90 ne peut être appliqué
» qu'au cas où il y a perquisition à faire hors de
» l'arrondissement, et que dans l'espèce de l'ar-
» ticle 102 il ne s'agit pas de perquisitions.

» Mais l'auteur cité n'a pas remarqué que l'article
» 60 n'est relatif qu'au cas du flagrant délit : cepen-
» dant il est vrai de dire qu'il peut s'appliquer à
» l'article 102, en ce qu'il a ordonné de faire au
» juge d'instruction l'envoi de la procédure, et
» qu'il autorise celui-ci à refaire les actes qui lui
» paraissent incomplets; mais la chose était de
» droit, et le renvoi à l'article 60 devenait par con-
» séquent inutile.

» Nous ne voyons pas trop non plus, à la vérité,
» à quoi peut aboutir le renvoi fait à l'article 90,
» si ce n'est pour avertir le juge d'instruction saisi
» que, quoique le prévenu contre lequel il a dé-
» cerné mandat soit en arrestation dans un ar-
» rondissement étranger, cela ne lui donne aucun
» droit de poursuite dans cet arrondissement, et
» qu'il doit en user alors de la même manière que
» dans les cas ordinaires. »

Le même auteur ajoute dans ses *Observations
additionnelles* :

« Il eût été à désirer que les articles 102 et 103
» du code d'instruction criminelle eussent été ré-
» digés avec plus de soin, qu'ils eussent été mis
» plus en harmonie avec les autres articles du code,
» ce qui serait arrivé si le projet du code avait été
» converti en loi, tel qu'il avait été présenté ; mais
» il y fut fait des changemens qui en auraient né-
» cessité dans la rédaction des articles 102 et 103 ;
» et ces changemens furent négligés, ce qui ne peut
» dispenser de les combiner avec ceux qui les pré-
» cèdent, de manière à les appliquer dans leur vé-
» ritable sens. »

M. Dalloz, t. 9, 2ᵉ partie, p. 504, partage l'avis de
MM. Legraverend et Carnot, et pense que l'économie de la loi s'explique naturellement sans la substitution proposée par M. Bourguignon.

Quant à nous, nous pensons que ce n'est point par
erreur que l'article 102 renvoie à l'article 90, parce
que la présence du prévenu dans l'arrondissement
où il a été saisi et où il reste en dépôt, peut faire présumer qu'il y a transporté et caché des effets, papiers
ou autres pièces de conviction, et par suite rendre
des perquisitions nécessaires ; mais nous croyons
qu'il eût été convenable que l'article 102 renvoyât
aussi à l'article 60. En effet l'article 102 suppose évidemment que le mandat d'amener a été délivré par le
procureur du roi ou l'un de ses auxiliaires, dans les
cas prévus par les articles 40, 46, 49 et 50 ; que le
prévenu a été placé sous mandat de dépôt, dans le

cas du premier paragraphe de l'article 100; enfin, que le procureur du roi qui a décerné le mandat de dépôt s'est conformé à l'article 101. Or, dans quelle position se trouve placé le juge d'instruction en recevant les pièces qui lui sont transmises en exécution de l'article 102?... Quelles sont ses attributions?... A-t-il seulement le droit, en vertu de l'article 90, de commettre le juge d'instruction de l'arrondissement dans lequel le prévenu a été trouvé pour procéder à des perquisitions?... On ne peut sérieusement le soutenir puisque, ainsi que nous l'avons fait observer, l'article 102 dispose pour le cas où le mandat d'amener a été décerné par le procureur du roi ou l'un de ses auxiliaires, dans le cas de flagrant délit ou de réquisition de la part d'un chef de maison, et que le juge d'instruction qui reçoit les pièces lorsque le flagrant délit a été déjà constaté, peut, aux termes de l'article 60, refaire les actes ou ceux des actes qui ne lui paraissent pas complets. L'existence de ce droit étant incontestable toutes les fois que le flagrant délit a été constaté par un autre que par le juge d'instruction et que les pièces lui sont transmises par le procureur du roi, l'article 102, qui dispose dans la prévoyance d'un cas semblable, devait donc renvoyer aussi à l'article 60.

La rédaction de l'article 102 n'offre pas les mêmes difficultés lorsque le mandat d'amener a été décerné par le juge d'instruction, parce qu'alors ce

magistrat, se trouvant déjà saisi de la procédure ›
le renvoi à l'article 90 est rationnel et s'explique
naturellement.

Les auteurs sont également divisés sur la rédaction de l'article 103 du code d'instruction criminelle.

« Le juge d'instruction, porte cet article, saisi de
» l'affaire directement ou par renvoi, en exécution
» de l'article 90, transmettra, sous cachet, au juge
» d'instruction du lieu où le prévenu a été trouvé,
» les pièces, notes et renseignemens relatifs au dé-
» lit, afin de faire subir interrogatoire à ce pré-
» venu.

» Toutes les pièces seront ensuite également ren-
» voyées, avec l'interrogatoire, au juge saisi de
» l'affaire. »

« Il paraît, dit M. Bourguignon, qu'il s'est glissé,
» dans cet article, la même faute d'impression que
» dans le précédent; la citation de l'article 90 rend,
» en effet, sa disposition inintelligible en ce qu'elle
» suppose entre le juge délégué, conformément à
» l'article 90, et celui du lieu où le prévenu a été
» trouvé, des relations qui ne peuvent exister;
» tandis qu'en substituant le chiffre 60 au chiffre
» 90, tout s'explique naturellement. Il en résulte
» que le juge d'instruction qui est saisi de l'affaire
» directement, suivant l'article 59, ou par renvoi,
» en exécution de l'article 60, doit transmettre,
» sous cachet, les pièces, notes, etc., au juge d'ins-

» truction du lieu où le prévenu a été trouvé, pour
» lui faire subir interrogatoire. »

M. Carnot, t. 1, p. 423, combat en ces termes
l'opinion de M. Bourguignon :

« L'auteur du *Manuel d'instruction criminelle*
» croit encore que c'est par erreur que l'article 103
» a rappelé l'article 90 ; il veut toujours qu'il faille
» substituer l'article 60 à l'article 90.

» Nous connaissons d'autres personnes qui rejet-
» tent cette substitution proposée de l'article 60 à
» l'article 90, mais qui veulent y substituer l'ar-
» ticle 69 ; de sorte que les uns et les autres trou-
» vent déplacé l'article 90 dans la rédaction de l'ar-
» ticle 103.

» Nous persistons à croire, au contraire, que
» l'article 90 était le seul qui pût être cité dans
» l'article 103 : car il n'est pas question ici d'actes
» à refaire, comme il est dit en l'article 60, ni de
» renvoi pour cause d'incompétence, comme en
» l'article 69, mais de déterminer si le juge d'ins-
» truction requis pour faire des recherches doit
» faire passer, par l'intermédiaire du juge d'instruc-
» tion saisi, les pièces, notes et renseignemens re-
» latifs au délit, pour qu'à son tour ce magistrat
» les fasse parvenir au juge d'instruction du lieu où
» le prévenu a été mis en dépôt ; et l'article 103
» veut que le juge d'instruction requis fasse cet
» envoi directement au juge d'instruction du lieu
» où le prévenu a été mis en dépôt ; ce qui nous

» semble très-clairement exprimé dans l'article 103
» combiné avec l'article 90 auquel il renvoie. »

M. Legraverend, t. 1, p. 337, se borne à rappeler, sans commentaire, les dispositions de l'article 103.

Nous n'hésitons pas à adopter pleinement l'avis de M. Bourguignon et à reconnaître qu'il y a erreur dans la rédaction de l'article 103; pour s'en convaincre il suffit d'examiner de quelle manière le juge d'instruction peut être saisi d'une procédure, ce que c'est que la délégation et quels sont ses effets.

Un juge d'instruction ne peut être saisi d'une procédure que de deux manières : directement, lorsqu'en vertu de l'article 59 il a procédé directement dans le cas de flagrant délit; par renvoi, lorsque le délit a déjà été constaté et que les pièces lui sont transmises par le procureur du roi, conformément à l'article 60, ou dans le cas prévu par l'article 69, quand un de ses collègues, qui s'est reconnu incompétent, lui renvoie les pièces.

La délégation est l'exercice du droit conféré au juge d'instruction, saisi de la procédure, de déléguer, dans certains cas et pour des opérations déterminées, une partie de ses fonctions à un juge de paix de son ressort ou à un juge d'instruction d'un autre arrondissement, selon les circonstances; mais le juge d'instruction qui fait usage de ce droit, conserve toujours la direction de la procédure, et aucune disposition du code d'instruction criminelle ne donne à la délégation l'effet de l'en dessaisir au profit du magistrat délégué. C'est donc toujours avec le magistrat qui délègue que celui qui est délégué doit correspondre.

Or, l'article 90 ne disposant que pour le cas où il y a lieu, de la part d'un juge d'instruction saisi d'une procédure, de donner une commission rogatoire à un autre juge d'instruction pour procéder, dans son arrondissement, à la recherche et à la saisie des papiers, effets et généralement de tous les objets qui peuvent servir de preuves par écrit ou de pièces de conviction, il est bien évident que l'énonciation de cet article dans l'article 103, est une erreur, et qu'il doit être remplacé par l'article 60 et même aussi par l'article 69, qui sont les seuls en vertu desquels le juge d'instruction puisse se trouver saisi par renvoi; car, comme le fait très-bien observer M. Bourguignon, l'article 103 suppose entre le juge délégué, conformément à l'article 90, et celui du lieu où le prévenu a été trouvé, des relations qui ne peuvent exister.

Le prévenu qui se présente ou qui est forcément conduit, en vertu d'un mandat d'amener, devant le juge d'instruction, doit être interrogé dans les vingt-quatre heures, au plus tard, et ce magistrat ne pourrait, sans manquer essentiellement à ses devoirs, ajourner l'interrogatoire au-delà de ce délai. (Voy. l'art. 93 du c. d'inst. crim.) Il est même à remarquer que, s'il s'agit de flagrant délit, l'inter-

rogatoire du prévenu doit avoir lieu sur-le-champ.
(Voy. les art. 40 et 59 du c. d'inst. crim.)

Les auteurs sont divisés sur le point de savoir
dans quel état le prévenu doit demeurer depuis la
notification du mandat d'amener jusqu'à son interrogatoire.

M. Legraverend, t. 1, p. 327, pense que l'inculpé
doit être provisoirement déposé dans une prison
ou maison de sûreté.

M. Carnot, t. 1, p. 398, considère au contraire
comme illégal l'ordre que donnerait le juge d'instruction de déposer l'inculpé dans une maison d'arrêt en attendant son interrogatoire, et, selon lui,
ce magistrat pourrait, dans ce cas, être pris à partie, et même être poursuivi comme coupable de
détention arbitraire. Telle est aussi l'opinion de
M. Bérenger, *De la Justice criminelle en France*,
p. 381 : « On ne peut, ajoute ce savant criminaliste,
» sous quelque prétexte que ce soit, conduire en
» prison le prévenu qui est sous le *mandat d'ame-*
» *ner;* cette espèce de mandat donne seulement le
» droit de le garder à vue; c'est un principe qui a
» été consacré depuis la révolution, et que nos lois
» confirment rigoureusement. » M. Bourguignon,
sur l'article 93, professe la même doctrine qui est
combattue par M. Dalloz, t. 9, p. 502, en ces termes :

« Le moyen que propose M. Bourguignon est
» évidemment inapplicable dans les villes popu-

30

» leuses ; la nécessité des choses force à garder les
» prévenus dans un local quelconque, jusqu'au
» moment de leur interrogatoire; lorsque le nom-
» bre des mandats d'amener est très-considérable,
» il est impossible d'agir autrement. Le séjour pro-
» visoire que font les prévenus dans le lieu où ils
» attendent leur interrogatoire n'est pas une arres-
» tation ; c'est à l'autorité administrative qu'il ap-
» partient d'adoucir, autant qu'elle le peut, cette
» contrainte momentanée. »

Appelés à nous prononcer en présence d'opinions aussi respectables et aussi opposées, nous
n'hésitons pas à le faire en faveur de celle de
MM. Carnot, Bérenger et Bourguignon, qui nous
paraît plus conforme à l'état actuel de la législation.
Le mandat d'amener n'est autre chose, en effet,
qu'une citation emportant contrainte contre l'inculpé qui refuse d'y satisfaire, et nullement un
mandat d'arrestation, qui seul peut autoriser le
dépôt et le séjour de l'inculpé dans la maison d'arrêt. Si dans les villes populeuses et lorsque le nombre des mandats d'amener est très-considérable, la
garde à vue des inculpés peut présenter quelques
difficultés, elles ne sont pas insurmontables, et
surtout quand il s'agit d'exécuter la loi et de res-
pecter la liberté individuelle. Nous devons convenir cependant que le mode indiqué par MM. Legraverend et Dalloz est généralement suivi.

Après l'interrogatoire du prévenu, le juge d'instruction peut, selon les circonstances, le renvoyer libre, à la charge de se représenter toutes les fois qu'il en sera requis, ou convertir le mandat d'amener en un mandat de dépôt ou d'arrêt. (Voy. l'art. 91 et suiv. du c. d'inst. crim.; et dans le présent chap., sect. 1, § II.)

SECTION III.

DU MANDAT DE DÉPÔT.

§ Ier.

SOMMAIRE.

Définition et objet du mandat de dépôt. — Par qui ce mandat peut être décerné. — Dans quelle circonstance. — Il n'est pas nécessaire que le mandat de dépôt soit toujours précédé de l'interrogatoire du prévenu et d'un commencement d'information.

Le mandat de dépôt est l'ordre donné par le juge d'instruction de déposer provisoirement dans la maison d'arrêt établie près le tribunal correctionnel de son arrondissement, l'individu prévenu d'un délit ou d'un crime.

Ce mandat fut établi par la loi du 7 pluviôse an IX, et il tient le milieu entre le mandat d'amener et le mandat d'arrêt.

La loi du 7 pluviôse an IX, en introduisant le

mandat de dépôt dans la législation crimin elle, avait créé près de chaque tribunal de première instance des substituts du procureur général, auxquels on donna dans la suite le nom de magistrats de sûreté, et leur avait réservé le droit de décerner cette espèce de mandat lorsqu'il y avait lieu.

Le code d'instruction criminelle revenant aux vrais principes qui s'opposaient à ce qu'un droit semblable demeurât dans les attributions du ministère public, l'a conféré d'une manière générale au juge d'instruction, sauf les exceptions suivantes :

Le procureur du roi est autorisé par la loi à décerner le mandat de dépôt :

1° Lorsqu'il agit directement, en cas de flagrant délit, contre celui ou ceux qui violeraient la défense qu'il aurait faite de sortir de la maison ou de s'éloigner du lieu dans lequel il procède, jusqu'après la clôture de son procès-verbal (Voy. l'art. 34 du c. d'inst. crim.);

2° Contre le prévenu, sous le coup d'un mandat d'amener, lorsqu'il se trouve dans la position prévue par le premier paragraphe de l'article 100 du code d'instruction criminelle.

Le premier président de la cour de cassation, dans le cas de l'article 490 du code d'instruction criminelle; les présidens des cours d'assises et des cours spéciales, dans les cas des articles 330 et 576 du même code; les tribunaux correctionnels, dans les cas de l'article 193 du même code, peuvent aussi décerner le mandat de dépôt.

La loi abandonne aux lumières du juge instructeur le soin d'apprécier les circonstances dans lesquelles il y a lieu de décerner le mandat de dépôt; mais comme toute détention pendant l'instruction de la procédure est une aggravation de peine, ce magistrat ne doit employer cette mesure rigoureuse qu'avec une sage circonspection.

En règle générale, le mandat de dépôt doit être décerné contre tout individu, quelle que soit sa condition et son rang, prévenu d'un fait emportant peine afflictive ou infamante, qui, appelé devant le juge d'instruction, n'a pas détruit les charges qui s'élevaient contre lui et qui avaient motivé la délivrance d'un mandat de comparution ou d'un mandat d'amener.

Le mandat de dépôt peut aussi être employé contre l'individu prévenu d'un délit correctionnel; mais il faut, dans ce cas, que le délit entraîne la peine de l'emprisonnement, et que la détention du prévenu devienne indispensable, soit parce que sa liberté menace la société, soit parce que la justice recherche ses complices, soit parce que cette mesure est nécessaire à la manifestation de la vérité. (Voy. une circulaire du ministre de la justice du 10 février 1819.) En l'absence d'une de ces circonstances, le mandat de dépôt décerné contre un citoyen domicilié serait un acte arbitraire et attentatoire à la liberté individuelle.

Le mandat de dépôt doit être décerné préférablement au mandat d'arrêt, dans tous les cas d'urgence et lorsque l'instruction ne permet pas encore de bien qualifier le délit.

Il résulte, de l'ensemble des dispositions du code relatives aux mandats, que le mandat de dépôt doit toujours être précédé de l'interrogatoire du prévenu et même, le plus souvent, d'un commencement d'information; cette règle néanmoins reçoit exception :

1° Lorsque le juge d'instruction procède dans le cas de flagrant délit et qu'une ou plusieurs des personnes présentes contreviennent à la défense qu'il aurait faite, que qui que ce soit sorte de la maison ou s'éloigne du lieu où il opère, jusqu'après la clôture de son procès-verbal. Ce droit, ainsi que nous venons de le voir, lui est commun avec le procureur du roi (Voy. les art. 34 et 59 du c. d'inst. crim.);

2° Si le témoin auprès duquel le juge d'instruction s'est transporté, dans les cas prévus par les articles 83 et 84 du code d'instruction criminelle, n'était pas dans l'impossibilité par lui alléguée de comparaître sur la citation qui lui avait été donnée (Voy. l'art. 86 du même code);

3° Lorsqu'il survient de nouvelles charges contre le prévenu à l'égard duquel la cour royale a décidé qu'il n'y a pas lieu au renvoi devant une cour d'assises; mais il faut nécessairement que le juge d'instruction qui a recueilli les nouvelles charges soit encore saisi des pièces desquelles elles résultent, et qu'il décerne le mandat de dépôt avant l'envoi qu'il est tenu d'en faire au procureur général. (Voy. les art. 246 et 248 du c. d'inst. crim.)

La loi considère comme charges nouvelles les déclarations des témoins, pièces et procès-verbaux qui, n'ayant pu être soumis à l'examen de la cour royale, sont cependant de nature, soit à fortifier les preuves que la cour aurait trouvées trop faibles, soit à donner aux faits de nouveaux développemens utiles à la manifestation de la vérité. (Voy. l'art. 247 du c. d'inst. crim.)

§ II.

SOMMAIRE.

De la forme du mandat de dépôt. — De ses effets. — De sa mise à exécution.

Le mandat de dépôt doit contenir :

1° Les nom et prénoms du juge d'instruction ;

2° L'ordre aux huissiers ou agens de la force publique de conduire et de déposer le prévenu dans la maison d'arrêt désignée et qui ne peut être autre que celle établie dans l'arrondissement du juge qui décerne le mandat ;

3° Les nom, prénoms, profession et demeure du prévenu ;

4° L'ordre au gardien de la maison d'arrêt de recevoir et retenir le prévenu jusqu'à ce qu'il en soit autrement ordonné;

5° La réquisition à la force publique de prêter main-forte pour l'exécution du mandat;

6° Le mandat de dépôt doit être daté, signé par le juge d'instruction et muni de son sceau.

(Voy. les art. 95, 97 et 107 du c. d'inst. crim.; et ce que nous avons dit dans ce chap., sect. 1, § 11, relativement à la date des mandats.)

Il n'est pas nécessaire que le mandat de dépôt soit précédé des conclusions du procureur du roi. (Voy. l'art. 61 du c. d'inst. crim.)

La loi n'exige pas que le mandat de dépôt soit motivé; mais comme ce mandat a pour effet de placer le prévenu en état d'arrestation provisoire pendant l'instruction de la procédure et de lui faire subir une détention plus ou moins longue, suivant les circonstances particulières qui peuvent se présenter dans le cours de l'information, il est convenable de lui faire connaître les motifs qui ont nécessité la mesure employée à son égard, en les énonçant dans le mandat.

L'exécution du mandat de dépôt peut être confiée aux huissiers ou aux agens de la force publique. (Voy. l'art. 97 du c. d'inst. crim.)

Les gendarmes doivent en être chargés de préférence. (Voy. ce que nous avons dit à cet égard dans le présent chap., sect. 11, § 11.)

L'huissier ou l'agent de la force publique chargé de mettre un mandat de dépôt à exécution, doit en faire l'exhibition au prévenu et lui en délivrer copie. (Voy. l'art. 97 du c. d'inst. crim.) Il doit aussi se faire accompagner d'une force suffisante pour que le prévenu ne puisse se soustraire à la loi ; car ce mandat emporte toujours contrainte : les termes de l'article 108 du code d'instruction criminelle sont impératifs sur ce point. Cette force doit être prise dans le lieu le plus à portée de celui où le mandat de dépôt doit s'exécuter ; et elle est tenue de marcher sur la réquisition directement faite au commandant et contenue dans le mandat. (Art. 108.)

« Si le prévenu, porte l'article 98 du code d'ins-
» truction criminelle, est trouvé hors de l'arron-
» dissement de l'officier qui a délivré le mandat de
» dépôt, il doit être conduit devant le juge de paix
» ou son suppléant, et, à leur défaut, devant le
» maire ou l'adjoint du maire, ou le commissaire
» de police du lieu, lequel vise le mandat sans pou-
» voir en empêcher l'exécution. »

Le prévenu, dans ce cas, ne peut invoquer le bénéfice de l'article 100 du code, qui est une exception toute spéciale pour le mandat d'amener.

Mais si le prévenu ne peut invoquer le bénéfice de l'article 100, l'officier de police devant lequel il doit être conduit, ne peut-il pas, dans certains cas, s'opposer à l'exécution du mandat, nonobstant la disposition qui termine l'article 98 ?

31

Il le peut, sans aucun doute, lorsque le mandat n'est pas revêtu de toutes les formalités prescrites par la loi.

En effet, si le législateur a ordonné que le prévenu trouvé hors de l'arrondissement de l'officier qui a décerné le mandat serait conduit devant le juge de paix ou son suppléant, et à leur défaut devant le maire ou l'adjoint du maire, ou le commissaire de police du lieu; s'il a exigé que le magistrat, devant lequel le prévenu est conduit, apposât son visa au bas du mandat; ce n'a été évidemment que pour que le citoyen arrêté eût la certitude qu'un véritable mandat a été décerné contre lui, et que si sa liberté est compromise, les formes légales ont été observées. S'il en était autrement, et que la disposition finale de l'article 98 fût admise dans toute la rigueur de ses termes, pourquoi conduire le prévenu devant l'officier de police judiciaire du lieu? Que devient alors le visa que la loi exige de lui? Une formalité tout-à-fait illusoire et sans objet, ce que l'on ne peut supposer en législation, et surtout dans une matière aussi grave.

Le sens dans lequel la dernière disposition de l'article 98 doit être entendu, nous paraît d'ailleurs suffisamment expliqué par l'article 616 du même code, qui charge le juge de paix de faire mettre en liberté tout individu illégalement détenu.

Enfin, l'article 4 de la charte constitutionnelle de 1830 s'exprime, en parlant des citoyens français, de la manière suivante :

« Leur liberté individuelle est également garan-
» tie, personne ne pouvant être poursuivi ni arrêté
» que dans les cas prévus par la loi et dans la forme
» qu'elle prescrit. »

Il faut donc tenir pour constant que l'officier de
police, devant lequel le prévenu est conduit, doit
se faire représenter l'ordre de son arrestation, et
que s'il est irrégulier, il est de son devoir non-seulement de refuser son visa, mais encore d'ordonner
la mise en liberté du prévenu. Les motifs de son
refus doivent être exprimés sur l'original qui lui est
présenté. (Voy., sur cette question, l'opinion conforme de M. Carnot, t. 1, p. 411 et suiv.)

Ces principes sont applicables au mandat d'arrêt.

L'huissier ou l'agent de la force publique porteur d'un mandat de dépôt régulier, doit conduire,
sans délai, le prévenu dans la maison d'arrêt désignée par le mandat. (Voy. l'art. 110 du c. d'inst.
crim.)

Si le mandat ne renferme aucune indication, le
prévenu doit être déposé provisoirement dans la
maison d'arrêt de l'arrondissement du lieu où il a
été trouvé. Ce mode de procéder s'induit des dispositions de l'article 104, relatives au mandat d'arrêt.

Sur l'exhibition du mandat de dépôt, le gardien
de la maison d'arrêt doit recevoir et garder le prévenu, et donner une reconnaissance de sa remise.
(Voy. l'art. 107 du c. d'inst. crim.)

L'huissier ou l'agent de la force publique qui a

mis le mandat à exécution, doit ensuite porter au greffe du tribunal correctionnel les pièces relatives à l'arrestation et en prendre reconnaissance.

Ces décharge et reconnaissance doivent être exhibées par lui, dans les vingt-quatre heures, au juge d'instruction, qui met sur l'une et sur l'autre son vu qu'il date et signe. (Voy. l'art. 111 du c. d'inst. crim.)

Mais au greffe de quel tribunal doivent être portées les pièces relatives à l'arrestation?...

Quel juge d'instruction doit apposer son vu sur les décharge et reconnaissance?...

Dans le silence de l'article 111, nous pensons qu'il faut établir la distinction suivante :

Si le mandat indique la maison d'arrêt dans laquelle le prévenu doit être conduit et déposé, nul doute que c'est au greffe du tribunal dans l'arrondissement duquel se trouve établie la maison d'arrêt indiquée que les pièces relatives à l'arrestation doivent être portées et que c'est le juge d'instruction de ce même arrondissement qui doit viser les décharge et reconnaissance.

Si, au contraire, ce qui est fort rare, le mandat de dépôt ne désigne pas la maison d'arrêt, le tribunal et le juge d'instruction sont ceux de l'arrondissement dans lequel le prévenu est trouvé, parce qu'il doit être alors provisoirement déposé dans la maison d'arrêt de cet arrondissement.

Lorsque le prévenu frappé d'un mandat de dépôt ne peut être saisi, les huissiers ou agens de la force publique qui en sont porteurs peuvent-ils se livrer à des perquisitions dans son domicile? Nous ne le pensons pas, et le silence que le code d'instruction criminelle garde sur ce point, se trouve suffisamment expliqué par l'article 75 du décret du 18 juin 1811, ainsi conçu :

« Les huissiers ne dresseront un procès-verbal » de perquisition qu'en vertu d'un mandat d'arrêt, » ordonnance de prise de corps, arrêt ou jugement » de condamnation à peine afflictive ou infamante » ou à l'emprisonnement. »

Cependant, comme il importe que les diligences faites pour l'exécution du mandat soient constatées, l'huissier ou l'agent de la force publique qui en est chargé doit remplir les mêmes formalités que dans le cas du mandat d'amener qui n'a pu être exécuté : ces formalités se trouvent indiquées dans l'article 105 du code d'instruction criminelle. (Voy., à cet égard, MM. Legraverend, t. 1, p. 332; et Dalloz, t. 9, p. 502.) Il doit aussi constater, par un procès-verbal, les causes qui l'ont empêché de mettre le mandat à exécution.

SECTION IV.

DU MANDAT D'ARRÊT.

§ Ier.

SOMMAIRE.

Définition du mandat d'arrêt. — Par quels magistrats ce mandat
peut être décerné et dans quelles circonstances. — Questions résultant des termes de l'article 94 du code d'instruction
criminelle. — Effets du mandat d'arrêt. — Différence qui
existe entre ces effets et ceux du mandat de dépôt.

L'acte par lequel le juge d'instruction, après
avoir interrogé le prévenu d'un crime ou d'un délit
qui ne s'est pas disculpé, et ouï le procureur du
roi, ordonne aux huissiers ou agens de la force
publique d'arrêter et conduire ce prévenu dans la
maison d'arrêt de son arrondissement, est un mandat d'arrêt.

En règle générale, le droit de délivrer le mandat
d'arrêt rentre exclusivement dans les attributions
du juge d'instruction ; néanmoins ce mandat peut
encore être décerné :

1° Par les présidens des sections de la cour de
cassation contre un tribunal entier, un juge, un
ou plusieurs conseillers de cour royale, lorsqu'il
s'élève contre eux des préventions de crime par
suite de l'examen d'une affaire quelconque, sans

qu'il ait de dénonciation directe ni indirecte. (Voy. les art. 479, 494, 495, 496, 497 et 498 du c. d'inst. crim.)

2° Par le président d'une cour d'assises lorsqu'il pense qu'il est plus convenable d'employer le mandat d'arrêt que le mandat de dépôt contre le témoin dont la déposition paraît fausse; (Voy. l'art. 330 du c. d'inst. crim.);

Le juge d'instruction peut décerner le mandat d'arrêt dans les mêmes circonstances que le mandat de dépôt, c'est-à-dire lorsque le prévenu appelé devant lui, soit en vertu d'un mandat de comparution, soit en vertu d'un mandat d'amener, n'a pas détruit les inculpations qui lui étaient faites, et que la prévention, par sa nature, peut donner lieu à des peines afflictives ou infamantes, ou à un emprisonnement correctionnel.

Néanmoins le mandat d'arrêt doit être décerné, de préférence au mandat de dépôt, dans toutes les affaires graves, et lorsque le fait de la prévention se trouve suffisamment précisé par l'instruction.

« Le juge d'instruction, porte l'article 94 du » code d'instruction criminelle, pourra, après avoir » entendu les prévenus, et le procureur du roi ouï, » décerner, lorsque le fait emportera peine afflic- » tive ou infamante ou emprisonnement correc- » tionnel, un mandat d'arrêt.....»

Les termes de cet article qui semblent exiger que l'interrogatoire du prévenu précède toujours la

délivrance du mandat d'arrêt, avaient fait douter
si ce mandat pouvait être régulièrement décerné
contre le prévenu qui, appelé en vertu d'un mandat
d'amener, s'y était dérobé par la fuite ; mais la cour
de cassation, par un arrêt du 4 août 1820, a formellement reconnu au juge d'instruction le droit de
délivrer ce mandat dans ce cas, et voici les motifs
qui ont déterminé la cour suprême :

« Attendu que si l'article 94 du code d'instruc-
» tion criminelle porte que le juge d'instruction
» pourra, après avoir entendu le prévenu, décer-
» ner contre lui un mandat d'arrêt, lorsque le fait
» emportera une peine afflictive ou infamante, ou
» un emprisonnement correctionnel, il n'exclut pas
» ce droit, dans ce même cas, au bénéfice du
» prévenu qui s'est soustrait au mandat d'ame-
» ner, et qui, par l'effet de sa fuite, n'a pas pu
» être entendu ; que cet article n'est qu'énonciatif,
» pour le cas qu'il suppose, d'un droit qui est
» inhérent aux attributions des juges d'instruction
» pour les cas semblables ; qu'un prévenu qui
» s'est dérobé au mandat d'amener qui avait pour
» objet de l'entendre, est nécessairement assimilé
» au prévenu qui a subi interrogatoire, mais qui
» n'a pas détruit les charges que l'instruction pré-
» sentait contre lui ; que, relativement à l'un comme
» à l'autre, le juge d'instruction est autorisé à dé-
» cerner un mandat d'arrêt ; que si le code d'ins-
» truction criminelle ne lui en a pas imposé for-

» mellement l'obligation, c'est qu'il a abandonné à
» sa conscience l'appréciation des charges et des
» circonstances d'après lesquelles il devait en exer-
» cer le droit; mais que, dans le refus d'en faire
» usage, lorsqu'il pourrait y avoir lieu, comme
» dans l'abus qu'il pourrait en faire, ce code l'a
» soumis à la juridiction de discipline qu'il a éta-
» blie dans ses articles 279 et suivans.....»

L'article 94 fait naître une autre question sur laquelle les auteurs sont divisés et qui est celle-ci :
le mandat d'arrêt devant toujours être précédé des
conclusions du procureur du roi, le juge d'instruction, après avoir interrogé le prévenu en vertu
d'un mandat d'amener, peut-il de sa seule autorité
le renvoyer en liberté?

M. Legraverend, t. i, p. 398, s'exprime ainsi sur
cette question :

« Si le mandat d'amener n'a point été provoqué
» par le ministère public et qu'il n'y ait pas eu d'ins-
» truction commencée antérieurement à l'occasion
» de l'affaire qui a donné lieu à ce mandat, je pense
» que le juge d'instruction peut laisser en liberté,
» de sa seule autorité, celui qui a été ainsi appelé
» devant lui, et que le procureur du roi peut user
» de la même faculté, lorsqu'ayant agi en cas de
» flagrant délit ou de clameur publique, il a dé-
» cerné le mandat, comme il y est autorisé, et qu'a-
» près avoir interrogé le prévenu de suite, il ne
» conserve aucun doute sur son innocence.

» Si, au contraire, le juge d'instruction a été saisi
» de l'affaire par un mandat d'amener qu'a décerné
» le procureur du roi pour conduire l'inculpé de-
» vant ce magistrat, ou si ce mandat, qui n'a pas
» besoin d'être provoqué par le ministère public,
» n'a cependant été décerné par le juge d'instruc-
» tion qu'après que le ministère public a donné des
» conclusions dans l'affaire, soit sur cet acte même,
» soit sur des actes antérieurs, je ne pense pas que
» le juge d'instruction puisse régulièrement mettre
» le prévenu en liberté, sans avoir communiqué au
» ministère public le résultat de l'interrogatoire, et
» pris ses conclusions; et, par une conséquence
» nécessaire, j'estime que, si les conclusions sont
» contraires à la mise en liberté, il devient alors
» indispensable d'en référer à la chambre du con-
» seil, soit immédiatement, soit après l'instruc-
» tion qui peut être requise par le ministère pu-
» blic...... etc. »

M. Bourguignon, sur les articles 91 et 94, rejette
cette dernière partie de l'opinion de M. Legraverend; il pense que le juge d'instruction, et non la
chambre du conseil, a reçu de la loi la mission de
prononcer sur la liberté du prévenu pendant l'instruction préliminaire, et de décerner, à cet effet, les
mandats qu'il juge convenables; que si la chambre
du conseil décide, sur le rapport qui lui est fait,
quand l'instruction est achevée, que le prévenu ne
doit pas conserver sa liberté, elle prononcera con-

tre lui une ordonnance de prise de corps; qu'enfin il serait souverainement injuste d'obliger un juge d'instruction à retenir en prison, pour quelque court délai que ce fût, un inculpé dont l'innocence lui serait matériellement démontrée.

« La question nous paraît embarrassante, dit
» M. Dalloz, t. 9, p. 503; d'une part, il est dur de
» forcer un magistrat à détenir, contre sa convic-
» tion, un citoyen qu'il n'a point trouvé coupable;
» de l'autre, la dissidence d'opinion de la part du
» ministère public doit être d'un certain poids, et
» semble, dans le doute, mériter l'intervention de
» la chambre du conseil. »

« L'article 94, fait observer M. Carnot, t. 1,
» p. 399, doit donc être entendu dans ce sens, qu'il
» laisse au juge d'instruction toute la latitude con-
» venable pour apprécier les réponses faites par le
» prévenu; en sorte que s'il pense qu'il s'est justi-
» fié, il est autorisé à ne pas convertir le mandat
» d'amener en un mandat plus rigoureux; mais il
» est de son devoir de convertir le mandat d'ame-
» ner en un mandat de dépôt ou d'arrêt, lorsque le
» prévenu ne s'est pas justifié. »

Les distinctions établies par M. Legraverend sont judicieuses et de nature à concilier les attributions différentes du juge d'instruction et du procureur du roi, et, sous ce rapport, il n'y a aucun inconvénient à s'y conformer; mais nous pensons, avec MM. Bourguignon et Carnot, que, pendant l'ins-

truction préliminaire, c'est au juge d'instruction
que la loi a confié la mission de prononcer sur la
liberté du prévenu, et que, lorsque interrogé en
vertu d'un mandat d'amener, il s'est justifié, le juge
d'instruction peut, sans sortir du cercle de ses attributions, le renvoyer libre, alors même que l'information est commencée, et que la délivrance du
mandat a été provoquée par le procureur du roi.
En effet, si, d'après les articles 61 et 91 du code
d'instruction criminelle, le juge d'instruction, de
sa propre autorité et sans le concours du procureur
du roi, peut appeler un citoyen devant lui, soit en
vertu d'un mandat de comparution, soit en vertu
d'un mandat d'amener, et, après l'avoir interrogé,
le mettre en état d'arrestation par un mandat de
dépôt; à plus forte raison doit-on lui reconnaître
le droit de rendre à la liberté le prévenu qui a
établi son innocence. Ce droit n'est d'ailleurs formellement refusé au juge d'instruction par aucune
disposition de la loi, et l'on ne peut supposer que
le législateur ait voulu entourer la mise en liberté
du prévenu de plus de formalités que son arrestation.

D'autre part, si, après l'interrogatoire du prévenu et nonobstant sa justification, le juge d'instruction, pour le renvoyer libre, devait nécessairement attendre les conclusions du procureur du
roi, dans quel état demeurerait le prévenu pendant
l'examen que ce magistrat serait obligé de faire de

la procédure?... Le laisserait-on dans la maison d'arrêt?... Il ne peut y être reçu en vertu d'un mandat d'amener et surtout après avoir été interrogé. Le juge d'instruction devrait-il le placer provisoirement sous mandat de dépôt?... Mais alors quelle grave atteinte portée à la liberté individuelle! De quel nom flétrir une semblable détention!

Le juge d'instruction n'est pas tenu de se conformer aux réquisitions du ministère public, et, soit qu'elles aient été favorables au prévenu, soit qu'elles lui aient été contraires, il conserve toujours la faculté de consentir ou de refuser la convertion du mandat d'amener ou de comparution, qu'il aurait d'abord décerné, en un mandat de dépôt ou d'arrêt. (Voy. les arr. de la cour de cass. des 4 août 1820 et 2 novembre 1821.)

Lorsque le juge d'instruction a refusé de faire droit aux réquisitions du procureur du roi, cet officier peut appeler de l'ordonnance qui est intervenue. C'est alors à la chambre d'accusation de la cour royale du ressort de statuer sur cet appel, et non, ainsi que l'enseignent MM. Legraverend et Dalloz, à la chambre du conseil dont le juge d'instruction fait nécessairement partie, aux termes de l'article 127 du code d'instruction criminelle, et qui, par cela même, ne peut ni réformer, ni confirmer les ordonnances de ce juge : la jurisprudence est fixe sur ce point. (Voy. les arr. de la cour de cass. des 4 août 1820, 2 novembre 1821, 1er août 1822, 10 avril 1829, 23 décembre 1831.)

Les articles du code d'instruction criminelle relatifs à la délivrance du mandat d'arrêt étant tous
conçus en termes purement facultatifs, ce mandat
n'est pas un acte nécessaire et substantiel dans les
procédures criminelles, et le refus fait par le juge
d'instruction de le décerner ne produit point de
nullité. C'est aussi par ces motifs que l'appel d'une
semblable ordonnance n'est pas suspensif et que le
juge d'instruction, nonobstant cet appel, et bien
qu'il n'ait pas décerné le mandat d'arrêt, est tenu
de continuer l'instruction de la procédure, et, lorsqu'elle est complète, d'en faire son rapport à la
chambre du conseil. Toutefois, le refus fait par le
juge d'instruction de décerner le mandat d'arrêt
lorsqu'il y a lieu, ou l'abus contraire dans lequel
il pourrait tomber, l'exposent à la juridiction disci-
plinaire établie par les articles 279 et suivans du
code d'instruction criminelle, ainsi que nous l'avons
déjà fait observer. (Voy. les arr. de la cour de cass.
des 4 août 1820, 2 novembre 1821, 1er août 1822.)

Le mandat d'arrêt est de tous les mandats celui
dont les effets sont les plus rigoureux et qui entraîne
les conséquences les plus graves : le prévenu est
frappé tout à la fois dans sa personne et dans ses
biens.

Dans sa personne, en ce que son arrestation n'est
plus provisoire comme celle résultant du mandat
de dépôt et qu'elle ne peut cesser qu'en vertu d'une
ordonnance de la chambre du conseil ou d'un arrêt

de la chambre des mises en accusation. (Voy. les art. 128, 129 et suiv., 229 et 230 du c. d'inst. crim.)

Dans ses biens, en ce que dans le cas d'une condamnation subséquente, ils sont grevés, en faveur du trésor public, pour le recouvrement des frais de justice, d'un privilége qui remonte au jour de la délivrance du mandat. (Voy. les art. 2101, 2104 et 2105 du c. civ., et la loi du 5 septembre 1807.)

C'est principalement sous ce dernier rapport que le mandat d'arrêt diffère dans ses effets du mandat de dépôt.

Tout juge qui se trouve dans les liens d'un mandat de dépôt ou d'arrêt, est provisoirement suspendu de ses fonctions. (Voy. l'art. 58 de la loi sur l'organisation judiciaire du 20 avril 1810.)

§ II.

SOMMAIRE.

De la forme du mandat d'arrêt. — De sa mise à exécution.

Le mandat d'arrêt doit renfermer :

1° Les nom et prénoms du juge d'instruction;

2° Le vu des pièces de la procédure desquelles résulte la prévention;

3° Le vu des conclusions du procureur du roi;

4° L'ordre aux huissiers ou agens de la force

publique d'arrêter et conduire le prévenu dans la maison d'arrêt qui est désignée;

5° Les nom, prénoms, profession et demeure du prévenu, et son signalement, si la chose est possible;

6° L'énonciation du fait qui constitue la prévention;

7° L'article ou les articles de la loi qui déclarent ce fait, crime ou délit, et le punissent comme tel;

8° L'ordre au gardien de la maison d'arrêt de recevoir et garder le prévenu;

9° La réquisition à la force publique de prêter main-forte pour l'exécution du mandat;

10° Le mandat d'arrêt, comme tous les autres mandats, doit être daté, signé par le juge d'instruction et muni de son sceau. (Voy. les art. 94, 95, 96, 97, 107, 110 et 111 du c. d'inst. crim.)

Le mandat d'arrêt, ainsi que nous venons de le voir, doit à la différence des autres mandats, contenir :

1° L'énonciation du fait pour lequel il est décerné;

2° La citation de la loi qui déclare que ce fait est un crime ou un délit. (Voy. les art. 94, 95 et 96 du c. d'inst. crim.)

Cette formalité est substantielle et constitutive, et son omission entraîne la nullité du mandat.

Toutefois, la cour de cassation, par un arrêt du 5 septembre 1817, rendu dans la célèbre affaire de

MM. Comte et Dunoyer, tout en reconnaissant le principe, a jugé que l'énonciation est suffisante si elle porte sommairement que l'individu désigné dans le mandat est prévenu du crime ou du délit prévu par tel article de telle loi.

M. Reverdin, l'un des juges d'instruction près le tribunal de première instance de la Seine, avait décerné des mandats d'arrêt contre MM. Comte et Dunoyer, en y énonçant seulement qu'ils étaient prévenus des délits prévus par les articles 5, 8, 9 et 10 de la loi du 9 novembre 1815.

MM. Comte et Dunoyer avaient demandé la nullité de ces mandats, pour violation de l'article 96 du code d'instruction criminelle.

La chambre du conseil du tribunal de la Seine repoussa cette demande par les motifs suivans :

« Attendu qu'aucune disposition du code ne pro- » nonce la peine de nullité des mandats d'arrêt à » l'égard desquels les formalités prescrites par les » articles 94, 95 et 96 du code n'ont pas été obser- » vées. »

La chambre des appels de police correctionnelle confirma ce jugement en ces termes :

« Attendu que le code, différent en cela de la » législation antérieure, ne prononce pas la nullité » des mandats d'arrêt, faute d'exécution des for- » malités qu'il prescrit, quoique dans l'article 112 » il ait prévu le cas; et que les juges ne peuvent » jamais suppléer une nullité. »

33

Sur le recours en cassation de MM. Comte et Dunoyer, la cour de cassation rendit l'arrêt suivant :

« Attendu que si, d'après l'article 4 de la charte
» constitutionnelle, l'article 77 de la loi du 27 fri-
» maire an 8, et l'article 609 du code d'instruction
» criminelle, rapprochés des articles 95 et 96 de
» ce code, les formalités prescrites par ces deux
» derniers articles pour les mandats sont substan-
» tielles à ces actes, si leur omission doit consé-
» quemment en faire prononcer la nullité, quoique
» le code d'instruction criminelle ne l'ait pas ex-
» pressément ordonné ;

» Attendu, néanmoins, que les mandats d'arrêt
» décernés contre les demandeurs sont revêtus de
» toutes les formes prescrites par l'article 95 de ce
» code, et que, relativement aux énonciations exi-
» gées par l'article 96, elles s'y trouvent aussi suffi-
» samment insérées et autant qu'elles l'y pouvaient
» être d'après les circonstances et la nature de la
» prévention, portée contre les demandeurs ;

» Attendu d'ailleurs la régularité de l'arrêt atta-
» qué ;

» La cour, sans approuver le motif d'après lequel
» la cour royale de Paris a rejeté la demande en
» nullité desdits mandats d'arrêt, dont elle avait
» été saisie par l'appel des demandeurs, rejette le
» pourvoi, etc... »

M. Carnot, t. 1, p. 404 et 405, ajoute, après avoir
sommairement rappelé cet arrêt : « Cependant, les

» sieurs Comte et Dunoyer faisaient observer que
» la citation de ces articles (les art. 5, 8, 9 et 10
» de la loi du 9 novembre 1815) ne remplissait
» qu'une des conditions exigées par le code, et ils
» se fondaient, pour le prétendre ainsi, sur ce que
» l'article 96 porte que le mandat d'arrêt contien-
» dra *l'énonciation du fait pour lequel il est décerné,*
» *et qu'il contiendra de plus la citation de la loi qui*
» *déclare que ce fait est un crime ou un délit.*

» Mais, quoi qu'il en soit de cette observation,
» qui avait cependant bien son mérite, il était im-
» portant qu'il fût solennellement reconnu en prin-
» cipe que les mandats d'arrêt sont *nuls* lorsque
» les formalités prescrites par le code n'y ont pas
» été observées...... »

Nous partageons entièrement l'opinion de M. Carnot, et non-seulement, ainsi que le dit ce savant
magistrat, l'observation de MM. Comte et Dunoyer
avait bien son mérite, mais nous pensons qu'elle
était fondée sur le texte aussi clair que précis de
l'article 96 du code d'instruction criminelle dont
la cour de cassation semble s'être écartée dans son
arrêt. En effet, qu'a voulu le législateur par l'article 96?... Que le prévenu frappé d'un mandat
d'arrêt connût parfaitement le motif qui le privait
de sa liberté et le plaçait en état d'arrestation : or,
le prévenu connaît-il ce motif par la seule citation
des articles de la loi?... Évidemment non, puisque
le fait à raison duquel il est poursuivi n'est pas

énoncé dans le mandat, et que ce fait peut seul lui faire connaître si les articles de la loi invoqués contre lui sont applicables. Que le juge d'instruction se conforme donc toujours aux dispositions sages et protectrices de l'article 96; car, en rappelant aux magistrats qu'aucun citoyen ne peut être ni poursuivi, ni arrêté qu'en vertu d'une loi, elles sont une puissante garantie contre les arrestations arbitraires.

L'honorable M. Odillon-Barrot, alors avocat à la cour de cassation, et défenseur de MM. Comte et Dunoyer, a discuté comme il suit cette question dans un mémoire fort étendu dont nous croyons devoir transcrire quelques passages :

« Pour que le mandat d'arrêt ait un caractère
» légal, il ne suffit pas qu'il ait été lancé par le juge
» d'instruction dans les circonstances déterminées
» par la loi, il faut aussi qu'il l'ait été dans les
» formes qu'elle prescrit.

» Or, la plus essentielle de ces formes peut-être,
» est l'énonciation du fait en vertu duquel il est
» lancé, car cette énonciation ne sert pas seule-
» ment à avertir le prévenu des motifs de sa déten-
» tion; elle sert aussi à lui donner les moyens de la
» faire cesser, si elle n'a pas de cause légale.

» Cette énonciation est donc une des plus pré-
» cieuses garanties de la liberté individuelle; car,
» si elle n'était pas exigée, le magistrat instructeur
» se trouverait investi du pouvoir de priver les

» citoyens de leur liberté, pendant un temps, et
» pour des causes indéterminées.

» Il n'est donc pas étonnant que la loi ait mis
» pour condition, à l'exercice de ce pouvoir for-
» midable, celle d'énoncer le fait pour lequel il est
» exercé. Disons plus : cette condition était indis-
» pensable dès le moment où la loi déclarait que
» le mandat ne peut être lancé que pour un fait
» emportant emprisonnement. Car, quel moyen de
» vérifier si le mandat repose sur un motif légal, si
» ce motif pouvait n'être pas énoncé........... etc. ? »
(Voy., sur cette question, MM. Carnot, t. 1, p. 404,
405, et suiv.; Legraverend, t. 1, p. 334; Bourguignon, sur l'art 96.)

Le mandat d'arrêt peut être mis à exécution par
les huissiers ou par les agens de la force publique.
(Voy. l'art. 97 du c. d'inst. crim.) Mais, ainsi que
nous l'avons déjà fait observer relativement aux
mandats d'amener et de dépôt, il vaut mieux en
chárger les gendarmes.

Le porteur d'un mandat d'arrêt doit en faire
l'exhibition au prévenu et lui en délivrer copie lors
même qu'il serait déjà détenu. (Voy. l'art. 97.) Il
doit se faire accompagner d'une force suffisante
pour que le prévenu ne puisse se soustraire à la
loi.

Cette force est prise dans le lieu le plus à portée
de celui où le mandat d'arrêt doit s'exécuter; et
elle est tenue de marcher sur la réquisition directe-

ment faite au commandant, et contenue dans le mandat. (Voy. l'art. 108 du c. d'inst. crim.)

Le prévenu saisi en vertu d'un mandat d'arrêt, doit être conduit, sans délai, dans la maison d'arrêt indiquée par le mandat. (Voy. l'art. 110 du c. d'inst. crim.)

L'huissier ou l'agent de la force publique chargé de l'exécution du mandat, doit remettre le prévenu entre les mains du gardien de la maison d'arrêt qui, sur l'exhibition du mandat, doit le recevoir et lui en donner décharge. (Voy. les art. 111 et 107 du c. d'inst. crim.)

Toutes les pièces relatives à l'arrestation doivent être ensuite portées, par ceux qui l'ont opérée, au greffe du tribunal correctionnel de l'arrondissement dans lequel se trouve située la maison d'arrêt désignée dans le mandat, et ils doivent en prendre une reconnaissance. (Art. 111.)

Enfin, dans les vingt-quatre heures, la décharge et la reconnaissance doivent être représentées au juge d'instruction qui met sur l'une et sur l'autre son vu, qu'il date et signe. (Art. 111.)

Si le prévenu ne peut être saisi, le mandat d'arrêt doit être notifié à sa dernière habitation, et il est dressé un procès-verbal de perquisition.

Ce procès-verbal doit être dressé en présence des deux plus proches voisins du prévenu que le porteur du mandat d'arrêt peut trouver; ils le signent, ou, s'ils ne savent ou ne veulent pas signer, il en doit être fait mention, ainsi que de l'interpellation qui en aura été faite. (Voy. l'art. 109 du c. d'inst. crim.)

La présence de deux témoins au procès-verbal de perquisition n'est point une vaine formalité, car elle assure l'exécution de la mesure et prévient les abus qui pourraient en résulter.

Le porteur du mandat d'arrêt doit faire ensuite viser son procès-verbal par le juge de paix ou son suppléant, ou, à son défaut, par le maire, l'adjoint ou le commissaire de police du lieu et lui en laisser copie.

Le mandat d'arrêt et le procès-verbal, ainsi visé, sont ensuite remis au greffe du tribunal. (Voy. l'art. 109 du c. d'inst. crim.; et l'art. 75 du déc. du 18 juin 1811.)

Si le prévenu est trouvé hors de l'arrondissement de l'officier qui a délivré le mandat d'arrêt, il doit être conduit devant le juge de paix ou son suppléant, et, à leur défaut, devant le maire, ou l'adjoint du maire, ou le commissaire de police du lieu, lequel vise le mandat sans pouvoir en empêcher l'exécution, *lorsqu'il est régulier*. (Voy. l'art. 98 du c. d'inst. crim., et ce que nous avons dit dans le présent chap., sect. III, du *mandat de dépôt*, § II.)

Cette règle reçoit exception lorsque le prévenu, dans le cas du 1er paragraphe de l'article 100 du code d'instruction criminelle, se trouve déposé dans la maison d'arrêt d'un arrondissement autre que celui dans lequel se fait l'instruction, c'est-à-dire :

1° Qu'un mandat d'amener a d'abord été décerné contre lui ;

2° Qu'après plus de deux jours, depuis la date de ce mandat, il a été trouvé hors de l'arrondissement de l'officier qui l'a délivré, et à une distance de plus de cinq myriamètres du domicile de cet officier ;

3° Que le mandat d'arrêt décerné, dans ce cas, par le juge d'instruction, conformément à l'article 104 du code d'instruction criminelle, n'exprime pas que le prévenu sera transféré dans la maison d'arrêt de l'arrondissement où se fait la procédure.

Le code d'instruction criminelle qui a fixé un délai dans lequel le prévenu appelé, soit en vertu d'un mandat de comparution, soit en vertu d'un mandat d'amener, doit être interrogé, n'en détermine aucun pour l'interrogatoire du prévenu placé en état d'arrestation, soit par un mandat de dépôt, soit par un mandat d'arrêt ; cependant il ne faut pas conclure du silence de la loi que le prévenu puisse être retenu pendant un temps indéfini dans la maison d'arrêt, sans être interrogé, car la justice et l'humanité font un devoir au juge d'instruction de l'interroger dans le plus bref délai.

SECTION V.

SOMMAIRE.

Dispositions communes à tous les mandats et au mode de leur
exécution.

———————

Tous les mandats doivent être décernés au nom
du roi, comme les jugemens, les arrêts et les ordonnances qui émanent des tribunaux et des magistrats sont rendus au nom de sa majesté.

Les mandats sont exécutoires dans tout le royaume, sauf les modifications établies par la loi pour
les cas où il s'agit de mettre à exécution des mandats d'amener, de dépôt ou d'arrêt contre un prévenu trouvé hors de l'arrondissement du magistrat
qui les a décernés.

La loi ne reconnaît aucun asile où les coupables
puissent se retirer et braver les poursuites de la
justice; cet abus, qui existait anciennement en
France, est heureusement aboli depuis long-temps.

Les mandats peuvent être mis à exécution à tous
les instans du jour et même pendant la nuit. Toutefois, dans ce dernier cas, si le prévenu se trouve
dans une maison habitée, l'huissier ou les agens de
la force publique porteurs du mandat, ne pourraient
tenter de s'y introduire, contre la volonté du maître, sans se rendre coupables d'une violation de do-

34

micile, et, dans ce cas, la résistance de ce dernier serait légitime.

Si, au contraire, le maître de la maison en accorde volontairement l'entrée aux porteurs du mandat, ils peuvent effectuer légalement l'arrestation. (Voy. l'art. 76 de la constitution de l'an VIII; et M. Carnot, t. 1, p. 414, *Observations additionnelles.*)

M. Bourguignon, sur l'article 98, professe une opinion contraire, et il pense que les mandats peuvent être mis à exécution même pendant la nuit.

La loi, en proclamant l'inviolabilité du domicile des citoyens pendant la nuit, n'a cependant pas voulu que le coupable trouvât, dans cette inviolabilité, un moyen pour se soustraire à l'action de la justice, et, à cet effet, elle autorise les porteurs d'un mandat d'arrestation à observer et même à entourer, jusqu'au point du jour, la maison dans laquelle il s'est réfugié, et tout acte de violence pour les en empêcher constitue une rébellion. (Voy. arr. de la cour de cass. du 16 avril 1812.)

Le temps de nuit, ainsi que nous avons eu déjà l'occasion de le faire remarquer, est fixé par l'article 1037 du code de procédure civile, et le décret du 4 août 1806, ainsi que suit : du premier octobre jusqu'au trente-un mars, depuis six heures du soir jusqu'à six heures du matin; et du premier avril jusqu'au trente septembre, depuis neuf heures du soir jusqu'à quatre heures du matin.

Le procureur du roi est chargé de pourvoir à

l'envoi, à la notification et à l'exécution des mandats. (Voy. l'art. 28 du c. d'inst. crim.)

Le juge d'instruction ne jouit de cette attribution
que dans le cas de flagrant délit. (Voy. les art. 59
du c. d'inst. crim.)

Les mandats d'amener, de dépôt et d'arrêt sont
exécutoires par voie de contrainte, et la force publique est spécialement chargée d'assurer ce mode
d'exécution lorsqu'elle en est requise. (Voy. les art.
99 et 108 du c. d'inst. crim.)

Le porteur du mandat ayant seul le droit de
réquisition, doit justifier de sa qualité lorsqu'il requiert la force publique.

En règle générale, la réquisition doit être adressée, par écrit, au commandant de la force publique;
mais dans le cas d'*urgence*, comme, par exemple,
lorsque le prévenu refuse d'obéir au mandat d'a-
mener, ou, qu'après avoir déclaré qu'il est prêt à
obéir, il tente de s'évader, elle peut être faite oralement. (Voy. l'ordonn. royale du 29 octobre 1820
sur le service de la gendarmerie; M. Carnot, t. 1,
p. 433; et M. Bourguignon, sur les art. 91, 99 et
108.)

Les formalités prescrites pour les mandats par les
articles 95 et 96 du code d'instruction criminelle,
sont substantielles à ces actes, et l'omission de l'une
d'elles entraîne la nullité du mandat. Ainsi jugé, en
principe, par la cour de cassation, dans son arrêt du
5 septembre 1817, dont nous avons rappelé les motifs à la section IV du présent chapitre.

Il en était de même sous l'empire des codes de 1791 et du 3 brumaire an IV. (Voy. l'opinion conforme de MM. Legraverend, t. 1, p. 334, et Carnot, t. 1, p. 406 ; et l'opinion contraire de MM. Carnot, t. 1, p. 402 et 439, et Bourguignon, sur l'art. 96.)

M. Dalloz, t. 9, p. 503, reconnaît que le système suivi par la cour de cassation est plus favorable au respect de la liberté individuelle ; mais il pense qu'il a l'inconvénient de reposer sur des considérations arbitraires.

« Mais, poursuit M. Dalloz, ici s'élève une ques-
» tion bien grave et d'une solution difficile. Sup-
» posons qu'au lieu de demander la nullité du man-
» dat après qu'il a été lancé et exécuté, le prévenu
» s'oppose à son exécution, par le motif qu'on ne
» lui en exhiberait pas l'original, ou que les formes
» tracées par la loi n'auraient pas été observées ;
» pourrait-il être poursuivi à raison de sa résis-
» tance? M. Carnot, t. 1, p. 409 et suivantes, pense
» que le prévenu devrait être absous, à moins que,
» pouvant se dégager sans violence, il n'en ait vo-
» lontairement exercé ; la nécessité de protéger la
» liberté individuelle lui paraît exiger cette solu-
» tion.

» M. Bourguignon, sur l'article 97, signale dans
» cette opinion l'inconvénient de constituer les par-
» ticuliers juges, en leur propre cause, de la léga-
» lité des actes émanés des autorités constituées,
» et de faciliter ainsi la rébellion. Cet auteur fait

» une distinction judicieuse qui tend à concilier le
» maintien de la liberté individuelle avec le respect
» dû aux mandats de l'autorité judiciaire ; il pense
» que si, hors le cas de flagrant délit, un huissier
» ou agent de la force publique se présente sans
» ordre ou mandat, ou s'il refuse d'exhiber son
» mandat, la résistance est permise, même à force
» ouverte ; mais si un mandat est produit et que le
» prévenu prétende qu'il est illégal, irrégulier, in-
» compétemment rendu, il doit requérir qu'il en soit
» sur-le-champ référé devant l'officier qui a décerné
» le mandat, si l'arrestation se fait dans son arron-
» dissement, ou devant les fonctionnaires désignés
» par l'article 98, pour qu'ils donnent leur visa ; s'ils
» consentent à viser le mandat et le déclarent régu-
» lier, le prévenu doit s'y conformer, sauf à récla-
» mer devant les tribunaux. » Telle est aussi notre
opinion.

L'inobservation des formalités prescrites par les
articles 95 et 96, rend le greffier passible d'une
amende dont le minimum est fixé à cinquante francs
et peut donner lieu à des injonctions au juge d'instruction et au procureur du roi, et motiver même,
contre ces magistrats, la prise à partie, le cas échéant.
(Voy. l'art. 112 du c. d'inst. crim.)

Remarquons toutefois que le greffier n'est passible de l'amende que lorsqu'il a écrit ou signé le
mandat décerné, ou lorsque ayant pu en prendre
communication, il ne l'a pas fait rectifier. (Voy.

MM. Carnot, t. 1, p. 440; Legraverend, t. 1, p. 340;
Bourguignon, sur l'art. 112.)

L'article 61 du code d'instruction criminelle autorisant le juge d'instruction à délivrer les mandats
de comparution, d'amener et de dépôt, sans les
conclusions du procureur du roi, l'inobservation,
dans un de ces mandats, des formalités prescrites
par la loi, peut-elle donner lieu, contre ce magistrat, à des injonctions et à la prise à partie?.....
M. Legraverend, t. 1, p. 340, note 2, fait observer
que la responsabilité du magistrat chargé du ministère public, ne peut exister qu'à l'égard du mandat
d'arrêt, pour lequel ses conclusions sont nécessaires, ou à l'égard des autres mandats que le juge
d'instruction n'a décernés qu'après les réquisitions
du ministère public. Nous ne pouvons partager l'o-
pinion de M. Legraverend, et nous pensons que si
le procureur du roi pourvoit à l'envoi, à la notification et à l'exécution d'un mandat irrégulier, il
devient, par cela même, responsable, avec le juge
d'instruction, de toutes les suites.

CHAPITRE XIII.

DES INTERROGATOIRES.

——————

————

La formalité de l'interrogatoire des accusés n'a pas toujours existé dans notre procédure criminelle. Avant l'ordonnance de 1539, les accusés ne se défendaient que par le ministère des avocats et non de vive voix, ou par interrogatoires; mais par cette ordonnance, ouvrage du chancelier Poyet, l'interrogatoire des accusés *par leur bouche et sans secours ni ministère d'autrui* fut introduit dans la législation.

L'interrogatoire est un acte dans lequel sont constatées, par écrit, les interrogations faites par le juge d'instruction au prévenu et les réponses de ce dernier.

L'interrogatoire est un des actes les plus importans de l'instruction préliminaire, parce qu'en faisant connaître le système de défense adopté par le
prévenu, il indique la direction qu'il convient de
donner à la procédure. Sous ce rapport, le magistrat instructeur ne saurait y apporter trop de soins
et d'exactitude.

Il serait difficile de tracer des règles positives et
uniformes pour tous les interrogatoires; elles va-
rient et se multiplient suivant la nature de la prévention, le nombre, la différence et la gravité des
faits, le nombre des prévenus et les moyens de justification qu'ils présentent. Une longue habitude de
l'instruction, et surtout le désir de parvenir à la
découverte de la vérité, sont, dans l'accomplissement de ces actes, le guide le meilleur et le plus sûr:
aussi le législateur a-t-il gardé le silence et s'en est-
il entièrement rapporté à la conscience, à la sagesse et à la sagacité du magistrat.

Les dispositions du code d'instruction criminelle
relatives aux cas où il y a lieu de procéder à l'interrogatoire des prévenus sont peu nombreuses et se
réduisent aux suivantes :

1° En cas de flagrant délit, lorsque le fait, par sa
nature, a motivé un mandat d'amener, le prévenu
amené en vertu de ce mandat, doit être interrogé
sur-le-champ. (Voy. les art. 40 et 59 du c. d'inst.
crim.)

2° Hors le cas de flagrant délit, le prévenu qui

se présente sur un mandat de comparution doit être interrogé sur-le-champ, et lorsqu'il a été contraint par un mandat d'amener, dans les vingt-quatre heures au plus tard. (Voy. l'art. 93 du c. d'inst. crim.)

3° En règle générale, le prévenu ne peut être frappé d'un mandat de dépôt ou d'arrêt qu'après avoir été interrogé. (Voy. les art. 91 et 94 du c. d'inst. crim.) Il en est autrement s'il a été mis en demeure de se présenter par un mandat de comparution ou d'amener. (Voy. un arr. de la cour de cass. du 4 août 1820, dont nous avons rapporté les motifs chap. XII, sect. IV, § 1er.)

4° Enfin, lorsque, par exception, le prévenu a été interrogé par le procureur du roi ou par un officier auxiliaire de police ou par un juge d'instruction autre que celui saisi de l'affaire, l'interrogatoire et les pièces y relatives doivent être adressées, sans retard, à ce dernier magistrat, qui procède, le cas échéant, à un nouvel interrogatoire du prévenu. (Voy. les art. 40, 45, 49, 53, 60, 90, 100, 101, 102, 103, etc., du c. d'inst. crim.)

La loi n'a pas déterminé le nombre des interrogatoires que le prévenu doit subir dans le cours de l'instruction préliminaire, et elle ne devait ni ne pouvait le faire; car ces actes deviennent plus ou moins nécessaires, plus ou moins nombreux, selon la nature de la prévention et les circonstances particulières de l'affaire.

35

« L'interrogatoire, portait l'article 15, titre 14
» de l'ordonnance de 1670, pourra être réitéré tou-
» tes les fois que le cas le requerra, etc.... »

Cette règle doit encore être suivie.

Bien que le juge d'instruction soit libre d'interroger plus ou moins souvent le prévenu, selon qu'il
le juge convenable, cependant il ne pourrait se
dispenser de le faire, sans manquer à ses devoirs,
toutes les fois que, dans le cours de la procédure,
il survient de nouvelles charges ou de nouveaux
chefs de prévention.

Si le prévenu demande à être interrogé, ou si le
procureur du roi requiert qu'il le soit sur certains
faits, le juge d'instruction ne peut également s'y
refuser sans de graves motifs.

SECTION II.

SOMMAIRE.

Par qui et où doit se faire l'interrogatoire.

Hors le cas de flagrant délit, l'interrogatoire des
prévenus doit toujours être fait par le juge d'instruction assisté de son greffier.

Les prévenus doivent toujours être interrogés
dans la chambre d'instruction ou dans celle de la
geôle de la prison où ils se trouvent détenus; le
juge instructeur ne peut les faire venir pour cet
objet dans sa maison d'habitation.

Cette prohibition, fondée sur ce que la dignité du lieu imprime plus de respect, n'est pas applicable :

1° Dans le cas de flagrant délit ;

2° Lorsque le prévenu, par l'effet d'une maladie grave, se trouve retenu dans sa demeure ou dans un hospice.

Dans le premier cas, le magistrat qui se transporte sur les lieux pour constater le flagrant délit, peut et doit même, dans l'intérêt de la vérité, procéder à l'interrogatoire du prévenu au moment de son arrestation et dans le lieu où il se trouve, pour ne pas lui donner le temps de préparer un système de défense. (Voy. les disposit. du c. d'inst. crim. relatives au flagrant délit.)

Dans le second cas, le juge, après avoir fait constater par des hommes de l'art l'état du prévenu, se transporte, accompagné de son greffier, dans le lieu où il se trouve et procède à son interrogatoire. (Voy. l'art. 4, tit. 14 de l'ordonn. de 1670.)

SECTION III.

SOMMAIRE.

De quelle manière le juge d'instruction doit procéder aux interrogatoires.

Le code d'instruction criminelle ne s'étant pas occupé de la manière dont les prévenus doivent être interrogés, l'on ne peut rechercher des règles, en cette matière, que dans l'ensemble de ses dispositions, dans la législation antérieure et dans les principes généraux du droit.

L'instruction préliminaire devant être secrète, l'interrogatoire du prévenu, qui en est une des parties les plus importantes, doit être secret, c'est-à-dire que ni le procureur du roi, ni la partie civile ne péuvent y assister, et que le juge d'instruction doit y procéder seul avec l'assistance de son greffier.

Si la même procédure est dirigée contre plusieurs individus, ils doivent être interrogés séparément et en l'absence les uns des autres.

Le prévenu ne peut se faire représenter dans l'interrogatoire par un fondé de pouvoir; il doit comparaître et répondre personnellement; il ne peut même, dans cette circonstance, réclamer, comme au moment du jugement, l'assistance d'un conseil ou d'un défenseur. (Voy. l'art. 8, tit. 14 de l'ordonn. de 1670; et M. Legraverend, t. 1, p. 250.)

« La raison est, dit Bornier, *Conférences*, t. 2,
» p. 155, parce que la vérité se découvre mieux, et
» est plus pure dans la bouche des accusés que s'ils
» se servaient du ministère d'autrui, qui la pourrait
» altérer, et qu'il faut que la principale instruction
» des procès criminels vienne d'eux, comme étant
» celle qui satisfait plus la conscience des juges. »

Cependant, si le prévenu ne parle pas la langue française ou s'il est sourd-muet, le juge est tenu de lui nommer un interprète. (Voy. les art. 332 et 333 du c. d'inst. crim., et le chap. *Des Interprètes*.)

Le juge d'instruction ne peut remplir lui-même les fonctions d'interprète.

Sous l'empire de l'ordonnance de 1670 (tit. 14, art. 7), le juge, avant de procéder à l'interrogatoire du prévenu, devait, à peine de nullité, lui faire prêter serment de dire la vérité; mais cette inconcevable formalité qui plaçait le prévenu dans la cruelle nécessité de s'accuser lui-même ou de commettre un parjure, a été heureusement bannie de notre législation criminelle où le droit sacré de la défense est laissé dans toute sa plénitude.

Le juge d'instruction qui procède à un interrogatoire doit d'abord, pour établir l'identité du prévenu, lui demander ses nom et prénoms, son âge, sa profession, le lieu de sa naissance et celui de son domicile.

Il doit ensuite l'interroger sur tous les faits de la prévention, et sur tous ceux qui peuvent résulter de l'information, en ayant soin de commencer par les plus anciens en date, afin d'établir plus de méthode et de clarté dans l'interrogatoire.

Il doit enfin veiller à ce que le prévenu s'explique catégoriquement sur toutes les circonstances des temps, des lieux, des personnes, etc., etc.

Mais ce n'est pas seulement d'après la plainte et l'information que l'interrogatoire doit être fait; car il résulte, de cette manière d'agir, que l'on n'obtient, le plus souvent, du prévenu que des dénégations qui ne jettent aucun jour sur l'affaire. Le juge d'instruction doit donc, après avoir entendu le prévenu sur ce point, le suivre dans son propre système et le faire expliquer sur toutes les circonstances qui s'y rattachent, parce qu'il tombe quelquefois dans des contradictions, dans des invraisemblances, qui conduisent à la découverte de la vérité.

Ainsi, par exemple, si le prévenu oppose de sa présence dans un autre lieu au moment où le crime ou le délit, objet des poursuites, a été commis, il faut que le juge d'instruction lui fasse préciser quel est ce lieu, quelle est la distance qui le sépare de celui du crime ou délit, à quelle heure il est parti de son domicile, à quelle heure il est arrivé dans le lieu où il prétend s'être trouvé; qu'il lui demande quels motifs l'avaient engagé à se rendre dans cet endroit; quelles personnes il y a vues; à quelle heure et dans quel lieu il leur a parlé; enfin, quel a été l'emploi de son temps au moment du crime ou du délit, etc., etc.

En suivant le prévenu dans son système de défense, le juge d'instruction doit exiger de lui des explications telles que la justice puisse reconnaître son innocence ou le convaincre d'imposture par les renseignemens qui peuvent être pris ultérieurement.

Tout interrogatoire doit être fait et rédigé par demandes et par réponses.

Assez généralement les juges d'instruction sont dans l'usage de faire écrire par le greffier la demande qu'ils adressent au prévenu, avant d'avoir reçu la réponse de ce dernier; ce mode de procéder nous paraît vicieux, parce que pendant que le magistrat dicte et que le greffier écrit la question, le prévenu a tout le temps de préparer et de méditer la réponse qu'il veut faire. Il est donc plus convenable, pour arriver à la découverte de la vérité, de faire la demande, d'exiger immédiatement après la réponse et de rédiger ensuite le tout.

Les réponses du prévenu doivent être consignées telles qu'il les a faites, et en se servant, autant que possible, des mêmes expressions; car en voulant les rédiger dans un style plus correct et plus relevé, le juge d'instruction pourrait quelquefois en changer involontairement le sens et la portée.

Si le prévenu rétracte en entier ou en partie ce qu'il a déjà déclaré, on ne doit ni le raturer, ni même le rectifier, mais seulement faire transcrire la rétractation, afin de constater d'une manière précise et légale les variations et les contradictions dans lesquelles il peut être tombé.

Le juge d'instruction ne doit pas négliger de demander ensuite au prévenu les motifs d'une semblable conduite et de le suivre dans le nouveau système de défense qu'il vient d'adopter.

Lorsque le prévenu, soit dès le commencement, soit dans le courant de l'interrogatoire, refuse de répondre, le juge instructeur, après l'avoir verbalement sommé de fournir ses réponses, doit procéder à l'interrogatoire ou le continuer, en faisant mention, à la suite de chaque demande, que le prévenu n'a pas voulu y satisfaire; car le silence du prévenu n'est pas un motif suffisant pour clore l'interrogatoire avant d'avoir réclamé de lui des explications sur chaque fait, sur chaque charge résultant de l'information.

Pendant tout le temps que dure l'interrogatoire, le juge d'instruction doit observer avec soin l'attitude du prévenu et suivre tous ses mouvemens. S'il hésite, s'il pâlit, s'il soupire, s'il tremble, s'il verse des larmes, il doit lui en demander la cause, le presser de s'expliquer et constater, dans son procès-verbal, que c'est après telle ou telle demande, telle ou telle réponse, que le prévenu a hésité, pâli, soupiré, etc., etc., et que c'est à tel ou tel motif qu'il croit pouvoir attribuer son émotion, etc. Quelque minutieuses que ces observations puissent paraître, elles ne laissent pas que d'être souvent fort utiles à la manifestation de la vérité.

En interrogeant le prévenu, le juge d'instruction ne doit jamais employer la ruse ni se servir de détours captieux ou de questions insidieuses pour le faire tomber en contradiction avec lui-même ou confesser la vérité : cela est réprouvé tout à la fois par la justice et la morale, parce que, comme le fait très-bien remarquer M. Bérenger, *De la Justice criminelle en France*, p. 402 : « Le juge obtient ainsi » des aveux, qui, souvent involontaires, sont le » fruit du trouble et de la crainte. »

Dans l'ancien droit, l'existence d'une interrogation *suggestive* dans une procédure suffisait pour la faire annuler tout entière.

Rousseaud de la Combe, *Traité des Matières criminelles*, 3e part., chap. 11, p. 322, indique au juge instructeur la manière dont il doit procéder aux interrogatoires, en ces termes : « L'interrogatoire ne » doit point être fait captieusement et en biaisant, » c'est-à-dire par subtilité, encore moins en homme » passionné, fâché et en colère, ni malicieusement. » Le juge ne doit point pareillement abuser l'ac- » cusé, en lui promettant l'impunité de son crime » lors de son interrogatoire, dans la vue de lui faire » avouer le crime dont il est accusé; cela est cap-

» tieux et défendu : car comme il n'est pas permis
» à ce juge de tenir parole à cet accusé, s'il le trou-
» vait coupable, il ne le saurait absoudre ; on ne
» pourrait même asseoir une condamnation sur une
» confession ainsi extorquée par ruse et surprise :
» il doit aussi rédiger les réponses de l'accusé, tant
» à charge qu'à décharge. »

Bornier, *Conférences*, tit. 14, p. 152, fait les mêmes observations, puis il ajoute : « Il est bien per-
» mis au juge de se servir de toutes sortes de moyens
» pour découvrir la vérité; mais il faut qu'ils soient
» justes et légitimes, sans dol ni fraude. «

Nous ajouterons à ces sages observations que
quelle que soit la conduite du prévenu, pendant
l'interrogatoire, le juge d'instruction ne doit jamais
s'écarter du calme et de la modération qui convien-
nent à la dignité de son caractère, et s'il l'invite à
confesser la vérité, s'il lui fait apercevoir les contradictions dans lesquelles il tombe, s'il est obligé
de le rappeler au respect dû à la justice, il doit
toujours le faire avec douceur et convenance; car
il s'adresse à un homme peut-être faussement accusé et aigri par la fâcheuse position dans laquelle
il se trouve; d'ailleurs le malheur, dans tous les cas,
a droit à des égards.

Lors du premier interrogatoire, le juge d'instruction doit faire représenter au prévenu les objets
saisis comme pièces de conviction, lui demander
des explications sur chacun d'eux, et consigner ses

réponses au fur et à mesure qu'il les fait sur chaque objet. S'il s'agit de papiers, il doit requérir en outre le prévenu de les parapher avec lui, et s'il refuse, en faire mention.

Chaque objet représenté doit être décrit avec soin.

Le prévenu a le droit de produire un mémoire justificatif devant le juge d'instruction : ce droit rentre dans l'exercice de sa légitime défense.

Le mémoire ainsi produit doit être joint aux pièces de la procédure, et ne peut en être distrait même sous prétexte qu'il renferme des énonciations de faits susceptibles de poursuites. Ces principes ont été consacrés par la cour de cassation dans un arrêt du 29 décembre 1832.

On peut consulter avec fruit sur cette matière, Jousse, *Traité de la Justice criminelle*, t. 2, 3ᵉ part., liv. 2, tit. 13; Bornier, *Conférences*, t. 2, tit. 14; Rousseaud de la Combe, *Traité des Matières criminelles*, 3ᵉ part., chap. 11; Legraverend, t. 1, p. 248 et suiv.; Bérenger, *De la Justice criminelle en France*, p. 401 et suiv.

SECTION IV.

De la forme des interrogatoires.

———

Tout interrogatoire doit commencer par un préambule renfermant :

1° L'année, le jour, l'heure et le lieu de l'interrogatoire;

2° Les nom et prénoms du magistrat qui y procède;

3° Les nom et prénoms du greffier ou du commis-greffier dont ce magistrat est assisté;

4° Le mandat en vertu duquel le prévenu comparaît, et s'il est déjà détenu, par l'effet de quel mandat;

5° Les nom, prénoms, âge, profession, lieu de naissance et du domicile du prévenu.

Les demandes adressées par le juge instructeur au prévenu et les réponses de ce dernier doivent être écrites, à la suite de ce préambule, par le greffier, sous la dictée et la surveillance du juge; elles ne doivent renfermer ni blancs, ni surcharges, ni ratures, ni interlignes.

Dans tous les cas, les surcharges, ratures et renvois doivent être approuvés.

Lorsque l'interrogatoire est terminé, le juge

d'instruction doit en faire donner, par le greffier, lecture au prévenu ; il doit lui demander ensuite si ses réponses ont été retenues telles qu'il les a faites ; s'il y persiste, faire consigner sa réponse sur ce point et signer l'interrogatoire avec lui et le greffier.

Si le prévenu, ne sait, ne peut ou ne veut signer, il doit en être fait mention.

Chaque interrogatoire doit être constaté par un procès-verbal distinct et former un cahier séparé. Il en est de même, à plus forte raison, lorsqu'il y a plusieurs prévenus dans la même affaire.

Lorsque le ministère d'un interprète devient nécessaire, le préambule de l'interrogatoire doit énoncer les motifs de cette mesure, les nom et prénoms, l'âge, la profession et le domicile de l'interprète, et faire mention, qu'avant d'entrer en fonctions, il a prêté, entre les mains du juge, le serment prescrit par la loi. Dans ce cas l'interprète doit signer l'interrogatoire. (Voy. le chap. xvi *Des Interprètes.*)

CHAPITRE XIV.

DE LA CONFRONTATION.

SECTION I.

SOMMAIRE.

Ce que c'est que la confrontation. — Quelles personnes peuvent être confrontées. — Dans quelles circonstances.

La confrontation est un acte par lequel deux ou plusieurs individus sont mis en présence pour être interrogés et s'expliquer contradictoirement sur certains faits.

Le code d'instruction criminelle n'a pas placé la confrontation, ainsi que l'avait fait l'ordonnance de 1670, au nombre des formalités de l'instruction préparatoire; mais le silence du législateur n'est pas une prohibition, et le juge d'instruction peut légalement employer cette mesure, lorsque, d'après les circonstances particulières de l'affaire dont il demeure seul appréciateur, il pense qu'elle est nécessaire ou qu'elle peut être utile à la manifestation de la vérité.

La confrontation peut avoir lieu :

Entre témoins;

Entre prévenus;

Entre témoins et prévenus.

Il y a lieu à confrontation entre témoins : si deux ou plusieurs individus qui prétendent avoir été les témoins d'un crime ou d'un délit, en rapportent différemment les circonstances principales; s'ils sont discordans, soit sur le jour, l'heure ou le lieu de ce crime ou de ce délit, soit sur le nombre des coupables, soit sur la nature des armes ou des instrumens dont ils se sont servis; si enfin, leurs dépositions se combattent et se détruisent de telle manière qu'elles ne puissent être considérées comme étant toutes l'expression de la vérité, etc., etc.

Il y a lieu à confrontation entre prévenus : si, dans le cours d'une information dirigée contre plusieurs individus, l'un d'eux, protestant de son innocence, accuse les autres d'être seuls les auteurs du crime ou du délit à raison duquel ils sont tous poursuivis; si les aveux faits par un prévenu sont formellement déniés par ses complices; si deux prévenus s'accusent réciproquement; si enfin, deux prévenus, en faisant l'aveu du fait qui leur est imputé, diffèrent sur les moyens à l'aide desquels ils l'ont tenté ou consommé et sur la part plus ou moins active que chacun d'eux y a prise, etc., etc.

Il y a lieu à confrontation entre témoins et prévenus : si les personnes qui ont vu commettre un crime ou un délit n'en ont pas parfaitement reconnu

l'auteur ou les auteurs; si un ou plusieurs prévenus cachent leurs véritables noms et leurs qualités;
si les témoins et les prévenus ne s'accordent pas
sur les pièces de conviction ou les preuves par écrit;
enfin si un prévenu, en convenant du fait, objet des
poursuites, est en opposition manifeste avec les
témoins sur les différentes circonstances qui l'ont
entouré, etc., etc.

Les cas de confrontation que nous venons d'indiquer seulement comme des exemples, démon-
trent suffisamment que cette mesure, toujours utile, est souvent nécessaire à la manifestation de la
vérité.

SECTION II.

SOMMAIRE.

Où la confrontation doit être faite.

La confrontation, comme l'audition des témoins
ou les interrogatoires des prévenus, doit être faite
dans la chambre d'instruction ou dans celle de la
geôle.

Cependant lorsqu'il est constaté d'une manière
légale que le témoin qui doit être confronté se
trouve, pour cause de maladie, dans l'impossibilité
de se présenter au jour et à l'heure désignés, le juge
d'instruction, si la confrontation est *urgente*, com-

me, par exemple, quand on craint pour les jours du témoin, peut se transporter dans son domicile, y faire conduire le prévenu sous bonne et sûre escorte, et procéder immédiatement à la confrontation.

Si, au contraire, c'est le prévenu qui se trouve retenu pour cause de maladie, soit dans la maison d'arrêt, soit dans un hospice, le juge d'instruction peut également se transporter auprès de lui avec les témoins qui doivent être confrontés.

SECTION III.

SOMMAIRE.

Comment doit se faire la confrontation, et de sa forme.

————

1° Le juge d'instruction, assisté de son greffier, fait comparaître devant lui les personnes qu'il veut confronter.

S'il s'agit de témoins, il les fait citer à jour et heure fixes.

S'il s'agit de prévenus non arrêtés, il les appelle, selon les circonstances, par un mandat de comparution ou par un mandat d'amener.

Si les prévenus sont déjà placés sous la main de la justice, il les fait extraire de la maison d'arrêt.

Dans le cas d'impossibilité de comparaître de la part d'un témoin ou d'un prévenu, le juge d'ins-

truction procède ainsi que nous l'avons indiqué
dans la précédente section.

2° Il demande aux comparans leurs prénoms,
nom, âge, profession et domicile.

3° Il fait représenter aux témoins la citation qui
leur a été donnée. (Art. 74 du c. d'inst. crim.)

Il leur fait prêter le serment de dire *toute la vérité, rien que la vérité*, et leur demande s'ils sont
domestiques, parens ou alliés des parties et à quel
degré : il est fait mention de la demande, et des réponses des témoins. (Art. 75 du même code.)

4° Il interpelle les personnes qu'il confronte de
déclarer si elles se connaissent.

5° Il procède ensuite à la confrontation en leur
adressant alternativement les questions qu'il juge
convenable de leur faire pour parvenir au but qu'il
s'est proposé.

6° Les demandes adressées aux individus confrontés, leurs réponses et leurs observations, doivent
être écrites, les unes à la suite des autres, par le
greffier, sous la dictée et la surveillance du juge
d'instruction.

Aucune interligne ne peut être faite.

Les ratures et les renvois doivent être approuvés
et signés par les personnes confrontées, par le juge
d'instruction et par le greffier.

Les interlignes, ratures et renvois non approuvés, sont, comme dans tous les autres actes, réputés non avenus.

7° S'il existe des pièces de conviction qu'il est utile de faire reconnaître par les personnes confrontées, le juge d'instruction doit les leur faire représenter, les interpeller de déclarer si elles les reconnaissent, et faire consigner par écrit tout ce qui est dit de part et d'autre à cet égard. S'il s'agit de papiers, il doit les leur faire parapher.

8° Lorsque la confrontation est terminée, le juge d'instruction doit en faire donner lecture, interpeller les personnes qui en ont été l'objet de déclarer si elles persistent dans leurs dires respectifs, faire constater leurs réponses sur ce point et signer le procès-verbal avec elles et le greffier. Tout empêchement ou refus de signer doit être mentionné.

9° Toute confrontation doit être datée, énoncer le lieu où elle est faite, et former un cahier séparé.

10° Si le ministère d'un interprète a été nécessaire, le procès-verbal de confrontation doit être signé par lui et contenir en outre les énonciations que nous avons indiquées, chap. XIII, sect. IV. (Voy. aussi le chap. XVI *Des Interprètes*.)

Voyez encore sur la confrontation le titre 15 de l'ordonnance de 1670, les commentateurs de cette ordonnance, et Pothier, *Traité de la Procédure criminelle.*

CHAPITRE XV.

DES COMMISSIONS ROGATOIRES.

———————

SECTION I.

SOMMAIRE.

Définition de la commission rogatoire. — Le droit de délégation n'est pas restreint aux seuls cas déterminés par le code d'instruction criminelle.—Objets des commissions rogatoires. — La commission rogatoire est, selon les circonstances, facultative ou obligée.

———————

La commission rogatoire est un acte par lequel un magistrat délègue un autre magistrat ou un officier de police judiciaire à l'effet de procéder à un ou plusieurs actes de sa compétence.

Le droit de donner des commissions rogatoires n'est pas restreint aux seuls cas déterminés par le code d'instruction criminelle, dans les articles 83 et 84, dont les dispositions ne sont qu'indicatives; tous les auteurs sont d'accord sur ce point.

M. Legraverend, t. 1, p. 297, s'exprime ainsi : « Une lecture trop superficielle des dispositions du » code d'instruction criminelle, à cet égard, avait » persuadé à divers magistrats que la voie de délé-

» gation ne pouvait être mise en usage que dans les
» cas qui se trouvent expressément indiqués par le
» code ; mais cette manière d'entendre et d'appli-
» quer la loi est une erreur évidente, qu'il faut évi-
» ter avec soin dans l'instruction. Le droit de délé-
» guer tient aux règles générales de la procédure
» criminelle. Les dispositions du code sont indica-
» tives et ne sont point limitatives : elles citent
» comme un exemple une circonstance qui rend la
» délégation indispensable ; mais elles ne contien-
» nent aucune expression qui prive le juge d'ins-
» truction de la faculté de déléguer hors les cas in-
» diqués, lorsqu'il l'estime convenable d'après quel-
» que motif légitime. »

« Non-seulement, dit M. Bourguignon, sur l'ar-
» ticle 83, le juge d'instruction peut commettre un
» juge de paix, ou requérir un autre juge d'ins-
» truction pour entendre des témoins dans les cas
» des articles 83 et 84, mais il peut encore les com-
» mettre et requérir pour faire les visites, perqui-
» sitions et autres procédures mentionnées dans les
» articles 35, 36, 37, 38, 39, 87, 88, 89 et 90, ainsi
» que ledit article 90 l'y autorise. »

M. Dalloz, t. 9, p. 495, ne soulève même pas la
question : « La faculté de donner une commission
» rogatoire, dit-il, n'est pas bornée aux cas indi-
» qués par le code ; les criminalistes reconnaissent
» que le juge d'instruction peut employer ce moyen
» pour les différens actes placés dans ses attribu-
» tions...... »

Il faut donc tenir pour constant, que, dans les articles 83 et 84, le code d'instruction criminelle n'a fait que poser le principe, et que, hors les cas d'une nécessité absolue, toutes les fois qu'une commission rogatoire peut éviter des déplacemens inutiles, des frais frustratoires et apporter plus de rapidité dans la marche de la procédure, le juge d'instruction peut et doit même l'employer, puisqu'il n'existe dans la loi aucune disposition prohibitive de cette faculté. (Voy. la circ. du ministre de la justice en date du 23 septembre 1812.)

Les commissions rogatoires ont, en général, pour objet :

L'audition d'un ou de plusieurs témoins :

1° Lorsqu'il est constaté, par le certificat d'un docteur en médecine ou d'un officier de santé, qu'un ou plusieurs témoins, habitant hors du canton du juge d'instruction, se trouvent dans l'impossibilité de comparaître sur la citation qui leur a été donnée. (Voy. art. 83 du c. d'inst. crim.)

2° Lorsque les témoins résident hors de l'arrondissement du juge d'instruction. (Voy. art. 84 du c. d'inst. crim.)

3° En l'absence des deux circonstances ci-dessus, lorsque le juge d'instruction ne pense pas qu'il soit nécessaire d'entendre lui-même les témoins.

Remarquons, toutefois, que le juge d'instruction ne peut déléguer l'audition des témoins au juge de paix de sa résidence. (Voy. M. Carnot, t. 1, p. 368, et M. Legraverend, t. 1, p. 300 et 301.)

La recherche des preuves par écrit et des pièces de conviction, lorsqu'elles se trouvent hors du canton ou de l'arrondissement du juge d'instruction. (Voy. art. 83, 84, 90 et 431 du c. d'inst. crim.)

L'interrogatoire des prévenus, dans le cas prévu par les articles 100, 101, 102 et 103 du code d'instruction criminelle, c'est-à-dire lorsque le prévenu contre lequel un mandat d'amener a été décerné, est trouvé, après plus de deux jours depuis la date du mandat, hors de l'arrondissement de l'officier qui l'a délivré et à une distance de plus de cinq myriamètres du domicile de cet officier, et que le procureur du roi de l'arrondissement où il a été rencontré a décerné contre lui un mandat de dépôt.

La délivrance d'un mandat de comparution contre l'inculpé et son interrogatoire, lorsque cet inculpé réside hors de l'arrondissement du juge d'instruction et que ce magistrat ne juge pas utile à la manifestation de la vérité de l'interroger lui-même. La commission rogatoire, dans ce cas, est toute dans l'intérêt de l'inculpé.

Mais le droit de délégation, s'étend-il jusqu'à la délivrance des mandats d'amener, de dépôt et d'arrêt?.. Nous ne le pensons pas : d'une part, ces mandats ont des conséquences trop graves pour qu'il soit permis de suppléer au silence de la loi sur ce point; d'autre part, l'article 283 du code d'instruction criminelle, en accordant aux procureurs du roi et aux présidens des cours d'assises, dans les cas où ils sont autorisés à remplir les fonctions d'officiers de police judiciaire ou de juge d'instruction, le droit de déléguer au procureur du roi, au juge d'instruction et au juge de paix, même d'un arrondissement communal voisin du lieu du délit, les fonctions qui leur sont respectivement attribuées, en excepte formellement le pouvoir de décerner contre les prévenus les mandats d'amener, de dépôt et d'arrêt. Or, cette prohibition doit, à plus forte raison, être applicable au juge d'instruction dont le droit de déléguer est toujours moins étendu que celui accordé aux présidens des cours d'assises par l'article 283. Telle est aussi l'opinion de MM. Bourguignon, sur l'article 83, et Dalloz, t. 9, p. 495.

La voie de la commission rogatoire est, suivant les circonstances, facultative ou obligée.

Elle est facultative, si le juge d'instruction, sans sortir du cercle de ses attributions, peut procéder lui-même aux opérations pour lesquelles il délègue.

Elle est obligée, lorsque le juge d'instruction ne pourrait sans violer les règles de sa compétence, se livrer lui-même à un acte, à une opération nécessaires à l'instruction de la procédure.

Les commissions rogatoires peuvent toujours être provoquées par le procureur du roi, mais ses conclusions ne sont pas d'une absolue nécessité. (Voy. M. Bourguignon, sur l'art. 83.)

SECTION II.

SOMMAIRE.

Quels magistrats le juge d'instruction saisi de la procédure peut
déléguer. — Le juge d'instruction peut adresser directement
la commission rogatoire au magistrat délégué. — Exceptions
à cette règle. — Attributions du magistrat délégué. — Le juge
d'instruction ne peut annuler les actes irréguliers faits sur sa
délégation; mais il a le droit de les refaire.

Les magistrats auxquels le juge d'instruction, saisi
de la procédure, peut adresser des commissions rogatoires, sont :

Les juges de paix de son ressort;

Les juges d'instruction des différens arrondissemens du royaume ;

Les magistrats ou fonctionnaires, qui, dans certains cas exceptionnels, sont appelés à remplir les
fonctions de juge instructeur;

(Voy. art. 83, 84, 90, 103, 510 et suiv. du c. d'inst.
crim.; un décr. du 4 mai 1812; la loi du 18 prairial
an II ; et, dans cet ouvrage, le chap. IX, sect. IX et X.)

A Paris, les commissaires de police attachés aux
délégations.

La commission rogatoire ne peut être arbitrairement adressée à un magistrat de préférence à un
autre, et il faut toujours que le magistrat délégué
soit compétent pour remplir l'objet de la délégation.

Cette compétence est déterminée, selon les cas, par le domicile des témoins (art. 83, 84, 510 et suiv. du c. d'inst. crim.; décr. du 4 mai 1812; loi du 18 prairial an 11); par le lieu où se trouvent ou par celui où l'on présume que peuvent se trouver les preuves par écrit et les pièces de conviction (art. 87, 88, 89 et 90 du c. d'inst. crim.); par la maison d'arrêt dans laquelle a été placé sous mandat de dépôt, le prévenu frappé d'un mandat d'amener, trouvé dans le cas du premier paragraphe de l'article 100 du code d'instruction criminelle. (Art. 100, 101, 102 et 103 de ce code, etc., etc., etc.)

Mais quel que soit l'objet de la commission rogatoire, le juge d'instruction ne peut commettre directement un juge de paix appartenant à un ressort autre que le sien, et il doit toujours requérir le juge d'instruction de l'arrondissement où les opérations doivent être faites, sauf à ce magistrat à déléguer, le cas échéant, un des juges de paix de son ressort. (Voy. art. 84 et 90 du c. d'inst. crim.)

En règle générale, le juge d'instruction peut adresser directement la commission rogatoire au magistrat délégué : ce droit résulte de l'ensemble des dispositions du code d'instruction criminelle et notamment des articles 83, 84, 85, 90 et 103; mais il n'en est pas ainsi quand il s'agit d'entendre, soit des témoins militaires, soit des témoins résidant hors du territoire français.

Dans le premier cas, le juge d'instruction doit

se conformer, pour l'envoi de la commission rogatoire, aux dispositions de la loi du 18 prairial an
II, qui règle la manière dont les témoins militaires
doivent être entendus en justice. (Voy. chap. IX,
sect. IX.)

Dans le second cas, comme les magistrats français
ne peuvent ni requérir ni commettre directement
les magistrats d'un autre État à l'effet de procéder
à une opération quelconque, la commission rogatoire doit être transmise au ministre de la justice
qui prend les mesures convenables pour qu'elle
parvienne à sa destination et soit exécutée. (Voy.
M. Legraverend, t. I, p. 299.)

La commission rogatoire confère au magistrat
qui la reçoit les attributions du magistrat de qui elle
émane et il est autorisé à faire, pour son exécution,
tout ce qu'aurait pu faire ce magistrat lui-même,
en se conformant d'ailleurs aux règles prescrites
par la loi, relativement aux opérations qui font
l'objet de la délégation. Cependant le juge de paix,
qui procède en vertu d'une commission rogatoire,
ne peut prononcer l'amende portée par l'article 80
du code d'instruction criminelle, contre le témoin
qui, sans excuse légitime, ne comparaît pas sur la
citation qui lui a été donnée, ou qui, pour se dispenser de comparaître, allègue une excuse reconnue
fausse : son incompétence à cet égard résulte évidemment des termes du second paragraphe de l'article 86 du même code, ainsi conçu :

« La peine portée en pareil cas sera prononcée
» par le juge d'instruction du même lieu, et sur la
» réquisition du procureur du roi, en la forme
» prescrite par l'article 80. »

Cette disposition est trop claire, trop précise
pour pouvoir donner lieu à interprétation, et il faut
tenir pour certain, que, dans toutes les circonstances, c'est le juge d'instruction du lieu de la résidence du témoin qui a seul le droit de prononcer
l'amende. (Voy. M. Legraverend, t. 1, p. 300.)

Que doit faire alors le juge de paix lorsqu'un témoin par lui cité a encouru cette peine?... Il doit
se borner à dénoncer le fait au juge d'instruction
de son arrondissement, qui procède contre le témoin en la forme prescrite par l'article 80.

Mais si le juge de paix délégué n'a pas le droit de
prononcer l'amende, il a incontestablement celui
de décerner le mandat de dépôt contre le témoin
qui a allégué une excuse fausse, et contre le médecin ou l'officier de santé qui a délivré un faux certificat dans les cas des articles 83 et 84 du code
d'instruction criminelle. Ce droit lui est conféré par
le premier paragraphe de l'article 86, dans lequel le
législateur parle, sans restriction, *du juge* qui s'est
transporté sur les lieux, ce qu'il n'a pas fait dans
le second paragraphe que nous venons de citer ci-
dessus. Tel est aussi l'avis de MM. Carnot, t. 1, p.
371; et Legraverend, t. 1, p. 300.

Lorsque le magistrat délégué a procédé aux opérations, objet de la commission rogatoire, il doit la renvoyer, avec les procès-verbaux qui en ont été la suite, au juge d'instruction saisi de la procédure : cet envoi doit être clos et cacheté. (Voy. art. 85 du c. d'inst. crim.)

A la réception de ces pièces, le juge d'instruction doit en faire l'examen avant de les joindre à la procédure, et il a le droit de refaire soit par lui-même, soit par une délégation nouvelle, les actes qui seraient entachés de nullité (Voy. art. 60 du c. d'inst. crim.); mais il ne peut, dans aucun cas, en prononcer la nullité, ce droit n'appartenant qu'à la chambre du conseil ou à la chambre des mises en accusation, selon les circonstances. La cour de cassation, par un arrêt du 27 août 1818, rendu pendent l'instruction de la célèbre affaire Fualdès, a consacré ces principes en ces termes :

« Attendu que le code d'instruction criminelle,
» en instituant les juges d'instruction, a déterminé
» d'une manière précise l'étendue et les limites de
» l'autorité qui leur était conférée; que les attribu-
» tions sont de droit étroit et ne peuvent être éten-
» dues au-delà de ce qui a été expressément réglé
» par la loi; que, par une conséquence nécessaire
» de l'objet de leurs fonctions, et par suite d'ail-
» leurs du § 11 de l'article 60, les juges d'instruction
» ont sans doute le droit de refaire, par eux-mêmes
» ou par des délégations nouvelles, les actes des
» officiers de police judiciaire par eux commis ou

» délégués, comme ceux des officiers de police ju-
» diciaire qui ont agi sans leur concours dans les
» affaires dont l'instruction leur est ensuite dévo-
» lue, lorsque ces actes leur paraissent incomplets
» ou entachés de vices qui ne permettraient pas de
» les employer comme élémens d'une procédure
» régulière; mais qu'aucune disposition de loi ne
» les autorisant à annuler ces actes, ils ne pour-
» raient en prononcer l'annulation sans commettre
» un excès de pouvoirs; que l'annulation d'un acte
» est, en effet, l'exercice du droit de rendre des
» jugemens, et que, hors les cas expressément ex-
» ceptés par la loi, ce droit n'appartient qu'aux
» tribunaux; que, s'il y a donc lieu à l'annulation
» d'un acte fait pour l'instruction, ou par suite de
» l'instruction, dans l'exercice du pouvoir de la po-
» lice judiciaire, cette annulation ne peut être pro-
» noncée que par la chambre du conseil en premier
» ressort, et par les chambres d'accusation des
» cours royales par voie d'appel, ou sur des ren-
» vois ordonnés devant elles, ou, même directement,
» dans les divers cas où ces chambres peuvent être
» immédiatement saisies des procédures ; que le
» droit des chambres d'accusation, pour pronon-
» cer cette annulation, résulte expressément de l'ar-
» ticle 415 du code d'instruction criminelle, etc... »

SECTION III.

SOMMAIRE.

De la forme des commissions rogatoires.

———

Le code d'instruction criminelle ne détermine aucune forme particulière pour la commission rogatoire : il résulte seulement des articles 83, 84, 5ı ı, 5ı4 et 5ı7, qu'elle doit contenir un état des faits, demandes et questions sur lesquels les témoins doivent déposer; mais l'importance de cet acte exige qu'il soit revêtu des formalités principales communes aux autres actes de la procédure.

Toute commission rogatoire, quel que soit son objet, doit donc renfermer :

1º Les prénoms, nom, qualité et résidence du magistrat de qui elle émane;

2º Le fait à raison duquel s'instruit la procédure qui donne lieu à la commission;

3º Les prénoms, nom, profession et domicile du prévenu ou des prévenus lorsqu'ils sont connus;

4º L'article ou les articles de la loi qui autorisent la délégation;

5º La qualité du magistrat délégué et le lieu de sa résidence;

6º L'énonciation claire et précise des opérations auxquelles ce magistrat doit procéder;

7° Toutes les notes, toutes les instructions, dont le magistrat délégué, qui est tout-à-fait étranger à la procédure, peut avoir besoin pour bien remplir la mission qui lui est confiée.

Ainsi, par exemple, s'il s'agit de l'audition de plusieurs témoins, la commission rogatoire doit les désigner par leurs prénoms, nom, profession et domicile, et indiquer les faits particuliers sur lesquels chacun d'eux est appelé à déposer;

S'il s'agit de l'interrogatoire d'un prévenu, la commission rogatoire, après l'avoir désigné par ses prénoms, nom, profession et domicile, doit contenir les différentes questions qui doivent lui être adressées, et faire connaître celles sur lesquelles il convient d'insister le plus;

Si, enfin, la commission rogatoire a pour objet de rechercher des preuves par écrit ou des pièces de conviction, elle doit, autant que possible, en renfermer la description exacte pour que le magistrat délégué ne puisse pas se tromper dans ses perquisitions, et, de plus, désigner les lieux où elles ont été déposées, ou ceux dans lesquels on présume qu'elles peuvent être trouvées;

8° Comme tous les actes de la procédure, la commission rogatoire doit être datée, signée par le juge d'instruction, scellée de son sceau, écrite et signée par son greffier.

Il est des cas où les opérations qui donnent lieu à la commission rogatoire exigent qu'elle soit ac-

compagnée de procès-verbaux, d'actes ou de pièces
faisant partie de la procédure; mais, à moins d'une
nécessité absolue, comme, par exemple, en matière
de faux, il est plus convenable et plus prudent de
n'en joindre qu'une copie afin d'éviter les graves
inconvéniens qui pourraient résulter du déplacement de pièces originales souvent de la plus haute
importance.

En règle générale, les pièces d'une procédure ne
doivent être transmises en minute que lorsqu'il y
a lieu de les adresser en partie ou en totalité, soit
à un tribunal, soit à une cour, soit au ministre de
la justice. (Voy. art. 59 du déc. du 18 juin 1811.)

Lorsque dans la même procédure il devient nécessaire de déléguer plusieurs magistrats, chacun
d'eux doit recevoir, en minute, la commission rogatoire qui le concerne, et l'on ne pourrait, sans
commettre une grave irrégularité, en rédiger une
commune et leur en adresser ensuite des expédi-
tions. (Voy. M. Legraverend, t. 1, p. 298.)

CHAPITRE XVI.

DES INTERPRÈTES.

La nécessité de nommer un interprète au témoin ou au prévenu, qui, par un motif quelconque, ne peut se faire comprendre et exprimer sa pensée, est un cas prévu depuis long-temps dans notre législation criminelle.

L'ordonnance de 1670, titre 14, article 11, prescrivait de nommer un interprète à l'accusé qui n'entendait pas la langue française.

Cette même ordonnance, titre 18, article 1, voulait encore que dès le commencement de l'instruction l'accusé sourd-muet fût pourvu d'office par le juge, d'un curateur sachant lire et écrire qui était chargé de répondre pour lui. Ce curateur devait faire serment de bien et fidèlement défendre l'accusé. (Voy. art. 2, tit. 18, de la même ordonn.)

La loi en forme d'instruction du 29 septembre 1791 renfermait la disposition suivante : « Dans le
» cas où l'accusé, les témoins ou l'un d'eux, les ju-
» rés ou l'un d'eux, ne parleraient pas le même
» langage, et auraient besoin d'un interprète pour
» s'entendre et se communiquer leurs pensées dans
» le débat, le président du tribunal criminel en
» fera appeler un qui soit âgé de vingt-cinq ans
» au moins, et lui fera prêter serment de traduire
» fidèlement, et suivant sa conscience, le discours
» qu'il sera chargé de transmettre entre ceux qui
» parlent des langages différens. »

Cette même loi contenait relativement aux sourds-muets une observation importante qu'il est bon de rappeler : « L'assemblée nationale, y était-il dit, a
» été convaincue de ce principe, fondé sur la pré-
» somption de l'innocence, et suivant lequel la
» société doit se charger de faire la preuve contre
» l'individu qu'elle accuse; en conséquence, elle
» s'est bien gardée d'établir rien de semblable à la
» procédure contre le muet volontaire, qui avait lieu
» suivant les anciennes formes. Quant aux muets
» naturels, l'assistance de leurs amis et conseils lè-
» vera toutes les difficultés à leur égard. Cette as-
» sistance aura lieu pour eux dans toutes les par-
» ties de la procédure. La loi n'a pas de disposition
» sur ce sujet, parce qu'elle laisse à la prudence

» et à la conscience des juges, l'emploi de tous
» les moyens propres à mettre la vérité dans son
» jour. »

Le code du 3 brumaire an iv, ne s'occupait pas
des sourds-muets, mais il disposait, article 368 :
« Dans le cas où l'accusé, les témoins ou l'un d'eux,
» ne parleraient pas le même langage ou le même
» idiome, le président du tribunal criminel nomme
» d'office un interprète âgé de vingt-cinq ans au
» moins, et lui fait promettre de traduire fidèle-
» ment, et suivant sa conscience, les discours à
» transmettre entre ceux qui parlent des langages
» différens... »

Le code d'instruction criminelle, dans ses articles 332 et 333, détermine les cas où le ministère
d'un interprète est nécessaire.

Article 332 : «Dans le cas où l'accusé, les témoins
» ou l'un d'eux ne parleraient pas la même langue
» ou le même idiome, le président nommera d'of-
» fice, à peine de nullité, un interprète âgé de
» vingt-un ans au moins, et lui fera, sous la même
» peine, prêter serment de traduire fidèlement les
» discours à transmettre entre ceux qui parlent des
» langages différens.

» L'accusé et le procureur général pourront ré-
» cuser l'interprète, en motivant leur récusation.

» La cour prononcera.

» L'interprète ne pourra, à peine de nullité, mê-
» me du consentement de l'accusé ni du procureur

» général, être pris parmi les témoins, les juges et
» les jurés. »

Article 333 : « Si l'accusé est sourd-muet, et ne
» sait pas écrire, le président nommera d'office
» pour son interprète la personne qui aura le plus
» d'habitude de converser avec lui.

» Il en sera de même à l'égard du témoin sourd-
muet.

» Le surplus des dispositions du prédédent arti-
» cle sera exécuté.

» Dans le cas où le sourd-muet saurait écrire,
» le greffier écrira les questions et observations qui
» lui seront faites; elles seront remises à l'accusé
» ou au témoin, qui donneront par écrit leurs ré-
» ponses ou déclarations. Il sera fait lecture du tout
» par le greffier. »

Bien que ces articles se trouvent placés dans le
chapitre relatif à l'instruction devant les cours d'assises, leurs dispositions n'en sont pas moins applicables à l'instruction préliminaire. En effet, si le juge
d'instruction ne pouvait avoir recours au ministère
d'un interprète, quand les circonstances l'exigent,
paralysé dans ses investigations, privé quelquefois
de la seule voie qui lui serait offerte pour arriver
à la découverte de la vérité, il se trouverait dans
l'impossibilité de pouvoir compléter la procédure,
et l'impunité des coupables ou l'injuste détention
des innocens, seraient souvent les tristes résultats
du silence du législateur.

La loi d'instruction du 29 septembre 1791 ne laissait aucun doute à cet égard ; elle portait : « Les » officiers de police, directeurs de jurés et prési- » dens des tribunaux criminels, pourront égale- » ment appeler des interprètes toutes les fois qu'ils » en auront besoin pour recevoir des déclarations » et dépositions. »

Tel est aussi l'avis de M. Legraverend, t. 1, p. 252 : « Quoique le code d'instruction, dit cet auteur, ne » parle des interprètes qu'au chapitre des cours » d'assises, l'obligation d'en nommer, dans le cas » que ce code détermine, est commune, non-seule- » ment aux autres tribunaux, mais encore aux ma- » gistrats chargés de l'instruction. »

M. Carnot, t. 2, p. 564, professe la même opinion en ces termes : « Les articles 332 et 333, ne s'occu- » pent que de l'instant des débats ; mais l'applica- » tion doit s'en faire à tous les cas ; de sorte que le » juge d'instruction, chargé de procéder à l'infor- » mation sur un crime dont un sourd-muet peut » être prévenu, doit également lui nommer un in- » terprète lorsqu'il ne sait pas écrire ; le code d'ins- » truction criminelle ne le défend pas, et la nature » des choses l'exige.... »

Il faut donc tenir pour constant que les articles 332 et 333 ne sont qu'énonciatifs, pour les cas qu'ils supposent, d'un droit qui rentre nécessairement dans les attributions des juges d'instruction pour les cas semblables. Nous disons que le droit de nommer les interprètes rentre dans les attributions des juges d'instruction, parce que ce droit étant conféré aux présidens des cours d'assises qui ont la direction des débats, il doit, par analogie, en être de même pour les juges d'instruction qui ont la direction de la procédure ; sauf au procureur du roi et au prévenu à user, s'ils le jugent convenable, du droit de récusation réservé au procureur général et à l'accusé.

La nomination d'un interprète étant une exception à la règle générale qui veut que les témoins et les prévenus répondent en personne et par eux-mêmes, l'on ne doit user de ce moyen que lorsque la position du témoin ou du prevenu le réclame impérieusement : c'est pourquoi le ministère de l'interprète devient inutile lorsque le sourd-muet sait écrire, et l'article 333 trace la marche qu'il faut suivre, dans cette circonstance, soit pour recevoir sa déposition, soit pour l'interroger.

Remarquons aussi que le code d'instruction criminelle ne veut pas, comme l'ordonnance de 1670, que le prévenu sourd-muet soit pourvu d'un curateur dès le commencement de l'instruction.

La loi de 1791 et le code du 3 brumaire an IV exigeaient que l'interprète fût âgé de vingt-cinq ans au moins; le code d'instruction criminelle, au contraire, fixe l'âge de l'interprète à vingt-un ans au moins, lorsqu'il s'agit d'accusés ou de témoins ne parlant pas la même langue ou le même idiome

(art. 332), et ne détermine aucun âge lorsqu'il s'a-
git d'un accusé ou d'un témoin sourd-muet (art.
333). Ainsi jugé par arrêt de la cour de cassation
du 23 décembre 1834.

Le code de brumaire, article 369, permettait,
lorsque l'accusé et l'accusateur public y consen-
taient, de prendre l'interprète parmi les témoins ou
les jurés; d'après le code d'instruction criminelle,
au contraire, l'interprète ne peut, à peine de nullité, être pris parmi les témoins, les juges et les jurés,
même du consentement de l'accusé et du procureur
général (art. 332).

Le greffier du tribunal ou de la cour saisi de l'affaire et celui qui assiste le juge d'instruction peuvent-ils être choisis pour interprètes? Nous le pensons, puisque le greffier ne se trouve pas nominativement compris dans l'exception de l'article 332,
et que, dans le silence de la loi, l'on ne peut créer
des incompatibilités. Cette question qui s'était éle-
vée sous le code de brumaire avait été résolue,
dans ce sens, par un arrêt de la cour de cassation
du 22 janvier 1808 ainsi motivé :

« Attendu que rien ne s'opposait à ce que le com-
» mis-greffier N.... fût choisi pour interprète; que
» la loi ne le défendant pas, cette mission pouvait
» lui être déléguée, etc.... »

Le code d'instruction criminelle ayant gardé le
même silence que celui de brumaire, il y a, aujour-
d'hui, même raison de décider. (Voy. MM. Legra-

verend, t. 1, p. 253 et 254, et Carnot, t. 2, p. 559.)

Dans les cas d'une nécessité absolue, une femme peut être employée comme interprète. (Voy. un arr. de la cour de cass. du 16 avril 1818, et MM. Carnot, t. 2, p. 562, et Legraverend, t. 1, p. 254.)

La loi n'exige pas que l'interprète soit français; cette mission peut même être confiée à un individu en état de domesticité. Ces questions soumises à la cour de cassation ont été résolues, dans ce sens, par arrêt du 2 mars 1827, motivé : « sur ce que » l'article 332 du code d'instruction criminelle » n'exige pas que l'interprète soit français et qu'il » jouisse de l'exercice de ses droits civils. »

L'importance des fonctions de l'interprète fait un devoir au magistrat qui doit le nommer d'apporter tous ses soins et la plus grande réserve dans le choix qu'il est appelé à faire : qu'il ne se décide donc pas légèrement, mais qu'il recherche toujours la personne qui offre le plus de garanties par ses connaissances et surtout par une probité bien reconnue. (Voy. à cet égard, Jousse, *Traité de la Justice criminelle*, t. 2, 3e part., liv. 2, p. 260, et Rousseaud de la Combe, *Traité des Matières criminelles*, p. 320.)

Dans l'instruction préliminaire, les fonctions de l'interprète consistent, le plus ordinairement, à traduire au témoin ou au prévenu, dans sa langue, lorsqu'il en parle une étrangère, par signes et gestes, lorsqu'il est sourd-muet, les demandes et observations du juge, et à transmettre, en français, à ce magistrat, la déposition du témoin ou les réponses du prévenu.

Dans le cas de confrontation de deux ou plusieurs personnes qui ne parlent pas la même langue ou le même idiome, les fonctions de l'interprète ont aussi pour objet de traduire les discours à transmettre, soit entre les personnes confrontées, soit entre elles et le magistrat qui procède à la confrontation.

L'interprète doit éviter de suggérer au prévenu ses réponses et surtout aucun moyen de déguiser la vérité; il doit éviter aussi de diriger le témoin dans sa déposition.

Avant d'entrer en fonctions, l'interprète doit prêter, entre les mains du magistrat qui l'a nommé, le serment *de traduire fidèlement les discours à transmettre entre ceux qui parlent des langages différens* (art. 332.) Les termes de ce serment ne sont pas cependant sacramentels, et la cour de cassation a décidé par arrêts des 16 avril 1807, 16 avril 1818, 4 février 1819, 27 avril 1820 et 15 avril 1824, que le code n'ayant pas établi de formule particulière pour cette prestation de serment, il suffit que celui prêté puisse être considéré comme imposant les mêmes obligations.

Dans le serment que le code de brumaire an IV imposait à l'interprète, le mot *fidèlement* était suivi de ceux-ci : *et suivant sa conscience*; mais ils ont été supprimés avec raison dans le code d'instruction criminelle, parce qu'ils n'ajoutaient rien de plus au serment.

Il ne suffit pas que l'interprète fasse une simple promesse, il faut qu'il prête un véritable serment. (Voy. arr. de la cour de cass. des 4 juin 1812 et 8 juillet 1813.)

Dans tous les cas où le juge d'instruction est obligé d'avoir recours au ministère d'un interprète, il doit, dans le procès-verbal qu'il dresse de ses opérations, constater les motifs qui ont nécessité cette mesure, énoncer les prénoms, nom, âge, profession et domicile de l'interprète, et faire mention de l'accomplissement de toutes les formalités qui ont précédé son entrée en fonctions.

L'interprète doit signer le procès-verbal.

CHAPITRE XVII.

DE LA LIBERTÉ PROVISOIRE ET DU CAUTIONNEMENT.

La mise en liberté provisoire du prévenu, moyennant caution, avant le jugement, n'est pas nouvelle en France; car d'après les *Capitulaires*, liv. IV, § 29, l'accusé pouvait se soustraire à l'emprisonnement en donnant cette garantie, et il était même reçu à fournir, avec ses propres biens, le cautionnement exigé.

Les changemens qui s'opérèrent plus tard dans la législation et les rigueurs de tout genre dont on entourra l'instruction des procédures criminelles, firent proscrire la mise en liberté provisoire ; elle était trop favorable aux prévenus !

L'ordonnance de 1670 n'admettait pas nominativement la liberté provisoire, mais elle n'autorisait la délivrance des décrets de prise de corps que pour des faits graves et lorsqu'il existait un commencement considérable de preuve contre celui que l'on voulait décréter. Ce décret ne pouvait même être décerné, contre un individu domicilié, que pour crime emportant peine afflictive ou infamante. (Voy. le tit. 10 de cette ordonn.)

Ces principes ne souffraient que de rares exceptions dans des cas où elles devenaient indispensables, comme le flagrant délit, le vagabondage. Ces exceptions étaient toutes strictement définies.

Le code de 1791 rendit au prévenu la faculté d'obtenir sa liberté provisoire sous caution, non-seulement lorsqu'il était inculpé d'un délit correctionnel, mais alors même qu'il s'agissait d'un crime entraînant peine infamante. La peine afflictive seule formait un obstacle à l'exercice de cette faculté.

Le montant du cautionnement n'était point alors fixé par la loi; il était laissé à l'arbitrage de l'offi-

cier de police. « La somme de cette caution , disait
» la loi d'instruction annexée au code, ne peut être
» fixée d'une manière invariable ; elle doit être
» laissée à l'arbitrage de l'officier de police. Le
» principe qui doit le diriger, est qu'un tel caution-
» nement ne doit pas être illusoire et de simple
» forme , ni tendre à soustraire les accusés à la jus-
» tice; mais au contraire qu'il doit être d'une assez
» grande importance pour n'être jamais donné que
» par des personnes bien convaincues que le préve-
» nu est incapable de rompre son engagement; car
» c'est un contrat sacré que celui qui se forme par
» le cautionnement entre le prévenu qui évite ainsi
» le malheur de la détention, et les amis qui lui
» donnent, en le cautionnant, la plus haute preuve
» de leur confiance et de leur estime. »

Le code du 3 brumaire an IV, en adoptant les
dispositions de celui de 1791, quant aux cas où le
prévenu pouvait être mis en liberté provisoire ,
avait fixé à trois mille francs la somme que la caution offerte devait se soumettre à payer, si le prévenu était constitué en défaut de se représenter à la
justice, et avait de plus conféré, au directeur du
jury seul, le droit d'ordonner la mise en liberté provisoire. (Voy. l'art. 222 de ce code.)

Le code d'instruction criminelle, en conservant
au prévenu la faculté de réclamer sa liberté provisoire moyennant caution, a apporté de notables
modifications à la législation antérieure.

D'après les codes de 1791 et de brumaire an IV, le prévenu pouvait réclamer sa liberté provisoire comme un droit consacré par la loi ; aujourd'hui, au contraire, la mise en liberté provisoire est purement facultative et encore ne peut-elle être accordée que lorsque le fait de la prévention emporte seulement une peine correctionnelle, car toutes les fois qu'il s'agit de peines afflictives ou infamantes la loi refuse expressément cette faveur au prévenu. (Voy. art. 113 et 114 du c. d'inst. crim.)

Les vagabonds et les repris de justice ne peuvent, en aucun cas, être mis en liberté provisoire. (Voy. art. 115 du même code.)

Les vagabonds d'après l'article 270 du code pénal sont ceux qui n'ont ni domicile certain, ni moyens de subsistance, et qui n'exercent habituellement ni métier, ni profession. La dénomination est applicable et à l'individu condamné comme tel et à celui arrêté en état de vagabondage. (Voy. deux arr. de la cour de cass. du 30 juillet 1812.)

La prohibition relative aux vagabonds est applicable aux gens sans aveu. Ces deux dénominations étant synonymes d'après la loi. (Voy. art. 270 et 271 du c. pén.; l'art. 3, tit. 1er, de la loi du 22 juillet 1791; et l'art. 5, de la loi du 21 floréal an IV.)

Les repris de justice dans le sens de l'article 115 du code d'instruction criminelle sont les condamnés à des peines afflictives ou infamantes; et nous pensons, avec M. Legraverend, t. 1, p. 361, qu'une condamnation correctionnelle antérieure ne peut seule former un obstacle à la mise en liberté provisoire du prévenu. Sous l'empire de l'ordonnance de 1670, l'on ne considérait comme repris de justice que ceux qui avaient été condamnés à des peines afflictives ou infamantes, et dans le silence du code il doit en être de même aujourd'hui.

L'article 11 de la loi du 9 novembre 1815, relative à la répression des cris séditieux, défendait d'accorder la liberté provisoire sous caution aux prévenus de ce genre de délit, ce qui les rangeait dans la classe des vagabonds et des repris de justice; mais la loi du 26 mai 1819, article 28, rapporta cette disposition aussi étrange que rigoureuse.

C'est à la chambre du conseil, et non, comme sous la législation antérieure, au juge d'instruction seul, que le code d'instruction criminelle a attribué le droit de prononcer sur les demandes en liberté provisoire. Cette chambre statue après avoir préalablement entendu le procureur du roi en ses conclusions. (Voy. art. 114 du c. d'inst. crim.)

La chambre du conseil n'est pas tenue, comme l'était autrefois le directeur du jury, de faire droit à toutes les demandes qui lui sont adressées, et le législateur s'en est rapporté, à cet égard, à la conscience et à la justice des magistrats. Nous ferons remarquer cependant que ce n'est que par des motifs extrêmement graves que la liberté provisoire peut être refusée au prévenu qui la réclame en offrant

toutes les garanties exigées par la loi; car toute détention avant le jugement est une augmentation de
peine que l'on doit soigneusement éviter. « La loi
» ne doit rien vouloir d'inutile, dit M. Bérenger,
» *De la Justice criminelle en France*, p. 406, et lors-
» que la sécurité de la société ne le réclame pas,
» lorsque d'ailleurs on acquiert l'assurance que le
» prévenu se représentera, il est de la plus rigou-
» reuse justice de ne le priver de sa liberté qu'après
» le jugement qui le condamne; autrement c'est le
» punir d'avance, et toujours arbitrairement, d'un
» crime qu'il peut n'avoir pas commis. » « Toutes les
» fois, dit M. Pastoret, *Des Lois pénales*, p. 109,
» qu'on peut suppléer à l'emprisonnement par une
» caution, l'humanité ordonne de le permettre, et
» la justice doit en rendre grace à l'humanité. »

Le législateur n'a pas déterminé la manière dont
le prévenu qui veut obtenir sa liberté provisoire
doit se pourvoir. M. Legraverend, t. 1, p. 361, enseigne qu'il peut adresser indistinctement sa demande au juge d'instruction ou au tribunal. Nous
estimons, au contraire, que le prévenu doit se pourvoir, directement, par requête, à la chambre du
conseil et que le juge d'instruction est sans qualité
pour recevoir une semblable demande, puisque,
dans cette circonstance, son rapport n'est pas exigé
et qu'il ne participe à la décision qui intervient que
comme membre obligé de la chambre du conseil.
(Voy. art. 114 et 127 du c. d'inst. crim.)

41

Lorsqu'il y a une partie civile en cause, la demande en liberté provisoire doit lui être notifiée à son domicile, si elle réside dans l'arrondissement communal où se fait l'instruction, et quand elle ne réside pas dans cet arrondissement, au domicile qu'elle a dû y élire conformément à l'article 68 du code d'instruction criminelle. (Voy. art. 68 et 116 de ce code.) Si la partie civile a négligé de faire cette élection la notification n'est pas de rigueur d'après M. Carnot, t. 1, p. 454.

La partie civile ne peut s'opposer à la mise en liberté provisoire du prévenu; son droit se réduit à présenter, si elle le juge convenable, des mémoires à la chambre du conseil pour éclairer sa religion, soit sur la qualité et la moralité du prévenu, soit sur les inconvéniens que sa mise en liberté provisoire pourrait présenter, soit sur la nature du fait de l'inculpation. (Voy. M. Carnot, t. 1, p. 453 et 454.)

Le prévenu doit fournir caution solvable de se représenter à tous les actes de la procédure, et, pour l'exécution du jugement, aussitôt qu'il en sera requis. (Voy. art. 114 du c. d'inst. crim.)

La solvabilité de la caution offerte est discutée par le procureur du roi, et par la partie civile, à ces fins dûment appelée. (Voy. art. 117 du même code.)

La loi ne dit pas devant qui cette discussion doit avoir lieu; mais l'ensemble des dispositions qui rè-

glent la matière indique suffisamment qu'il n'a rien
été innové, sur ce point, aux prescriptions du code
du 3 brumaire an IV, qui désignait le directeur du
jury : c'est donc devant le juge d'instruction. Tel est
aussi l'avis de MM. Carnot, t. 1, p. 455; Bourguignon, sur l'article 117; et Legraverend, t. 1, p. 362.
(Voy. l'art. 222 du c. de brumaire.)

Le cautionnement peut être fourni en immeubles
ou en espèces. (Voy. art. 117 du c. d'inst. crim.)

Dans le premier cas, la solvabilité de la caution
doit être justifiée par des immeubles libres, pour le
montant du cautionnement et une moitié en sus.
(Voy. art. 117 du même code.) Cette augmentation
est nécessaire pour faire face, le cas arrivant, aux
frais d'expropriation.

Dans le second cas, la solvabilité de la caution
est établie d'une manière évidente par le dépôt qu'il
est tenu de faire de la somme fixée, dans une caisse
publique.

L'article 117 du code d'instruction criminelle
désigne pour ce dépôt la caisse de l'enregistrement
et des domaines; mais il a été modifié sur ce point,
par la loi du 28 avril 1816 qui créa la caisse des
dépôts et consignations et par l'ordonnance du 3
juillet suivant, qui, en réglant les attributions de
cette caisse, y a placé les cautionnemens en espèces
fournis par les prévenus qui veulent obtenir leur
liberté provisoire. (Voy. une circ. du ministre de
la justice en date du 6 janvier 1817.)

Le prévenu qui offre toutes les garanties exigées par la loi doit être reçu à être sa propre caution, s'il le demande. (Voy. art. 118 du c. d'inst. crim.) Cette disposition si favorable aux prévenus n'existait pas dans les codes de 1791 et du 3 brumaire an IV.

Le cautionnement, dans aucun cas, ne peut être au-dessous de la somme de cinq cents francs; mais il varie selon les peines et selon le dommage civil résultant du délit. (Voy. art. 119 du c. d'inst. crim.)

Ainsi, si la peine correctionnelle était à la fois l'emprisonnement et une amende dont le double excèderait cinq cents francs, le cautionnement ne peut pas être exigé d'une somme plus forte que le double du maximum de cette amende. (Même art.)

S'il est résulté du délit un dommage civil appréciable en argent, le cautionnement doit être triple de la valeur du dommage causé, ainsi qu'il est arbitré, pour cet effet seulement, par le juge d'instruction, sans néanmoins que dans ce cas le cautionnement puisse être au-dessous de cinq cents francs. (Même art.) La loi n'autorise ni l'appel, ni le recours en cassation contre l'ordonnance que le juge d'instruction rend dans cette circonstance.

Lorsque les deux circonstances que nous venons de rappeler se rencontrent dans la même affaire, c'est-à-dire que le délit peut entraîner l'emprisonnement et une amende dont le double excèderait cinq cents francs et qu'il a de plus occasionné un dommage appréciable en argent, le maximum de l'amende et la valeur du dommage ne peuvent être réunis pour déterminer le montant du cautionnement et l'on doit prendre seulement la somme la plus forte pour base de cette fixation. (Voy. M. Legraverend, t. 1, p. 368.)

La question de savoir si le juge d'instruction doit arbitrer le dommage civil quand la personne lésée ne s'est pas constituée partie civile est controversée.

M. Carnot, t. 1, p. 459 et 460, pense que la partie civile étant seule intéressée à la réparation du dommage, le juge d'instruction ne doit s'en occuper que dans le cas où elle se trouve en cause et qu'elle la réclame.

M. Bourguignon, sur l'article 119 partage l'opinion de M. Carnot, par le motif que la partie civile qui ne se présente pas est censée désintéressée.

M. Legraverend, t. 1, p. 368, estime, au contraire, que l'appréciation du dommage doit avoir lieu, dans tous les cas, parce que la loi n'est point limitative, et parce que, d'après l'article 67 du code d'instruction criminelle, le plaignant peut se porter partie civile, en tout état de cause, jusqu'à la clôture des débats.

Dans le silence de la loi, le juge d'instruction peut, sans procéder irrégulièrement, adopter l'une ou l'autre de ces deux opinions; mais nous pensons que celle de MM. Carnot et Bourguignon doit toujours être préférée comme étant plus favorable aux prévenus.

Une fois que la caution est admise, elle doit faire sa soumission, soit au greffe du tribunal qui autorise la mise en liberté provisoire, soit devant notaire, de payer entre les mains du directeur ou du préposé de la caisse des dépôts et consignations le montant du cautionnement, dans le cas où le prévenu serait constitué en défaut de se représenter. (Voy. art. 120 du c. d'inst. crim.)

Cette soumission entraîne la contrainte par corps contre la caution, et une expédition en forme exécutoire en doit être remise à la partie civile avant que le prévenu soit mis en liberté provisoire. (Même art.)

En vertu de cet acte de soumission, le procureur du roi et la partie civile peuvent prendre inscription hypothécaire, sans attendre le jugement définitif; l'inscription prise à la requête de l'un ou de l'autre profite à tous les deux. (Voy. art. 121 du c. d'inst. crim.)

Avant sa mise en liberté provisoire, le prévenu est tenu de faire élection de domicile dans le lieu où siége le tribunal correctionnel, par acte reçu au greffe de ce tribunal. (Voy. art. 124 du même code.)

Le défaut de se représenter de la part du prévenu a de graves conséquences soit pour la caution, soit pour le prévenu lui-même.

Lorsque ce cas arrive, le juge d'instruction rend, sur les conclusions du procureur du roi, ou sur la demande de la partie civile, une ordonnance pour le paiement de la somme cautionnée. (Voy. art. 122 du c. d'inst. crim.)

Ce paiement est poursuivi à la requête du procureur du roi et à la diligence du directeur général ou des préposés de la caisse des dépôts et consignations. Les sommes recouvrées sont versées dans cette caisse, sans préjudice des poursuites et des droits de la partie civile; car cette circonstance ne change rien à l'exercice du privilége qui lui est accordé par la loi de poursuivre sur les biens du condamné, après avoir obtenu jugement de condamnation contre lui, la réparation des plus amples dommages-intérêts auxquels elle peut être dans le cas de prétendre. (Voy. art. 121 et 122 du c. d'inst crim.; la loi du 28 avril 1816; l'ordonn. du 3 juillet suivant; et la circ. du ministre de la justice du 6 janvier 1817.)

Remarquons que toutes les dispositions du code relatives au recouvrement du cautionnement supposent qu'il a été fourni en immeubles; s'il l'a été en espèces, il n'y a aucune poursuite à faire.

M. Bourguignon, sur l'article 122, enseigne que l'ordonnance du juge d'instruction pour le paiement du cautionnement n'est pas susceptible d'appel, parce que l'obligation contractée en ce cas par la caution, forme un contrat judiciaire exécutoire, par sa nature, sur cette ordonnance. La cour de cassation a consacré ce principe par un arrêt du 17 germinal an x, et nous croyons qu'il y a aujourd'hui même motif de décider, puisque l'article 222 du code de brumaire conférait au directeur du jury les mêmes attributions que l'article 122 du code d'instruction criminelle accorde au juge d'instruction.

Outre les poursuites qui peuvent être dirigées contre la caution, s'il y a lieu, le prévenu doit être saisi et écroué dans la maison d'arrêt, en exécution d'une ordonnance du juge d'instruction. (Voy. art. 125 du c. d'inst. crim.)

Le prévenu qui a laissé contraindre sa caution au paiement n'est plus, à l'avenir, recevable en aucun cas à demander de nouveau sa liberté provisoire moyennant caution. (Voy. art. 126 du c. précité.)

Les espèces déposées et les immeubles servant de cautionnement sont affectés par privilége,

1° Au paiement des réparations civiles et des frais avancés par la partie civile;

2° Aux amendes.

Le tout néanmoins sans préjudice du privilége du trésor public, à raison des frais faits par la partie publique. (Voy. art. 121 du c. précité; et la loi du 5 septembre 1807.)

Mais à quelle époque y a-t-il lieu au paiement de la somme cautionnée? Cette somme est-elle perdue pour la caution, lorsque le prévenu ayant manqué de se représenter à un ou à plusieurs actes de la procédure et de l'instruction, se représente ensuite au moment du jugement ou même depuis, pour l'exécuter, ou si, en cas de non-comparution, il est acquitté par le jugement définitif?... Cette question grave divise les criminalistes.

M. Legraverend, t. 1, p. 374 et suiv. soutient en thèse générale que le cautionnement est perdu pour celui qui l'a fourni et irrévocablement acquis au fisc, si le prévenu est constitué en demeure de se représenter à l'un des actes de la procédure, lors même qu'il se présente au moment du jugement ou depuis pour l'exécuter ou qu'il est acquitté en définitive.

M. Carnot, t. 1, p. 475 est d'une opinion contraire, et nous croyons devoir l'adopter, parce que d'une part, la disposition législative qui est obscure doit toujours être interprétée dans le sens le plus généreux et le plus doux, et que d'autre part les principes professés par le savant magistrat se trouvent consacrés par le célèbre arrêt rendu par la cour de cassation, le 19 octobre 1821, dans l'affaire de M. Cauchois-Lemaire, voici les motifs de cet arrêt :

« La cour,

» Vu les articles 120 et 121 du code d'instruction » criminelle;

» Vu aussi les articles 117, 118, 119, 122, 125 » et 126 du même code;

.» Attendu que la peine d'emprisonnement à la- » quelle peut être soumis le délit qui est l'objet des » poursuites, ayant été déterminée dans l'article

42

» 119, conjointement avec l'amende et les répara-
» tions civiles qui peuvent en être la suite, comme
» la base sur laquelle doit être fixé le montant du
» cautionnement exigé pour la liberté provisoire,
» il s'ensuit que la destination de ce cautionnement
» est de servir de gage non-seulement aux frais de
» poursuites, aux réparations civiles et à l'amende,
» ainsi que le prescrit l'article 121, mais encore à
» l'exécution de la peine d'emprisonnement si elle
» est prononcée par le jugement définitif; qu'il s'en-
» suit aussi, par une conséquence ultérieure, que
» lorsque, par le résultat des poursuites, il n'y a
» point eu de condamnation à cette peine, ou bien
» lorsque le prévenu qui avait fait défaut se repré-
» sente lors de la notification du jugement, pour
» la subir, ou bien encore lorsqu'étant arrêté en
» exécution de l'article 125, il se trouve dans les
» liens de la justice, ce qui reste sur le montant
» du cautionnement après le prélèvement des frais,
» des réparations civiles et de l'amende, ne peut
» être réputé acquis au trésor public, et doit être
» restitué à la caution; qu'un prévenu reçu à cau-
» tion qui ne se représente pas à tous les actes de
» la procédure, trompe la foi promise; qu'il com-
» met une faute, mais qu'il ne se rend pas coupable
» d'un délit; que sa faute doit lui faire supporter
» les frais frustratoires qui en sont résultés; qu'elle
» donne ouverture à l'exécution de la soumission
» prescrite par l'article 120; qu'elle le dépouille de

» la confiance de la loi et le soumet aux disposi-
» tions des articles 125 et 126, mais que là finissent
» les mesures de rigueur qu'elle lui fait encourir;
» que ce prévenu peut être définitivement déclaré
» innocent du délit pour lequel il est poursuivi;
» que, dans ce cas, la perte de son cautionnement
» serait contraire à l'équité; que s'il est déclaré cou·
» pable de ce délit, sa présence pour l'exécution de
» sa condamnation désintéresse la vindicte publi-
» que, qui ne peut avoir tout à la fois le droit de le
» retenir dans les liens de la peine et celui de le pri-
» ver du gage qu'il avait fourni pour assurer l'exé-
» cution de cette peine; que, dans toutes les matiè-
» res civiles et criminelles, les condamnations par
» défaut s'anéantissent par la comparution dans les
» délais réglés par la loi; qu'admettre qu'un préve-
» nu, par son défaut de se représenter à un acte
» de la procédure, aurait irrévocablement perdu
» son cautionnement, ce serait refuser pour une
» simple faute l'application d'un principe de justice
» et d'humanité admis même pour les crimes.

» Que les peines ne peuvent être établies par des
» expressions équivoques, et que, si une loi pré-
» sente des doutes dans son interprétation, elle
» doit être entendue dans le sens le plus généreux
» et le plus moral; mais qu'aucun article du code
» d'instruction criminelle ne renferme de disposi-
» tions dont on puisse même induire, que, par le
» fait de la non-comparution du prévenu à un acte

» de la procédure, le cautionnement fourni pour
» sa liberté provisoire soit acquis à l'État; que', d'a-
» près l'article 120, lorsque le cautionnement a été
» admis en immeubles, et qu'ainsi il n'a pas été dé-
» posé en espèces, la caution doit faire sa soumis-
» sion de payer entre les mains du receveur de l'en-
» registrement le montant du cautionnement, en
» cas que le prévenu soit constitué en défaut de se
» représenter; que d'après l'article 118, le prévenu,
» dans le même cas d'un cautionnement en immeu-
» bles, doit aussi faire la même soumission avant
» sa mise en liberté, soit qu'un tiers ait cautionné
» pour lui, soit qu'il ait été reçu à être sa propre
» caution; que sa non-comparution à un acte de la
» procédure forme contre lui la présomption qu'il
» ne se représentera pas non plus pour l'exécution
» du jugement; que dès-lors la loi a voulu que,
» par le seul fait de cette non-comparution, le trésor
» public fût nanti d'un gage certain et disponible,
» et que c'est pour le recouvrement de ce gage
» qu'ont été ordonnées les dispositions de l'article
» 122;

» Mais que la somme ainsi versée dans la caisse
» du receveur de l'enregistrement n'y entre pas
» comme la propriété du fisc; qu'elle y conserve
» jusqu'après le jugement définitif la qualité de
» nantissement et de dépôt; que si l'article 120, en
» prescrivant l'obligation du versement dans les
» mains du receveur de l'enregistrement, a employé

» l'expression de payer entre les mains de ce rece-
» veur, c'est parce que, lorsque ce versement doit
» être fait, il est obligatoire pour la caution ; que
» la réalisation en espèces de son cautionnement
» est devenue, pour elle, une dette légale, par le
» défaut de se représenter de la part du prévenu ;
» mais que de cette expression on ne peut faire
» résulter la conséquence que ce versement soit fait
» au profit du trésor public, et que la somme ver-
» sée soit devenue sa propriété ; qu'en effet, l'arti-
» cle 121 est corrélatif audit article 120; qu'il se
» réfère aux sommes payées ou versées en vertu de
» la soumission prescrite par cet article, comme à
» celles qui auraient été versées lors de l'obtention
» de la liberté provisoire, pour un cautionnement
» reçu en espèces; qu'il ne pourrait être restreint
» à ces dernières sommes sans qu'on dût faire une
» restriction semblable à l'égard du privilége pour
» lequel il dispose, ce qui ne pourrait être admis ;
» mais que cet article 121 qualifie de sommes dé-
» posées les sommes sur lesquelles doivent s'exer-
» cer les priviléges qu'il spécifie, et que, par la
» nature de ses dispositions, il leur reconnaît né-
» cessairement ce caractère jusqu'à l'exécution du
» jugement définitif; qu'il en résulte que les som-
» mes formant le montant du cautionnement, soit
» qu'elles aient été déposées lors de l'obtention de
» la liberté provisoire par un cautionnement en
» argent, soit qu'elles aient été versées ou payées,

» dans un cautionnement en immeubles, lorsque
» le prévenu a été constitué en défaut de se repré-
» senter et en exécution de la soumission de l'arti-
» cle 120, conservent le caractère de dépôt jusqu'a-
» près le jugement définitif, et que ce n'est que par
» le refus du prévenu de se représenter pour l'exé-
» cution de ce jugement qui l'aurait condamné à
» une peine d'emprisonnement, que ce qui reste
» de ces sommes après la distraction des créances
» auxquelles elles sont affectées par le privilége,
» peut devenir la propriété du trésor public;

» Que, du reste, la loi ne s'est pas bornée à
» exiger qu'au cas de la non-comparution du pré-
» venu à un acte de la procédure, le trésor public
» fût nanti d'un gage en espèces pour l'exécution
» des condamnations; qu'elle a aussi prescrit contre
» la personne de ce prévenu des mesures coactives
» qui doivent être exécutées simultanément avec
» celles relatives à ce gage; qu'ainsi ce prévenu est
» privé, par l'article 125, de la liberté provisoire
» qui lui avait été accordée, et qu'il doit être arrê-
» té; que, d'après l'article 126, il ne peut plus être
» reçu, à l'avenir, à demander de nouveau d'être
» mis en liberté moyennant caution;

» Et attendu, dans l'espèce, que le sieur Cau-
» chois-Lemaire, à qui l'ordonnance du président
» qui avait fixé le 9 août pour le jugement, avait été
» notifiée, ne se présenta pas; qu'il transmit ses
» motifs d'excuse et demanda le renvoi de la cause;

» que la cour d'assises rejeta ses excuses, déclara
» acquis définitivement au profit de l'état le cau-
» tionnement de 20,000 francs déposé par lui pour
» sa liberté provisoire, et prononça qu'il serait pas-
» sé outre au jugement par défaut sur le fond du
» procès; que, sur l'opposition formée par Cau-
» chois-Lemaire envers cet arrêt, la cour d'assises,
» après avoir procédé au débat et au jugement du
» procès instruit contre lui, entendit son défenseur
» sur ses moyens d'opposition; que celui-ci fit va-
» loir, entre autres moyens, que le prévenu s'était
» constitué volontairement prisonnier, et qu'il était
» présent à la barre de la cour; que néanmoins la
» cour d'assises, par son arrêt des 31 août et 1er
» septembre, débouta Cauchois - Lemaire de son
» opposition et ordonna que l'arrêt du 9 août serait
» exécuté selon sa forme et teneur; qu'en jugeant
» ainsi, cette cour a violé l'article 121 et fausse-
» ment appliqué l'article 120 du code d'instruction
» criminelle;

» D'après ces motifs,

» Casse, etc.

Le code d'instruction criminelle a introduit dans
la législation une disposition importante, toute
dans l'intérêt des prévenus; l'article 114, paragraphe 2, porte :

« La mise en liberté provisoire avec caution
» pourra être demandée et accordée en tout état
» de cause. »

Ainsi cette demande peut être formée non-seulement pendant l'instruction et après que la chambre
du conseil a statué sur la prévention, mais même
après la condamnation du prévenu par le tribunal
correctionnel et pendant l'instance d'appel, et même encore après le jugement d'appel, s'il y a pourvoi en cassation. Dans ces différens cas c'est devant
le tribunal ou la cour saisis que la demande en liberté provisoire doit être formée, et c'est à ce tribunal ou à cette cour qu'il appartient exclusivement
d'y faire droit, parce que l'appel est essentiellement
dévolutif; qu'il dépouille les premiers juges de la
connaissance entière de l'affaire sur laquelle ils ont
prononcé; qu'ils sont par conséquent dessaisis du
provisoire comme du principal, et qu'ils deviennent sans pouvoir à l'égard de l'un comme à l'é-
gard de l'autre. Un des juges du tribunal ou de la
cour remplit alors les fonctions attribuées au juge
d'instruction dans les cas ordinaires. (Voy. arr. de
la cour de cass. des 24 août 1811 et 27 mars 1823.)

M. Bourguignon, sur l'article 114, estime que les
juges d'appel sont sans pouvoir pour accorder la
mise en liberté provisoire sous caution, et que cet
article l'a exclusivement attribué à la chambre du
conseil du tribunal de première instance, sur les
conclusions du procureur du roi; mais son opinion
est victorieusement combattue par MM. Legraverend, t. 1, p. 363 et suiv.; Carnot, t. 1, p. 445 et
suiv.; Dalloz, t. 9, p. 786 et suiv.

Avant les modifications introduites dans la législation criminelle par la loi du 28 avril 1832, le renvoi sous la surveillance de la haute police de l'État avait pour effet, aux termes de l'article 44 du code pénal, de donner au gouvernement, ainsi qu'à la partie intéressée, le droit d'exiger, soit de l'individu placé dans cet état, après qu'il avait subi sa peine, soit de ses père et mère, tuteur ou curateur, s'il était en âge de minorité, une caution solvable de bonne conduite, jusqu'à la somme fixée par l'arrêt ou le jugement de condamnation.

Faute de fournir ce cautionnement, le condamné demeurait à la disposition du gouvernement, qui avait le droit d'ordonner, soit l'éloignement de l'individu d'un certain lieu, soit sa résidence continue dans un lieu déterminé de l'un des départemens du royaume.

D'après l'article 46 du même code, lorsque la personne mise sous la surveillance spéciale du gouvernement, et ayant obtenu sa liberté sous caution, avait été condamnée par un arrêt ou jugement devenu irrévocable, pour un ou plusieurs crimes ou pour un ou plusieurs délits commis dans l'intervalle déterminé par l'acte de cautionnement, les cautions devaient être contraintes, même par corps, au paiement des sommes portées dans cet acte.

Les sommes recouvrées étaient affectées de préférence aux restitutions, aux dommages-intérêts et frais adjugés aux parties lésées par ces crimes ou ces délits.

43

La forme de procéder, dans ce cas, était déterminée par l'article 123 du code d'instruction criminelle portant :

« Le juge d'instruction délivrera, dans la même
» forme et sur les mêmes réquisitions, une ordon-
» nance de contrainte contre la caution ou les cau-
» tions d'un individu mis sous la surveillance spé-
» ciale du gouvernement, lorsque celui-ci aura été
» condamné, par un jugement devenu irrévocable,
» pour un crime ou pour un délit commis dans
» l'intervalle déterminé par l'acte de cautionne-
» ment. »

La loi du 28 avril 1832 a notablement modifié la législation sur ce point : la disposition de l'article 44 du code pénal qui donnait au gouvernement, ainsi qu'à la partie intéressée, le droit d'exiger de l'individu placé sous la surveillance de la haute police de l'État, ou de ses père et mère, tuteur ou curateur, lorsqu'il était mineur, une caution de bonne conduite, après qu'il avait subi sa peine, a été supprimée, et l'article 46 du même code entièrement abrogé.

Par une conséquence toute naturelle, l'article 123 du code d'instruction criminelle devait partager le sort de l'article 46; cependant il se trouve encore dans la nouvelle édition officielle de ce code. Il serait difficile de justifier, aujourd'hui, l'existence d'une semblable disposition, qui, il faut le dire, ne peut être attribuée qu'à un oubli de la part du législateur. En effet, on ne peut plus exiger du condamné, placé sous la surveillance spéciale du gouvernement et qui a subi sa peine, une caution de bonne conduite; or l'article 123, qui n'est relatif qu'au mode de procéder par voie de contrainte contre la caution ou les cautions du condamné qui se trouvait dans le cas de l'ancien article 46, dispose évidemment pour un cas qui ne se trouve plus prévu par la loi et devient dès-lors sans objet et parfaitement inutile : le simple rapprochement de la législation ancienne et de la nouvelle suffit pour le démontrer.

CHAPITRE XVIII.

DU RAPPORT DU JUGE D'INSTRUCTION QUAND LA PROCÉDURE EST COMPLÈTE.

⸻◈⸻

SOMMAIRE.

Différences importantes existant entre le système du code du 3 brumaire an IV et celui du code d'instruction criminelle. — C'est la chambre du conseil qui est aujourd'hui chargée de prononcer sur les charges résultant de la procédure. — Le juge d'instruction est tenu de rendre compte, une fois par semaine, des affaires dont l'instruction lui est dévolue et lorsque cette instruction est terminée. — Le législateur s'en est rapporté aux magistrats qui ont la direction de la procédure sur le degré d'instruction qu'elle doit avoir. — Avant de faire son rapport, le juge d'instruction doit communiquer la procédure au procureur du roi. — Ce que doit être le rapport et de sa forme. — Le procureur du roi a-t-il le droit d'être présent au rapport? — La chambre du conseil peut ordonner de nouvelles informations. — Le juge d'instruction est dessaisi de la procédure par le compte qu'il en rend à la chambre du conseil. — Manière de procéder en matière de délits de la presse. — Les chambres du conseil ne sont pas tenues de dresser des procès-verbaux particuliers de leurs séances.

———

Sous l'empire du code du 3 brumaire an IV, lorsque l'instruction préliminaire était terminée, le directeur du jury était chargé de prononcer le renvoi du prévenu, soit devant le tribunal de simple police, soit devant le tribunal correctionnel, soit devant le jury d'accusation. Cette importante mission confiée à un seul magistrat, pouvait donner naissance à de graves abus ou à des erreurs déplorables, et la décision isolée d'un seul homme offrait une sorte d'arbitraire qui devait nécessairement disparaître devant les perfectionnemens de la nouvelle législation.

Le code d'instruction criminelle a entièrement changé, sur ce point, la loi ancienne : il a refusé au juge d'instruction le droit, on peut dire exhorbitant, dont jouissait le directeur du jury, et réservé à la chambre du conseil le soin d'apprécier les charges résultant de la procédure contre le prévenu et de régler la compétence. Cette sage disposition a le double avantage de donner une plus forte garantie à la liberté individuelle et d'assurer une bonne administration de la justice.

La chambre du conseil doit être composée de trois juges, au moins, y compris le juge d'instruction. (Voy. art. 127 du c. d'inst. crim.)

Cette chambre est saisie par le rapport du juge d'instruction. (Même art.)

Dans les tribunaux divisés en plusieurs chambres, un réglement intérieur doit, chaque année, désigner la chambre à laquelle le juge d'instruction doit faire son rapport. S'il existe plusieurs juges d'instruction pour le même arrondissement, le ré-

glement doit déterminer celles des chambres à
laquelle chaque juge d'instruction doit rendre
compte. (Voy. les art. 13 et 36 du déc. du 18 août
1810 et le déc. du 8 mars 1811.)

« Le juge d'instruction, porte l'article 127 du
» code d'instruction criminelle, sera tenu de rendre
» compte, au moins une fois par semaine, des af-
» faires dont l'instruction lui est dévolue..... »

On ne doit point conclure, des termes de cet article, que le juge d'instruction est obligé de rendre
compte, chaque semaine, à la chambre du conseil,
de l'état dans lequel se trouvent toutes les affaires,
terminées ou non, dont l'instruction lui est dévolue; car les chambres du conseil n'ayant, pendant
l'instruction préliminaire, aucune surveillance à
exercer sur les juges d'instruction et aucun droit
de censure sur leurs actes, ces rapports partiels et
multipliés seraient tout-à-fait inutiles et entraîne-
raient une perte de temps précieux. Les mots *au
moins une fois par semaine* qui se trouvent dans
l'article 127, n'y ont été insérés que pour déterminer le délai dans lequel le juge d'instruction doit
rendre compte des procédures complètes, et pour
indiquer que la chambre du conseil doit lui accorder, au moins une fois par semaine, une audience
pour entendre ses rapports. D'ailleurs toutes les
dispositions du code relatives au rapport du juge
d'instruction, supposent évidemment que la procédure est complète quand le compte en est rendu;

et l'intitulé du chapitre dans lequel l'article 127 se trouve placé ne laisse aucun doute à cet égard. (Voy. MM. Bourguignon, sur l'art. 127; Legrave-rend, t. 1, p. 392; Carnot, t. 1, p. 490; Dalloz, t. 9, p. 505.)

La loi n'a pas déterminé le degré d'instruction où doivent être parvenues les procédures pour pouvoir être soumises à l'examen de la chambre du conseil, et il faut conclure de ce silence qu'elle s'en est entièrement rapporté, sur ce point, à la sagacité et à la sagesse des magistrats qui en ont la direction. Il ne pouvait en être autrement, car le nombre des actes auxquels le juge d'instruction doit se livrer pour rendre la procédure complète, varie selon la nature et la gravité des faits, le nombre des prévenus et les difficultés plus ou moins grandes qu'il faut surmonter pour parvenir à la découverte de la vérité. Remarquons cependant que comme tout ce qui tend à accélérer la marche de la procédure et à diminuer les frais de justice doit être l'objet de l'attention particulière du juge d'instruction, il est de son devoir, toutes les fois qu'une affaire est évidemment du ressort du tribunal correctionnel, de faire, après un simple interrogatoire du prévenu, son rapport à la chambre du conseil pour qu'elle règle la compétence. Ce mode de procéder, indiqué dans une circulaire du ministre de la justice en date du 23 septembre 1812, a été consacré par arrêt de la cour de cassation du 1er avril 1813. Tel est aussi l'avis de M. Merlin, aux mots *opposition à une ordonnance de la chambre du conseil*; et celui de M. Dalloz, t. 9, p. 505.

Si pendant l'instruction d'une procédure dirigée contre plusieurs individus placés sous la main de la justice, l'un d'eux parvient à établir son innocence, le juge d'instruction, bien que la procédure ne soit pas complète à l'égard des autres, doit s'empresser de faire un rapport spécial à la chambre du conseil, pour qu'elle ordonne la mise en liberté de ce prévenu : une plus longue détention ne serait pas seulement inutile, elle serait encore souverainement injuste et inhumaine.

Avant de faire son rapport à la chambre du conseil, le juge d'instruction est tenu de communiquer la procédure au procureur du roi pour qu'il fasse les réquisitions qu'il juge convenables. Ce magistrat ne peut néanmoins retenir la procédure plus de trois jours. (Voy. les art. 61 et 127 du code d'inst. crim.)

Les réquisitions du procureur du roi doivent être faites par écrit et sont jointes à la procédure.

Le compte que le juge d'instruction rend à la chambre du conseil doit être un exposé fidèle et détaillé de tous les faits et de toutes les circonstances qui résultent de la procédure, tant à la charge qu'à la décharge du prévenu.

La loi ne s'expliquant pas sur la forme du rapport, il peut être rédigé par écrit ou fait verbalement, selon que le magistrat instructeur le juge convenable; ce dernier mode est le plus générale- ment suivi dans les tribunaux.

La communication du rapport au procureur du roi n'est pas ordonnée par la loi, parce qu'il ne fait pas partie de la procédure, et, au surplus, com- ment un rapport verbal pourrait-il être communi- qué?(Voy. MM. Legraverend, t. 1, p. 393; et Bour- guignon, sur l'art. 127.)

Le procureur du roi a-t-il le droit d'assister au rapport du juge d'instruction? Cette question est controversée.

M. Legraverend, t. 1, p. 393, se prononce pour la négative. « La loi, dit-il, a prescrit d'abord la » communication préalable de l'instruction au mi- » nistère public, pour qu'il puisse l'examiner et » faire toutes réquisitions qu'il juge convenables ; » elle lui a ouvert ensuite un moyen de se pourvoir » contre l'ordonnance du tribunal, s'il a des motifs » de le faire : ces précautions ont paru suffisantes » au législateur pour assurer l'intérêt de la vin- » dicte publique; on ne doit pas en ajouter de nou- » velles, et il est certain, à mon avis, que la pré- » sence du procureur du roi au rapport du juge » d'instruction serait contraire à la loi. »

M. Dalloz, t. 9, p. 505, combat, dans les termes suivans, l'opinion de M. Legraverend, et nous partageons entièrement son avis, qui, moins absolu que celui de cet auteur, ne présente aucun incon-

44

vénient. « A nos yeux, dit M. Dalloz, le silence de
» la loi autorise à penser que ni la présence, ni
» l'absence du procureur du roi au moment du
» rapport ne seraient une cause de nullité; car si,
» d'une part, la loi semble avoir limité le rôle du
» procureur du roi aux réquisitions préalables et à
» l'opposition contre l'ordonnance, s'il y a lieu, il
» faut, de l'autre part, reconnaître que par les
» explications qu'il peut donner sur ses conclu-
» sions, par ses observations sur le rapport, il
» pourrait lever des doutes et mieux assurer la
» décision du tribunal, ce qu'on peut supposer
» avoir été dans l'intention du législateur. »

En règle générale, c'est aux chambres des mises
en accusation seules qu'appartient le droit d'ordonner de nouvelles informations. (Voy. art. 228 du c.
d'inst. crim.) Cependant lorsque la procédure, dont
le rapport est fait, n'est évidemment pas complète
et ne fournit aucun des élémens propres à opérer
une conviction, nous estimons que la chambre du
conseil peut demander de nouvelles informations.
Ce droit, dont elle ne doit user qu'avec une extrême
réserve, ne lui est, il est vrai, formellement conféré
par aucune disposition de la loi, mais il résulte de
la nature même de ses attributions. Notre sentiment est aussi celui de MM. Legraverend, t. 1, p.
401 et 402; Carnot, t. 1, p. 490 et 494; et Dalloz,
t. 9, p. 507.

Le compte que le juge d'instruction rend à la

chambre du conseil, le dessaisit entièrement de la procédure et il ne peut plus se livrer à un acte de poursuite ou d'instruction qu'en vertu d'une délégation, dans les cas prévus par les articles 228, 235, 236, 237, 248 et 303 du code d'instruction criminelle.

Dans les cas d'incompétence, le juge d'instruction n'est pas tenu de rendre compte de l'affaire à la chambre du conseil; il doit renvoyer d'office devant le juge d'instruction compétent. (Voy. l'art. 69 du c. d'inst. crim.; et M. Carnot. t. 1, p. 494.)

En matière de délits de la presse, lorsque le juge d'instruction a ordonné la saisie des écrits, imprimés, placards, dessins, gravures, peintures, emblèmes ou autres instrumens de publication, et que l'ordre de saisir et le procès-verbal de saisie ont été notifiés à la personne entre les mains de laquelle la saisie a été faite, il est tenu, dans les huit jours de cette notification, de faire son rapport à la chambre du conseil, qui procède ainsi qu'il est dit au code d'instruction criminelle, liv. 1, chap. 9, et à la loi du 26 mai 1819. (Voy. les art. 7 et 8 de cette loi.)

M. Carnot, t. 1, p. 492 et 495, est d'avis que les chambres du conseil doivent dresser des procès-verbaux de leurs séances pour constater que les formalités prescrites par l'article 127 du code d'instruction criminelle ont été remplies; cependant, comme aucune disposition de ce code ne leur en impose l'obligation, nous estimons qu'elles peuvent s'en dispenser et que la mention de l'accomplisse-ment de ces formalités, qui doit toujours se trou-ver dans les ordonnances qu'elles rendent, supplée d'une manière suffisante à ces procès-verbaux. Notre opinion est conforme à celle de MM. Bour-guignon sur l'article 127, et Dalloz, t. 9, p. 504 et 505.

CHAPITRE XIX.

DES PRISONS.

——❦——

————

Le code d'instruction criminelle reconnaît, comme les codes de 1791 et du 3 brumaire an IV, trois espèces de prisons essentiellement distinctes, savoir :

Les *maisons d'arrêt* établies, dans chaque arrondissement, près du tribunal de première instance ;

et destinées à retenir les prévenus arrêtés dans les cas prévus par la loi et suivant les formes qu'elle prescrit. (Voy. les art. 603 et 604 du c. d'inst. crim.)

Les *maisons de justice* établies près de chaque cour d'assises pour y retenir les prévenus contre lesquels il a été rendu une ordonnance de prise de corps. (Mêmes articles.)

Les *prisons pour peines* ou *maisons centrales*, placées sur différens points du royaume et affectées au service d'un certain nombre de départemens, dans lesquelles sont renfermées les condamnés à la peine de l'emprisonnement, de la détention ou de la réclusion. (Mêmes articles.) Toutefois les condamnés correctionnellement ne sont transférés dans les maisons centrales que lorsque la peine excède une année d'emprisonnement. (Voy. l'art. 2 du déc. du 16 juin 1808.)

La morale, l'humanité, les égards qui sont dus au malheur s'opposaient, en effet, à ce que les prévenus, les accusés et les condamnés fussent confondus dans un même local.

Les gardiens des maisons d'arrêt, des maisons de justice et des maisons centrales sont nommés par les préfets. (Voy. l'art. 606 du c. d'inst. crim.)

Ces administrateurs doivent être extrêmement circonspects et difficiles sur les choix qu'ils sont appelés à faire : ils ne doivent placer leur confiance que dans des hommes de mœurs irréprochables, de bonne réputation et de bonne conduite.

Les gardiens des maisons d'arrêt, des maisons de justice et des prisons, sont tenus d'avoir un registre.

Ce registre doit être signé et paraphé à toutes les pages, par le juge d'instruction, pour les maisons d'arrêt; par le président de la cour d'assises ou, en son absence, par le président du tribunal de première instance, pour les maisons de justice; et par le préfet, pour les prisons pour peines. (Voy. l'art. 607 du c. d'inst. crim.)

Tout exécuteur de mandat d'arrêt, d'ordonnance de prise de corps, d'arrêt ou de jugement de condamnation, est tenu, avant de remettre au gardien la personne qu'il est chargé de déposer dans sa maison, de faire inscrire, sur le registre dont nous venons de parler, l'acte en vertu duquel il a fait l'arrestation.

L'acte de remise doit être écrit en sa présence et signé par lui et le gardien.

Il doit enfin, pour sa décharge, s'en faire délivrer une copie, signée du gardien. (Voy. l'art. 608 du code d'inst. crim.)

L'ordonnance de 1670, titre 13, article 2, défendait aux gardiens des prisons d'avoir des commis, et exigeait qu'ils remplissent en personne les devoirs de leur emploi. Le code d'instruction criminelle ne renferme pas la même prohibition, de sorte que les gardiens peuvent, aujourd'hui, faire faire par des commis dont ils sont personnellement responsables, les transcriptions, copies et autres écritures auxquelles ils sont tenus. (Voy. M. Carnot, t. 3, p. 573.)

Nul gardien ne peut, à peine d'être poursuivi et puni comme coupable de détention arbitraire, recevoir ni retenir aucune personne qu'en vertu, soit d'un mandat de dépôt, soit d'un mandat d'arrêt décerné selon les formes prescrites par la loi, soit d'un arrêt de renvoi devant une cour d'assises ou une cour spéciale, d'un décret d'accusation ou d'un arrêt ou jugement de condamnation à peine afflictive ou à un emprisonnement, et sans que la transcription en ait été faite sur son registre. (Voy. l'art. 609 du c. d'inst. crim.)

Toutes ces précautions ont pour but de prévenir les détentions arbitraires, et il est du devoir de tout gardien de ne pas recevoir l'individu qui lui est amené en vertu d'un mandat irrégulier. (Même article.)

Les peines encourues par le gardien qui ne se conforme pas aux dispositions de l'article 609, sont un emprisonnement de six mois à deux ans, et une amende de seize francs à deux cents francs; ces peines sont prononcées par le tribunal correctionnel. (Voy. art. 120 du c. pénal.)

Ce n'est pas seulement l'entrée du prisonnier dans la maison confiée à sa surveillance que le gardien doit constater sur son registre, mais encore sa sortie : à cet effet, il doit inscrire, en marge de l'acte de remise, la date de la mise en liberté, ainsi que l'ordonnance, l'arrêt ou le jugement en vertu duquel elle a lieu. (Voy. l'art. 610 du c. d'inst. crim.)

La loi d'instruction du 29 septembre 1791 voulait qu'à mesure que les registres tenus par les gardiens des prisons étaient clos, ils fussent déposés, par eux, au greffe du tribunal, en présence du président, et que le greffier leur en donnât une reconnaissance visée par ce magistrat. « Ces regis- » tres, ajoutait cette instruction, sont des dépôts » où chacun peut puiser les renseignemens dont » il a besoin; on ne peut en refuser la communica- » tion à qui que ce soit. »

Le code d'instruction criminelle ne renferme aucune disposition de ce genre, et M. Carnot, t. 3, p. 571, enseigne que les registres clos, comme les registres courans, doivent rester au greffe de la geôle pour être consultés au besoin; mais que ce ne pourrait être qu'en vertu d'une ordonnance du tribunal, que celui qui n'aurait pas un droit de surveillance sur la maison pourrait en exiger la communication.

L'ordonnance de 1670, titre 13, déterminait toutes les autres obligations imposées aux gardiens des prisons et qui étaient inhérentes à la nature même de leurs fonctions. Le code d'instruction criminelle a gardé le silence sur ce point; mais on doit encore consulter, si ce n'est comme loi, du

moins comme renseignemens utiles, les dispositions sages et protectrices de l'ordonnance préci-
tée.

La police des prisons appartenait autrefois aux
cours et aux tribunaux. (Voy. l'ordonn. de 1670,
tit. 13.) Mais le code d'instruction criminelle, conforme en cela aux codes de 1791 et du 3 brumaire
an IV, l'a confiée à l'autorité administrative : elle
appartient aujourd'hui au préfet, au commissaire
général ou spécial de police, dans les villes où il en
existe, et au maire dans celles qui n'ont ni préfet,
ni commissaire général ou spécial de police. (Voy.
les art. 611, 612 et 613 du c. d'inst. crim.)

Dans les villes où il y a plusieurs maires, c'est au
préfet de police ou au commissaire général de police que la loi attribue la police des prisons. (Voy.
l'art. 612 du c. d'inst. crim., et l'art. 8, sect. 2, du
déc. du 23 fructidor an XIII.)

A Paris la police des prisons rentre exclusivement dans les attributions du préfet de police.
(Voy. l'art. 6 de l'arrêté du gouvernement du 12
messidor an VIII.)

Les préfets doivent veiller, chacun dans leur département, à ce que les prisons soient non-seulement sûres, mais propres et telles que la santé
des prisonniers ne puisse être aucunement altérée.
(Voy. l'art. 605 du c. d'inst. crim.)

Les fonctionnaires chargés de la police des prisons doivent, au moins une fois par mois, visiter

celles situées dans leur commune, et veiller à ce que la nourriture des prisonniers soit suffisante et saine. (Voy. les art. 611, 612 et 613 du c. d'inst. crim.)

Le préfet est tenu de visiter, au moins une fois par an, toutes les maisons de justice et prisons, et tous les prisonniers de son département. (Voy. l'art. 611 du même code.)

La loi d'instruction du 29 septembre 1791 renfermait, sur la visite des prisons, d'excellentes instructions que nous croyons utiles de rappeler :

« L'officier municipal chargé de la visite des pri- » sons, disait cette loi, doit également veiller à ce » que le bon ordre et la tranquillité règnent dans » ces maisons.

» Mais cette surveillance ne doit pas être celle » d'un inspecteur sévère toujours prêt à punir : » l'autorité, tempérée par des manières douces et » humaines, agira bien plus efficacement sur des » hommes déjà assez malheureux par la privation » de leur liberté, que des rigueurs inutiles. Une » sévérité déplacée, non-seulement serait contraire » à l'intention de la loi, mais rendrait coupable » l'officier qui abuserait de la mission qui lui est » confiée. Il ne doit jamais perdre de vue que ces » individus, dont la société a cru devoir s'assurer » par la détention de leurs personnes, n'en sont pas » moins sous la protection de la loi ; qu'elle prend » même un soin plus particulier de leur conserva-

» tion et pourvoit d'autant plus soigneusement à
» leurs besoins, qu'ils se trouvent privés des se-
» cours ordinaires qu'ils reçoivent de leurs familles
» et de leurs amis. L'officier municipal ne doit donc
» paraître aux yeux des détenus que comme un
» consolateur toujours disposé à entendre leurs
» plaintes, à satisfaire à leurs besoins, à arranger
» leurs querelles, s'il s'en élevait parmi eux ; enfin,
» à leur procurer tous les moyens possibles et con-
» venables d'adoucir le désagrément de leur déten-
» tion.

» Tous ces devoirs, tous ces ménagemens que
» recommande l'humanité, peuvent très-bien s'al-
» lier avec une conduite ferme et rigoureuse, quand
» la nécessité l'exige. »

Les administrateurs et tous autres fonctionnaires
ayant la police des maisons d'arrêt, des maisons de
justice et des prisons, ne peuvent faire passer dans
les hospices de santé, sous prétexte de maladie,
les détenus, que du consentement, pour les maisons d'arrêt, du juge d'instruction ; pour les maisons de justice, du président de la cour d'assises ;
et pour les prisons, du préfet du département, s'il
réside dans le lieu où elles se trouvent situées :
dans le cas contraire, l'avis et le consentement du
maire de la commune sont nécessaires. (Voy. les
art. 15 et 16 de la loi du 4 vendémiaire an VI.)

Quoique l'autorité administrative soit spécialement chargée de la police des prisons, cependant

la loi impose à certains magistrats l'obligation de
visiter celles de leur ressort dans l'ordre de leurs
fonctions respectives. Ainsi, d'après l'article 611 du
code d'instruction criminelle, le juge d'instruction
est tenu de visiter, au moins une fois par mois, les
personnes retenues dans la maison d'arrêt de son
arrondissement, et le président de la cour d'assises
doit, dans le cours de la session qu'il préside, visiter, au moins une fois, les prisonniers de la maison
de justice.

Les officiers du ministère public, par la nature
même de leurs fonctions, ont un droit de surveillance à exercer dans les prisons de leur ressort.

Les visites des magistrats dans les prisons ne
doivent pas dégénérer en de vaines formalités et
rester sans fruit : ils doivent s'assurer qu'aucun
prisonnier n'y est détenu qu'en vertu de mandats
réguliers ou d'ordonnances de justice; étudier le
régime intérieur de la maison pour en reconnaître
les avantages ou les inconvéniens; interroger les
prévenus; et s'ils découvrent des abus, s'ils reçoivent des plaintes fondées, leur devoir est d'en instruire officiellement l'autorité chargée de la surveillance intérieure de la maison.

Le juge d'instruction et le président de la cour
d'assises sont autorisés à donner respectivement,
dans les maisons d'arrêt et dans les maisons de justice, *tous les ordres qu'ils croient nécessaires*, soit
pour l'instruction, soit pour le jugement des affai-

res qui sont l'objet de poursuites criminelles; ils peuvent donc ordonner que tel prévenu ou accusé ne communiquera pas avec tel autre, ou qu'il sera tenu au secret, et les gardiens de ces maisons sont obligés d'exécuter leurs ordres. Le droit de ces magistrats résulte des dispositions combinées des articles 613 et 618 du code d'instruction criminelle, et 79 et 80 de l'acte constitutionnel de l'an VIII, auquel se réfère ce code. Notre opinion est aussi celle de MM. Carnot, t. 3, p. 579 et 588; Legraverend, t. 1, p. 354; et Bourguignon, sur les articles 611 et 613.

Le secret est la défense au prévenu de communiquer avec qui que soit, pendant un temps dont les circonstances déterminent la durée.

L'emploi du secret est depuis long-temps l'objet de réclamations vives et nombreuses. Plusieurs fois, du haut de la tribune nationale, des orateurs l'ont signalé comme une mesure odieuse, illégale (Voy. les disc. de la chambre des députés à l'occasion de la loi du 26 mars 1820 et de la prise en considération de la proposition de M. Roger concernant la liberté individuelle); mais outre que le secret est autorisé par nos lois, ainsi que nous venons de l'établir, on ne peut nier qu'il ne soit consacré par l'usage et que la pratique de l'instruction criminelle n'en fasse reconnaître, chaque jour, l'utilité et même la nécessité, dans certains cas, comme, par exemple, en matière de complot et en général toutes les fois que plusieurs personnes sont impliquées dans la même poursuite. En effet, l'entier isolement des prévenus rend les recherches de la justice plus faciles, en empêchant qu'ils ne puissent, eux-mêmes, paralyser son action au moment où elle s'occupe du soin de recueillir tous les documens propres à constater le délit, et la société pourrait souvent avoir à souffrir si l'emploi en était complètement interdit.

Néanmoins, le secret est un moyen d'instruction si rigoureux que les magistrats ayant le droit de l'ordonner ne doivent en user qu'avec une extrême réserve, dans les affaires d'une haute gravité, et alors seulement que la manifestation de la vérité l'exige impérieusement; car l'emploi trop fréquent d'une semblable mesure, ou sa prolongation sans une absolue nécessité, seraient des abus coupables réprouvés tout à la fois et par la loi et par l'humanité. (Voy. sur cette matière l'ouvrage de M. Béranger, *De la Justice criminelle en France*, p. 387 et suiv.; et celui de M. Dupin, *Sur la Législation criminelle.*)

Les juges d'instruction et les présidens des cours d'assises doivent au surplus se conformer aux instructions pleines de sagesse que M. de Serres, pendant qu'il était ministre de la justice, adressa aux procureurs généraux de tous les ressorts. Voici comment ce ministre s'exprimait, au sujet de l'interdiction de communiquer, dans cette circulaire qui est sous la date du 10 février 1819 :

« L'interdiction au prévenu de communiquer
» est autorisé par les articles 6ɪ3 et 6ɪ8 du code
» d'instruction criminelle; l'usage en est utile en
» certaines circonstances, et particulièrement dans
» les crimes commis de concert et par complot :
» mais l'emploi indifférent de cette mesure contre
» tous les prévenus, ou sa prolongation, sont telle-
» ment contraires à la bonne administration de la
» justice et aux droits de l'humanité, que les juges
» d'instruction n'en sauraient user avec trop de
» réserve; ils ne doivent l'ordonner que lorsqu'elle
» est indispensable à la manifestation de la vérité,
» et seulement durant le temps strictement néces-
» saire pour atteindre ce but. Jamais, au surplus,
» il ne doit être ajouté à la rigueur de ce moyen
» d'instruction aucune rigueur accessoire; et le
» prévenu momentanément privé de communica-
» tion, doit être, à tout autre égard, traité comme
» les autres détenus. »

Dans l'état actuel de la législation, nous ne pou-
rions donc trop le répéter, le secret ne doit être que
l'empêchement donné au prévenu de communiquer :
tout autre moyen de rigueur employé à son égard
serait une nouvelle espèce de question.

Le prisonnier qui use de menaces, injures ou
violences, soit à l'égard du gardien de la maison
dans laquelle il est détenu, ou de ses préposés, soit
à l'égard des autres prisonniers, peut être resserré
plus étroitement, enfermé seul, même mis aux fers

en cas de fureur ou de violence grave, le tout sans préjudice des poursuites auxquelles il pourrait avoir donné lieu. (Voy. art. 614 du c. d'inst. crim.)

Mais est-ce sur les ordres de l'autorité administrative, ou sur ceux de l'autorité judiciaire, que le prisonnier qui se comporte de la sorte doit être resserré plus étroitement, enfermé seul, mis aux fers?... Ces mots, *sur les ordres de qui il appartiendra*, qui se trouvent dans l'article 614, peuvent faire naître quelques doutes à cet égard.

Cependant, comme, d'après l'article 613, la police des prisons appartient à l'autorité administrative, nous estimons que c'est par elle, en règle générale, que ces ordres doivent être donnés (Voy. MM. Carnot, t. 3, p. 579 et 580; et Bourguignon, sur l'art. 614); mais si les menaces, les injures ou les violences auxquelles s'est porté le prisonnier, ont éclaté en présence du juge d'instruction ou du président de la cour d'assises, ou à l'occasion des ordres émanés d'eux, nous pensons, ainsi que M. Legraverend l'enseigne, p. 354 et 355, que, dans ces cas spéciaux, ces magistrats peuvent, sans sortir du cercle de leurs attributions, ordonner les mesures repressives mentionnées dans l'article 614.

FIN DU MANUEL.

TABLE

DES CHAPITRES ET DES MATIÈRES.

———✦———

CHAPITRE II.

NOTIONS GÉNÉRALES SUR LA NATURE DES FONCTIONS DU JUGE D'INSTRUCTION, 7.

Section 1.

Section 11.

CHAPITRE III.

DE LA COMPÉTENCE DU JUGE D'INSTRUCTION, 16.

CHAPITRE VI.

DU FLAGRANT DÉLIT, 61.

Section I.

Section IV.

Section V.

47

CHAPITRE VIII.

DE L'INSTRUCTION, 107.

CHAPITRE IX.

DE L'AUDITION DES TÉMOINS, 113.

Section I.

Section II.

Section III.

CHAPITRE XI.

DÈS PREUVES PAR ÉCRIT ET DES PIÈCES DE CONVICTION, 183.

CHAPITRE XII.

DES MANDATS, 196.

Section i.

§ Ier.

§ II.

Section ii.

§ Ier.

CHAPITRE XVIII.

DU RAPPORT DU JUGE D'INSTRUCTION QUAND LA PROCÉDURE EST COMPLÈTE, 340.

CHAPITRE XVIIII.

DES PRISONS, 349.

FIN DE LA TABLE.

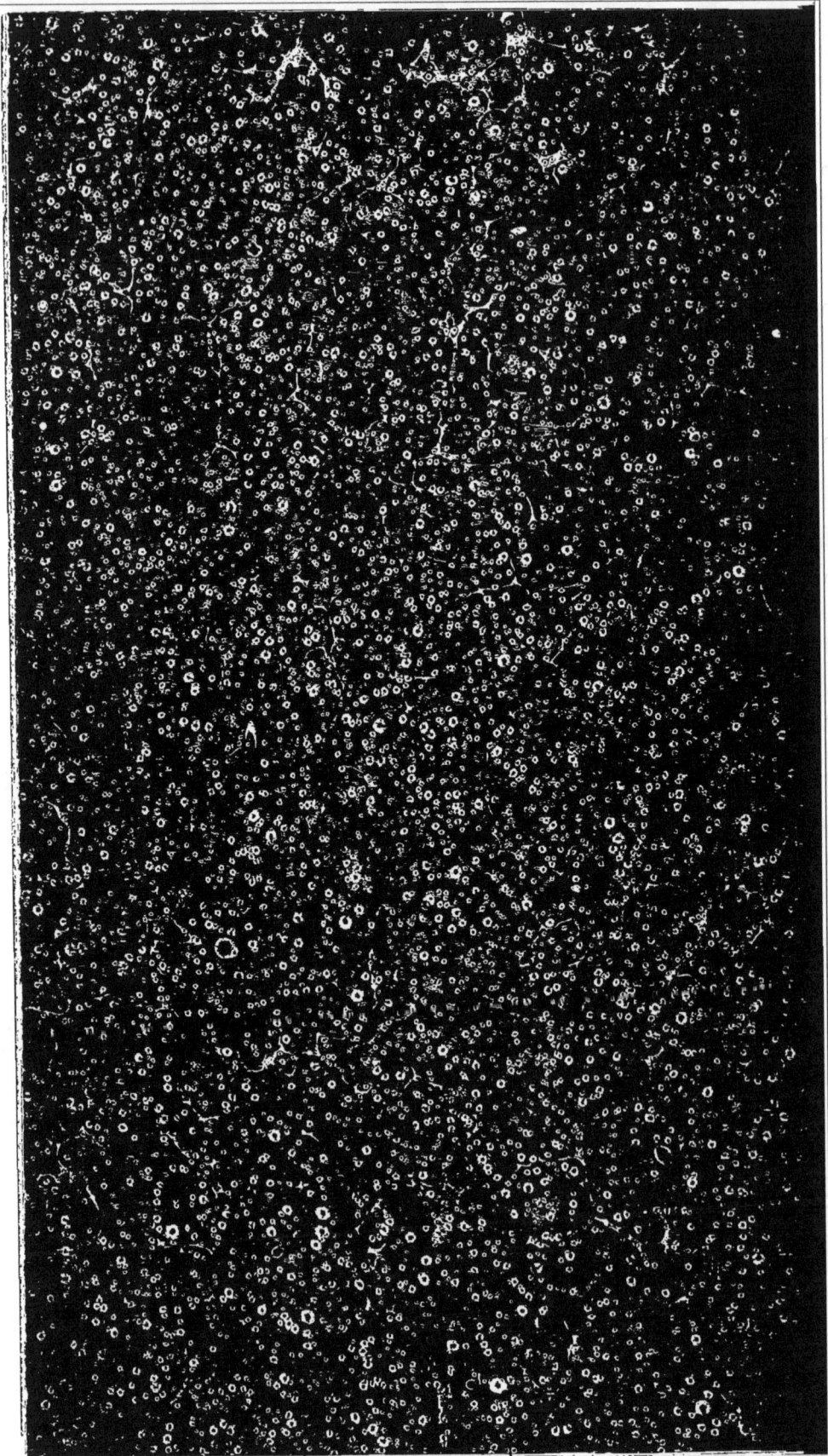

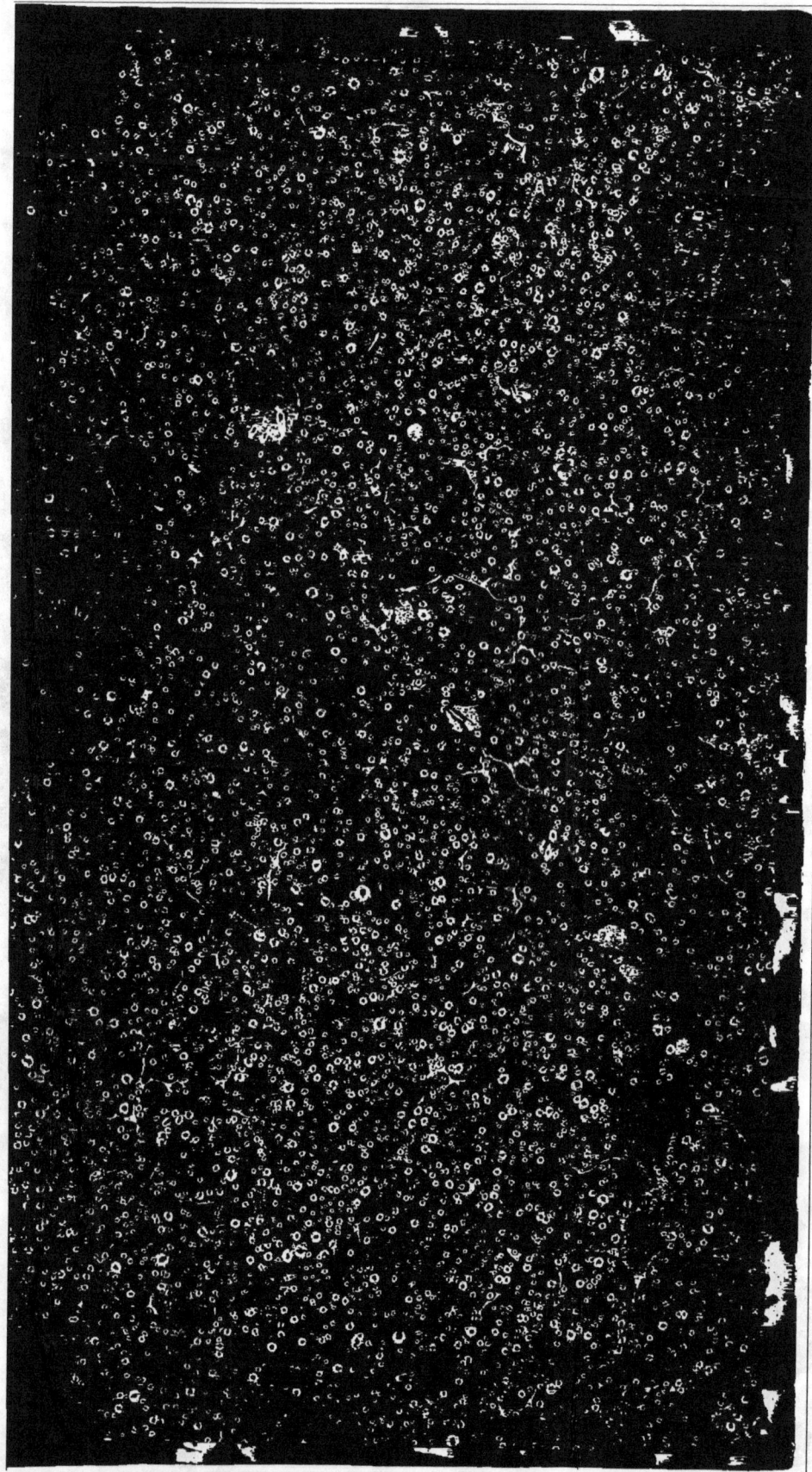

www.ingramcontent.com/pod-product-compliance
Lightning Source LLC
Chambersburg PA
CBHW061008220326
41599CB00023B/3876